泉州文旅经济蓝皮书

Quanzhou Cultural Tourism Economy Blue Book

泉州文旅经济发展报告

（2022）

QUANZHOU CULTURAL AND TOURISM

ECONOMIC DEVELOPMENT REPORT

主编◎李伯群　谢朝武　周梁升

中国旅游出版社

序 ⟳

非常感谢华侨大学邀请,为其主持完成的《泉州文旅经济蓝皮书:泉州文旅经济发展报告(2022)》撰写序言。2018 年 3 月,国家旅游局和文化部合并组建文化和旅游部,提出了文化和旅游融合发展的理论命题。在文旅融合发展的国家战略导向下,国家和地方文旅部门相继出台了一系列促进文旅经济发展的宏观政策与指导意见,具体包括《"十四五"文化和旅游发展规划》《"十四五"文化产业发展规划》《关于进一步激发文化和旅游消费潜力的意见》《关于开展文化和旅游消费试点示范工作的通知》等,为文旅经济发展提供了坚实的政策支持。可以预见,在"十四五"时期,促进文化和旅游深度融合,推进文旅经济的高质量发展,满足人民日益增长的美好生活需要,将成为文旅系统的主旋律。

文化和旅游的关系源远流长。早在 1977 年,美国学者 Mcintosh 和 Gebert 率先提出了"文化旅游"的概念,由此引发了学界对于文化和旅游关系的深入探索。在 1999 年,联合国教科文组织设定了标题为《旅游和文化:融合的反思》的焦点专栏,重点关注文化旅游发展过程中存在的新现象、新问题及其解决方案,旨在规范文化旅游的发展导向。同年 10 月,世界旅游组织发布了《全球旅游伦理规范》,探讨了旅游在融合发展过程中如何保护文化。国内学者对文化和旅游关系的关注始于 20 世纪 80 年代,并在不断探索和讨论中主要形成了"灵魂载体说""诗和远方说""资源市场说"等观点。其中,"灵魂载体说"源自文化部与国家旅游局在 2009 年 9 月联合发布的《关于促进文化与旅游结合发展的指导意见》，强调了文化和旅游之间的表里关系，即认为文化是旅游的灵魂，旅游是文化的载体。"诗和远方说"将"诗"比喻为文化、将"远方"比喻为旅游，认为文旅结合可以使文化走向"远方"、使旅游更有"诗"意。"资源市场说"将文化和旅游的关系描述成资源与市场的关系，即文化是旅游最好的资源，旅游是文化最大的市场。在2022年10月，习近平总书记在党的二十大报告中提出要"坚持以文塑旅、以旅彰文，推进文化和旅游深度融合发展"。"以文塑旅"体现了文化对旅游发展的支撑作用，"以旅彰文"体现了旅游对文化传承的推动作用，它们是文旅深度融合发展的关键路径和根本方向。这一论述明确了文化和旅游融合发展的基本原则，推进了文化和旅游从弱关系走向强关系。

在文旅深度融合发展的战略背景下，泉州市文化广电和旅游局和泉州市文旅经济产业发展小组办公室依托华侨大学旅游学院成立泉州文旅经济研究基地，旨在针对泉州文旅经济发展进行深入研究，加快推进泉州文化和旅游融合发展，增强文旅系统改革发展工作的实效性、科学性和前瞻性。《泉州文旅经济发展报告（2022）》是华侨大学旅游学院与泉州文旅经济研究基地在文旅经济领域深耕探索的作品，是适应新时代文化建设和旅游发展的新形势、新要求和新任务，为学界和产业界贡献的泉州文旅经济年度形势分析读本。在结构上，该报告体系完整，资料翔实，结构严谨，既从国家、省域和地方三个尺度描述了泉州文旅经济发展的宏观环境和整体态势，也聚焦于古城文旅融合、文化遗产活化、滨海旅游、工业旅游、山地旅游、乡村旅游、研学旅游和夜间旅游等业态类别，还着重分析了泉州文旅企业经营、文旅产品开发、文旅市场关注度等文旅经营细节；既分析了泉州文旅经济发展的关键挑战，也专门提出了解决这些关键难题的行动指南和重点战略，对于泉州文旅经济和文旅深度融合发展具有重要的指导意义。

当前时期，我国社会主要矛盾已经转化成人民日益增长的美好生活需要和不平衡不充分发展之间的矛盾。推动文旅经济高质量发展、促进文旅消费提质扩容、满足人民群众的美好生活和精神文化需要，是我国文旅经济发展的重要任务。其中，泉州是世界遗产旅游城市，发展文旅经济是泉州的战略共识，打造世界遗产保护利用典范城市、加快建设 21 世纪"海丝名城"是泉州的战略任务。"泉州文旅经济蓝皮书"反映出华侨大学旅游学院研究团队的责任心、担当精神与使命感。期盼华侨大学旅游学院团队和泉州文旅经济研究基地继续深耕文旅经济研究，为泉州和中国文旅经济的高质量发展贡献更多智慧和力量。

2023 年 6 月

摘　要　↘

　　《泉州文旅经济蓝皮书：泉州文旅经济发展报告（2022）》是由泉州市文化广电和旅游局委托、华侨大学旅游学院与泉州文旅经济研究基地组织专家编写的年度研究报告。本年度文旅经济蓝皮书由总报告和专题报告两个部分组成，其中专题报告又包括古城文旅融合、文化遗产活化利用、滨海旅游、工业旅游、山地生态旅游、乡村旅游、研学旅游和夜游经济八个篇章。

　　总报告从 2022 年泉州文旅经济发展的总体形势入手，全面分析了泉州文旅经济发展的宏观环境、省域支持、资源条件和政策体系，从接待人次、到访人数、搜索指数、假日需求、要素企业等方面深入剖析了泉州文旅经济发展的基本态势，并围绕资源融合、市场融合、服务融合、业态融合和场景融合等方面厘清了泉州文旅融合的发展态势。总报告同时对促进泉州文旅经济发展的各类专项旅游产品进行系统分析，总结了 2022 年泉州文旅经济发展的发展特征，并对未来泉州文旅经济的发展态势和发展方向进行了分析与展望。

　　泉州市将文旅产业作为战略性支柱产业。自 2021 年申遗成功以后，泉州旅游市场关注度总体呈稳步上升的趋势，泉州文旅经济发展迈入快车道。2022 年泉州市文旅市场总体呈现安全有序、文明规范、温和复苏的发展态势。为打造世界遗产保护利用的典范城市、做大做强做优文旅经济，泉州先后出台《泉州市文化旅游发展促进条例》《泉州市加快推进文化和旅游融合发展的实施意见》《泉州市支持旅游业高质量发展政策措施》等系列政策文件，推进了文化和旅游经济的高质量发展。

泉州文旅产业呈现出多元业态发展结构。全力发展文旅遗产旅游，促进了文化遗产的保护与传承，形成了多样化的文旅遗产旅游产品开发模式；大力发展滨海旅游，推进滨海旅游产品的创新开发，促进了滨海旅游业态的高质量发展；持续发展山地生态旅游，形成了包含森林旅游特色产品、森林康养小镇、森林康养基地、山地乡村特色产品和全域生态旅游小镇等独具特色的生态旅游产品体系；优化发展工业旅游，形成了文旅＋陶瓷、文旅＋石雕、文旅＋茶业、文旅＋石材、文旅＋鞋服等丰富的工业旅游产品；积极发展研学旅游，形成了观光工厂、工业旅游示范基地、工业博物馆等研学线路和产品；创新发展乡村旅游，推动了乡村旅游业的迭代升级，促进了乡村的振兴发展；有序发展夜间旅游，夜食、夜宿、夜行、夜游、夜购、夜娱等夜间要素产品不断推陈出新。

总报告提出，2022年泉州文旅经济的发展趋势良好。从总体态势来看，泉州文旅产业发展潜力不断得到释放；从业态结构类型来看，泉州在完善食、住、行、游、购、娱等基础性业态基础上，发展并培育了包括世遗体验、非遗传承、创意设计、旅游演艺、山地休闲、滨海度假和夜间旅游等新型文旅消费业态；从专项产品体系来看，泉州凭借自身特有的旅游资源培育了古城遗产游、非遗游、滨海游、康养休闲游、工业研学游等多类专项文旅产品；从智慧发展来看，泉州不断规划和推进文旅管理、服务和营销等领域的数字化升级；从文旅融合成效来看，泉州在体制机制、公共文化服务体系、文旅业态、旅游产品供给、文化资源保护利用等方面取得显著发展成效。2023年，泉州应该进一步强化文旅经济发展战略，加强文旅经济规划布局，建设高水平文旅产业生态，优化文旅业态产品体系，重视文旅融合风险防范。同时，泉州应该进一步加强文旅基础设施建设、提升文旅业态创新力度、优化文旅经济综合发展质量、提速智慧旅游建设进度、解决古城发展空间矛盾。

专题报告分设了泉州古城文旅融合、泉州文化遗产活化利用、泉州滨海旅游、泉州工业旅游、泉州山地生态旅游、泉州乡村旅游、泉州研学旅游和泉州夜游经济多个内容板块。其中，古城文旅融合篇对泉州古城文旅融合的基本概况、表现与趋势、发展成效、矛盾与挑战、展望与建设等进行了全面阐述；文化遗产活化利用篇对泉州文化遗产活化利用的成效与特征、问题与原因、展望与对策等进行了综合分析；滨海旅游篇对泉州滨海旅游发展的总体运行现状、发展困境、发展前景和发展政策建议等进行了系统探讨；工业旅游篇对泉州工业旅游发展的外部环境、整体概况、问题与不足、发展趋势与方向、提升重点等进行了全面剖析；山地生态旅游篇对泉州山地生态旅游发展的背景与态势、开发特征、工作进展、问题与困境、模式与路径等进行了深度分析；乡村旅游篇对泉州乡村旅游发展的总体态势、发展概况与特点、驱动因素、形势展望与管理建议等进行了综合分析；研学旅游篇对泉州研学旅游发展的总体态势、主要特征、问题与困境、振兴路径等进行了系统分析；夜间旅游篇对泉州夜游经济的发展背景、发展现状、发展路径、提升建议等进行了深入研判和分析。

关键词：文旅经济；文旅融合；文旅产业；泉州

目 录 ↘

BI 总报告

BII 专题报告

BI 总报告

General Report

B.1

泉州文化和旅游经济发展报告

谢朝武　张江驰*

摘　要： 泉州是世界遗产城市，发展文旅经济是泉州的重要共识，打造世界遗产保护利用典范城市，加快建设 21 世纪"海丝名城"是泉州的重要战略任务。泉州具有丰富的文化旅游资源，中央、福建省和泉州市为文旅经济的发展提供了良好的宏观环境和政策支持。泉州文化和旅游机构类型齐全、独特明显，目前拥有 51 家星级饭店、54 家 A 级景区、131 家旅行社，18 家博物馆、80 家影院，各类新兴文旅业态也在建设和发展过程中。此外，泉州市拥有 957 处各级文保单位，22 处世界遗产点，拥有世界非物质文化名录 6 项，各级非物质文化遗产项目名录 696 项。自申遗成功以后，泉

---

　　* 作者简介：谢朝武，华侨大学旅游学院院长、教授、博导，泉州文旅经济研究基地主任，主要从事文化遗产与旅游目的地管理、旅游安全、风险与危机管理等领域的研究工作；张江驰，华侨大学旅游学院讲师、博士，主要从事旅游安全、风险与危机管理等领域的研究工作。

州文化和旅游市场关注度暴涨，新冠感染疫情期间也呈现安全有序、文明规范、温和复苏的发展态势。同时，泉州积极发展文化遗产旅游、滨海旅游、山地生态旅游、工业旅游、研学旅游等专项旅游产品，并大力拓展夜间旅游市场。在发展特征上，泉州文旅经济呈现出总体发展趋势良好、业态结构类型丰富、专项旅游产品结构丰富、智慧发展渐成共识、文旅融合成效突出等进展与成效。面对后疫情时期的文旅复苏浪潮，泉州应该进一步强化文旅经济发展战略，加强文旅经济规划布局，建设高水平文旅产业生态，优化文旅业态产品体系，重视文旅融合风险防范。同时，泉州应该进一步加强文旅基础设施建设、提升文旅业态创新力度、优化文旅经济综合发展质量、提速智慧旅游建设进度、解决古城发展空间矛盾。

关键词： 泉州；文旅经济；文旅融合；文旅产品；文旅业态

泉州是我国重要的文化遗产旅游城市。泉州是我国首批"中国历史文化名城"，是"海上丝绸之路"起点城市，也是全球首个"世界多元文化展示中心""东亚文化之都"，还是国内首个国家级文化生态保护区。2021 年 7 月 25 日，"泉州：宋元中国的世界海洋商贸中心"正式获批为文化遗产列入《世界遗产名录》，泉州由此成为世界文化遗产城市。以此为契机，泉州以"打造世界遗产保护利用典范城市"为目标，贯彻落实《泉州市文化旅游发展促进条例》，统筹历史文化遗产保护与发展，推动文化和旅游深度融合，优化文化和旅游产业要素，持续推动城市的转型发展和提质升级。在新的历史时期，发展文旅经济成为泉州的重要共识和战略任务，面对后疫情时期的旅游复苏浪潮，泉州文旅经济将迈入快速发展的全新阶段。

一、泉州文旅经济的发展环境

（一）泉州文旅经济发展的宏观环境

推进文旅融合和文旅经济高质量发展是我国的国家战略。2022 年 10 月，习近平总书记在党的二十大报告中提出，要"坚持以文塑旅、以旅彰文，推进文化和旅游深度融合发展"，并提出要"加快构建新发展格局，着力推动高质量发展"，这为我国文旅经济的发展提供了顶层设计和宏观指引。在文旅融合发展的战略导向下，促进文旅经济发展纳入了国民经济和社会发展规划，国家和地方文旅部门出台了一系列促进文旅经济发展的宏观政策与指导意见，包括《"十四五"文化和旅游发展规划》[1]《"十四五"文化产业发展规划》[2]《关于进一步激发文化和旅游消费潜力的意见》[3]《关于开展文化和旅游消费试点示范工作的通知》[4]《泉州市文化旅游发展促进条例》，为文旅经济发展提供了坚实的政策支持，也营造起积极的政策环境、经济环境、金融环境、社会环境、文化环境、市场环境和监管环境。

当前时期，我国社会主要矛盾已经转化成人民日益增长的美好生活需要和不平衡不充分的发展之间的矛盾。推动文旅经济高质量发展、促进文旅消费提质扩容、满足人民群众的美好生活和精神文化需要，是我国文旅经济发展的重要任务。自 2020 年以来，我国文旅经济受到受新冠感染疫情的冲击。为缓解新冠感染疫情给文旅经济造成的发展困境和环境挑战，各级政府、文化和旅游部以及地方文旅部门出台了一系列支持性政策，保障了文旅经济平稳健康发展。不仅如此，5G、人工智能、物联网、大数据和云计算等数字化技术为文旅经济发展注入了强劲动力，全面提升了文旅经济的科技创新能力。自 2023 年 1 月 8 日起，新冠感染疫情由"乙类甲管"调整为"乙类乙管"后，国内文旅市场实现了快速恢复和发展，这些持续向好的宏观环境为泉州文旅经济的发展提供了有利的外部环境和成长条件。

（二）泉州文旅经济发展的省域支持

文旅产业是福建省培育中的新兴主导产业，推进文旅经济高质量发展是福建省经济发展的重要战略任务，是福建省全面推进高质量发展的重要抓手。尽管受到疫情的影响，福建省旅游和文化产业的增加值实现了稳定恢复和成长，2022 年累计接待游客 3.92 亿人次，旅游总收入 4327.7 亿元，各类艺术表演团体线下演出 0.71 万场，观众 244.76 万人次，影院 395 家，电影票房 10.54 亿元，文旅经济成为福建经济发展的新动力、新引擎。2022 年 9 月，福建省委办公厅、省政府办公厅出台了《福建省推进文旅经济高质量发展行动计划（2022-2025 年）》[5]，为做大做强做优文旅经济提供了政策依据和关键动能。据此，福建省文旅经济与海洋经济、数字经济、绿色经济、夜间经济、文创经济和乡村振兴事业开启了跨界联动进程，为福建文旅产业经济的振兴发展提供了有力支撑，为福建省建设文旅经济强省打下了坚实的基础。

为提升文旅产业的品牌影响力，福建省不断推动内容、技术、业态、模式和场景等元素的创新，推出"文旅＋直播""线上＋线下"营销模式和千余场文旅活动，打响了"清新福建""全福游、有全福"等品牌。针对后疫情时代文旅经济发展的新形势和新问题，福建省暂退旅游服务质量保证金 2.5 亿元，安排专项资金 3500 万元补助 150 家旅行社、景区和度假区，新增政府专项支持文旅领域 73 个项目总额 41.79 亿元，并通过发放文旅消费券、举办文旅惠民促消费活动等措施推动文旅经济的恢复发展。在激励措施方面，福建省整合文旅厅及相关厅局涉文旅资金 3 亿多元，从激励县域文旅经济争优争先争效、激励文旅产业延链补链强链、激励文旅融合和跨界发展、激励文旅消费扩容提质升级、激励文旅市场主体做大做强等方面推进文旅经济高质量发展。同时，福建省聚焦创新业态，重点培育微度假旅游地、非遗展示、文旅演艺、后备厢集市、文创商品等新业态、新玩法和新体验，通过挖潜传统消费与做大新型消费的"双轮驱动"促进福建省文旅经济持续做热做旺。整体上，福建省积极推动文旅经济发展战略、努力帮助文旅企业纾困解难并增强文旅经济后劲，为泉州文旅经济发展提供了良好的助力和支撑。

（三）泉州文旅经济发展的资源条件

泉州具有深远厚重的历史文化底蕴和资源条件。作为国家首批历史文化名城、首届东亚文化之都和国内首个文化生态保护区的泉州，拥有世界遗产"宋元中国的世界海洋商贸中心"，共有6项世界级非物质文化遗产项目、36项国家级非物质文化遗产，是中国古代"海上丝绸之路"的重要起点城市和闽南文化的发源地，拥有类型丰富、价值多元、关注度高的文化旅游资源。世界遗产申报成功以后，泉州以"打造世界遗产保护利用典范城市"为目标，统筹历史文化遗产保护与发展，推动文化和旅游深度融合，并积极建构"亮点在古城、厚度在山海、空间在生态连绵带"的旅游发展格局，以建设成为世界海丝文化休闲旅游目的地。

海外交通、多元宗教、闽南建筑、民间民俗和传统艺术是泉州特色的文化旅游资源。泉州的海外交通贸易历史悠久并具有重要影响力，在宋元时期成为海外贸易的东方第一大港，并拥有九日山祈风石刻、六胜塔、市舶司遗址、天后宫、宋代古船和关索塔等众多与早期海外交通相关的文化遗迹。随着海外贸易的发展，印度教、基督教、摩尼教、伊斯兰教和拜物教等世界其他地区宗教也传入泉州，并与本地道教和佛教文化相互渗透，形成独具特色的宗教文化。因此，泉州素有"世界宗教博物馆"的美称，拥有出名的开元寺、老君岩、伊斯兰教圣墓、草庵、清净寺等宗教圣地，这也使泉州拥有大量的宗教建筑。此外，泉州更拥有骑楼、土楼、手巾寮等最具闽南特色的建筑技艺，被誉为"海内第一桥"的洛阳桥以其精湛的建筑工艺、丰富的民间传说和文墨题记闻名国内外。针对于民间民俗和传统技艺，泉州在地方民俗、民间信仰、民间技艺、民间文学和民间服饰等方面具有兼收并蓄的地方特色，如"中国音乐活化石"的南音、民间喜庆舞蹈"拍胸舞""大裾衫、阔脚裤"的蟳埔女服饰、古早味小吃饮食等。

（四）泉州文旅经济发展的政策体系

泉州市将文旅产业作为战略性支柱产业之一，为打造世界遗产保护利用的典范城市、做大做强做优文旅经济，先后出台系列政策文件来推进文化和旅游经济的高质量发展。其中，所出台的《泉州市"十四五"文化和旅游改革发展专项规划》[6]《泉州市人民政府关于加快推进旅游业高质量发展的实施意见》[7]《泉州市加快推进文化和旅游融合发展的实施意见》[8]《泉州市支持旅游业高质量发展政策措施》《泉州文化产业高质量发展超越行动方案》《泉州市闽南文化生态保护区管理办法》为泉州市各阶段文旅产业的总体发展方向、发展战略导向和主要工作任务进行了全面规划和细致设计。同时，泉州市探索促进型立法、出台全国首部关于文化旅游发展的地方性法规《泉州市文化旅游发展促进条例》[9]，从规划编制、财政投入、建立评估机制、金融促进、落实用地用林用海等要素保障、出台各项激励扶持措施、旅游人才培养、基础设施补短板、支持市场主体发展等层面明确了各级政府和部门单位的职责，为各项措施的落实和开展提供了法治保障。

不仅如此，泉州市针对乡村旅游、夜间旅游、文化遗产保护、动漫产业和疫情应对等具体文旅行业领域出台政策文件，并出台了多种措施和意见来支持新冠感染疫情冲击下文旅企业的恢复和发展，为泉州文旅经济的健康发展提供法治基础和政策保障。针对乡村旅游发展，泉州市出台了《关于坚持农业农村优先发展做好"三农"工作的实施意见》《关于扶持乡村旅游发展的实施意见》等对乡村旅游项目的建设进行奖励扶持，助力乡村振兴和发展。针对夜间旅游促进，泉州市石狮市制定了《石狮市人民政府办公室关于加快推进夜间经济发展的实施意见》，通过夜间旅游产品的创新设计推动夜间文旅经济的繁荣和发展。针对文化遗产保护，泉州出台了《泉州市历史文化名城保护条例》《关于加强泉州世界文化遗产保护管理工作的实施意见》《"泉州：宋元中国的世界海洋商贸中心"世界文化遗产保护办法》等条例和实施意见加强对世界文化遗产的保护管理工作。针对动漫影视产业发展，泉州出台了《关于推动我市动漫产业发展的试行意见》《关于扶持鲤城区数字文创动漫产业发展的若干措施》《泉州市扶持影视产业发展若干措施》，为促进动漫影视特色化、集群化和规模化发展提供了有力支撑。针对疫情应对，泉州市聚焦于新冠感染疫情对文旅经济造成的重大影响，出台了《泉州市扶持涉旅企业应对疫情十条措施》《泉州市文化旅游业回暖专项行动工作方案》《泉州市全力抗疫助企保民生促发展若干政策措施》等文件，促进了文化和旅游市场的复苏与发展。

二、泉州文旅经济的发展态势

（一）泉州文旅市场的发展态势

2022 年，泉州采取了积极进取型文旅发展策略，通过丰富产品业态、夯实市场基础、优化旅游体验等推动旅游市场发展。其中，世遗景点观光、古城漫游、滨海戏水、生态休闲、亲子研学、微度假等文旅产品备受青睐，文旅活动体验丰富多彩。同时，泉州陆续推出门票减免、优惠折扣、发放文旅消费券等多项优惠措施，推动文旅市场呈现出安全有序、文明规范、温和复苏的发展态势。2022 年全年，全市接待国内外游客 5620.71 万人次，其中国内游客 5615.16 万人次，境外游客 5.55 万人次，实现旅游总收入 593.53 亿元，其中国内旅游收入 591.18 亿元，旅游创汇 0.34 亿美元。

对"泉州旅游"的百度指数进行分析发现，在新冠感染疫情暴发前，泉州旅游的市场关注度总体呈现稳步上升的趋势（见图 1）。不仅如此，泉州旅游的搜索数量存在多个明显的波峰，具体的波峰时间为每年的春节、五一节和国庆节等节假日前后，寒暑假期间泉州旅游的市场关注度也较高，这表明泉州旅游市场有明显的淡旺季特征。在新冠感染疫情暴发后，泉州旅游的网络关注度随着防疫政策调整、疫情的散点式暴发呈现波动变化趋势，但随着疫情防控调整为"乙类乙管"后，搜索指数有明显上升的趋势。从搜索指数的地域分布来看，泉州旅游的市场关注度具有明显的空间临近性特征。具体来说，泉州、福州、厦门等福建省内城市对泉州旅游的关注度较高，其次是杭州、上海、广州和深圳等临近省份城市，以及北京、成都等出游热门目的地。从搜索指数的人群画像来看，男性对泉州旅游的关注度略高于女性，同时对泉州旅游具有较高的关注度的主要为30~39岁、40~49岁这两个年龄段。

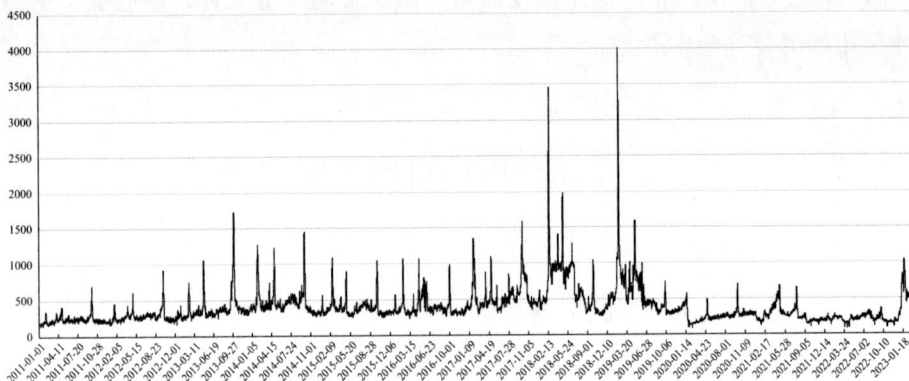

图1　泉州旅游百度指数的演变态势

在"泉州：宋元中国的世界海洋商贸中心"申遗带动效应下，泉州文化产业发展坚持做好顶层设计、政策扶持和整体布局，呈现出市场需求旺盛、产业链条完善的发展态势，并涌现出一批具有独特创新性和市场竞争力的文化企业。在市场供给和需求上，2022年末泉州共有国有艺术表演团体12个，群众艺术馆1个，文化馆11个，博物馆（纪念馆）18个（含民营博物馆），乡镇文化站163个，公共图书馆13个，全年文化系统专业艺术表演团体艺术演出1919场，观众46万人次。在非遗项目上，泉州文化底蕴深厚，是全国唯一拥有联合国教科文组织全部三大类别非遗名录（名册项目）的城市，拥有世界级非物质文化遗产6项，国家非物质文化遗产36项，省级国家非物质文化遗产129项，市级非物质文化遗产278项。为了加强对非遗项目的系统性保护和开发，泉州举办了"世遗泉州·'非'同凡响""非遗进社区、进景区""海丝泉州·共享非遗嗨一夏"等系列非遗体验活动，为市民和游客呈现世遗之城的独特魅力和丰富内涵。

2021年，泉州文化产业增加值703.3亿元，占GDP的比重为6.2%。2022年，泉州规上文化产业营业收入达1694.1亿元，亿元以上产值文化企业有209家，规上文化企业714家，文化产业集群效应显著。在第一季度，文化服务业、文化制造业和文化商贸业三大板块均实现较大幅度增长，以数字内容服务、互联网信息服务等为代表的文化新业态备受市场青睐，成为引导文化产业转型升级的重要力量。其中，文化制造业的产值贡献突出，全市工艺制品企业 6000 多家，工艺制品规模以上企业 467 家，销售产值超 1400 亿元，并形成了以惠安雕刻工艺、安溪藤铁工艺、德化陶瓷制品、永春香制品为主的文化制造产业集群。例如，石雕工艺产品出口额占全国同类产品40%，远销 100 多个国家和地区，已成为中国境内产业规模最大、工艺水平最高、品种最齐全、加工能力最强的产业链条之一。2022 年度泉州市印刷企业共计 897 家，占全省的 1/3，其中规模以上印刷企业 111 家，产值超亿元企业 30 家，国家印刷示范企业 1 家，省印刷示范企业 7 家，吸纳就业人数 2.87万，并连续四年入选国家地级市百强印刷企业最多的城市。

2022 年，泉州文化市场综合执法机构聚焦于文娱活动、旅游市场和网络文化市场等领域，加大执法检查力度，深度推进了"文娱领域综合治理""静夜守护""未成年人保护""冬奥版权保护""不合理低价游""暑期文旅市场集中执法检查"等一系列专项行动，并通过双随机抽查、日常执法巡查、暗访检查、多部门联合检查等方式肃清文旅市场，确保全市文旅市场稳定有序发展。为加强网络文化监管，泉州市文化市场综合执法支队网络执法大队对网络视听、网络文化、网络游戏、网络出版等领域开展专项整治活动，努力营造规范、有序、文明的网络文化市场环境。同时，泉州文化执法部门也对印刷企业、书店、电影院、打印复印店、网上书店等文化相关经营单位是否存在违法违规行为进行检查督导，并严格督促相关经营单位规范经营。在五一、端午、中秋和国庆等重大节假日期间，泉州文旅执法部门进一步加强对各类文旅经营场所开展安全隐患排查和整治工作，指导旅游景区按照"预约、限量、错峰"的要求，落实疫情防控和安全生产的相关事项。同时，泉州并及时处理各类咨询，实行旅游投诉"一口受理""快速办结""先行赔付"，切实维护游客和市民的合法利益，确保了全市文化和旅游市场秩序的平稳运行。2022 年，泉州累计共出动相关执法人员 20518 人次，检查经营场所 8068 家次，办结案件 157 个，其中 3 个案件入选全国文化市场综合执法重大案件。

（二）泉州旅游企业的发展态势

泉州是餐饮业较为发达的城市，特色餐饮店较为丰富（见图2）。百度地图的POI数据显示，泉州市全市目前共有餐饮店1861家。从区域差异来看，泉州各县市区的餐饮店数量均在100家以上，区域间的差异并不明显。原因在于，餐饮店不仅满足外来游客的餐饮需求，也是市民日常休闲和消费的重要场所。

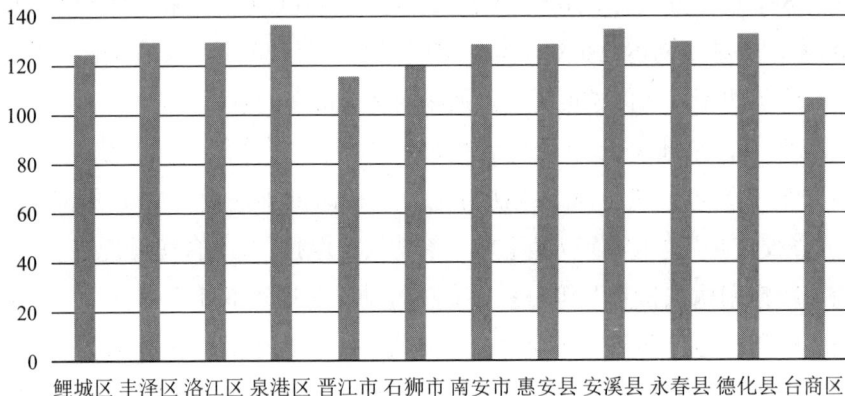

图2　泉州市餐饮店数量（家）

截至2022年，泉州市全市共有星级饭店51家（见表1）。其中，五星级饭店12家，具体如泉州酒店、晋江荣誉国际酒店、惠安县达利世纪酒店等；四星级饭店26家，具体如南安大酒店、泉州航空酒店、泉州华侨大厦等；三星级饭店13家，具体如丰泽大酒店、南安华侨大酒店等。从位置分布来看，晋江市星级饭店数量、床位数位居首位；其次为丰泽区、南安市和惠安；永春县、洛江区和泉港区的星级饭店数量、床位数较少；台商投资区暂无星级饭店。根据百度地图POI数据统计，泉州拥有酒店、民宿、公寓、宾馆、客栈等各类住宿场所1430家。从经营情况来看，2022年泉州星级饭店实现营业收入108462.16万元，平均房价287.20元，床位数13502，平均出租率41.19%。在平均房价上，鲤城区、丰泽区、惠安县和永春县的星级饭店平均房价较高，石狮市和晋江市次之，安溪和德化较低；在平均出租率上，泉港区、洛江区、石狮市、德化县、丰泽区和鲤城区的星级饭店平均出租率较高，而安溪县、永春县和泉州经济技术开发区的平均出租率较低。

表1 2022年全市星级饭店基本数据

县（市、区）	星级饭店	营业收入（万元）	平均房价（元）	床位数	平均出租率
鲤城区	3	13792.90	321.78	1265	41.60%
丰泽区	8	17812.72	348.30	1776	44.78%
洛江区	1	1319.10	252.59	260	57.10%
泉港区	1	868.26	256.44	110	80.97%
石狮市	5	12748.50	281.28	1069	50.23%
晋江市	9	23882.60	291.30	2891	37.36%
南安市	8	12997.10	255.63	2045	31.53%
惠安县	8	16227.37	352.33	2545	35.02%
安溪县	2	1115.40	162.72	291	26.58%
永春县	1	919.30	347.99	280	21.54%
德化县	4	5545.71	205.34	645	46.53%
泉州经济技术开发区	1	1233.20	370.72	325	21.06%
全市	51	108462.16	287.20	13502	41.19%

截至2022年，泉州市全市共有A级景区54家（图3）。其中，5A级旅游景区1家，为清源山风景名胜区；4A级旅游景区14家，包括崇武古城风景区、九仙山风景区、五店市传统文化街区、开元寺等；3A级旅游景区31家，包括雪山生态旅游区、洪恩岩、叶飞故里红色旅游区、仙公山旅游区等；2A级旅游景区8家，包括余光中文学馆、老醋文创园、中国香都文化旅游区等。从位置分布来看，永春县的A级旅游景区数量位居首位，其次为晋江市和安溪县，分别A级旅游景区8家和7家；洛江区、泉港区和台商投资区

A 级旅游景区数量最少，仅有 1 家。泉州市 54 家 A 级景区的主营业务收入为 31334.95 万元，其中 5A 级旅游景区的平均主营业务收入为 1963.83 万元，4A 级旅游景区为 683.47 万元，3A 级旅游景区为 612.64 万元，2A 级旅游景区为 103.37 万元，呈现随景区级别而逐渐递减的态势。

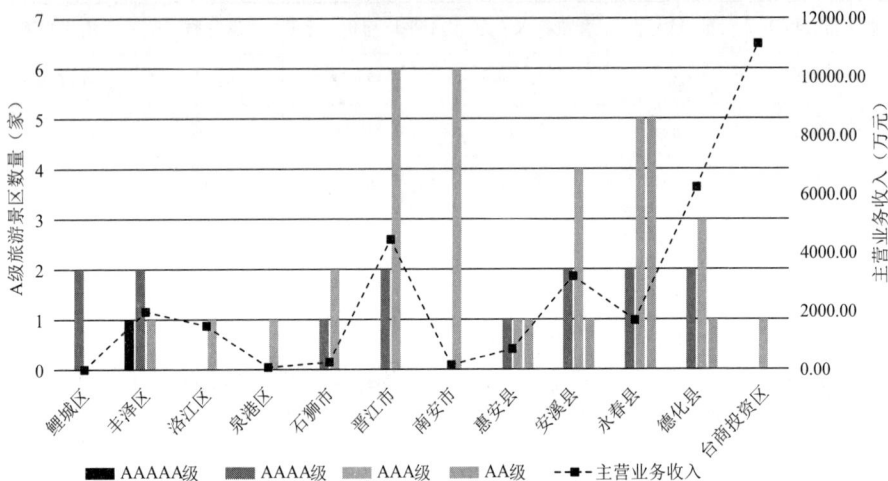

图 3　2022 年全市 A 级旅游景区基本情况

注：九日山为 5A 级景区组成部分，不单独计入景区数量；全市 54 家 A 级景区 33 家免门票，主营业务收入包括但不仅限于门票收入。

根据福建省文化和旅游厅公布的数据，截至 2023 年 3 月，全省共有 1521 家旅行社，其中泉州市全市共有旅行社 133 家（见图 4）。从区域分布，丰泽区和晋江市的旅行社数量最多，各有 39 家和 35 家，鲤城区、石狮市、安溪县和德化县的旅行社数量次之，各有 14 家、11 家、8 家和 7 家，而其区县的旅行社数量均较少。从业务类型来看，泉州市仅有 17 家旅行社可以同时经营境内、出境和入境旅游业务，它们分别位于鲤城区、丰泽区、晋江市、石狮市、南安市和惠安县。

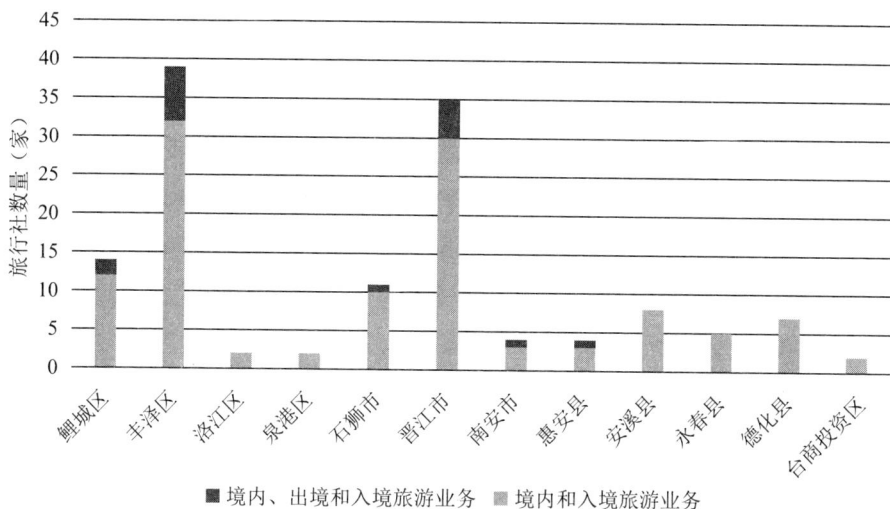

图4　泉州市旅行社基本情况

■ 境内、出境和入境旅游业务　■ 境内和入境旅游业务

（三）泉州文化单位（企业）的发展态势

博物馆是现代公共文化服务体系的重要构成要素，泉州全市目前共有备案博物馆18家，具体如泉州海外交通史博物馆、闽台缘博物馆、郑成功纪念馆、南安市博物馆和泉州华侨革命历史博物馆等。不仅如此，泉州是全国文物大市，拥有各级文物保护单位957处，包括全国重点文物保护单位54处，省级文物保护单位106处，市县级文物保护单位797处，涉及古建筑及历史纪念建筑物、石刻、古墓葬和古遗址等多种类别。从区域分布来看，各区县具有差异性的文化资源和文化底蕴。其中，晋江市、鲤城区和南安市拥有的全国重点和省级文物保护单位数量位于前列，其次是丰泽区、安溪县和永春县，而洛江区和台商投资区数量最少。市县级文物保护单位的区域分布相对分散，主要集中在晋江市、安溪县、惠安县和永春县等四个县区（见图5）。

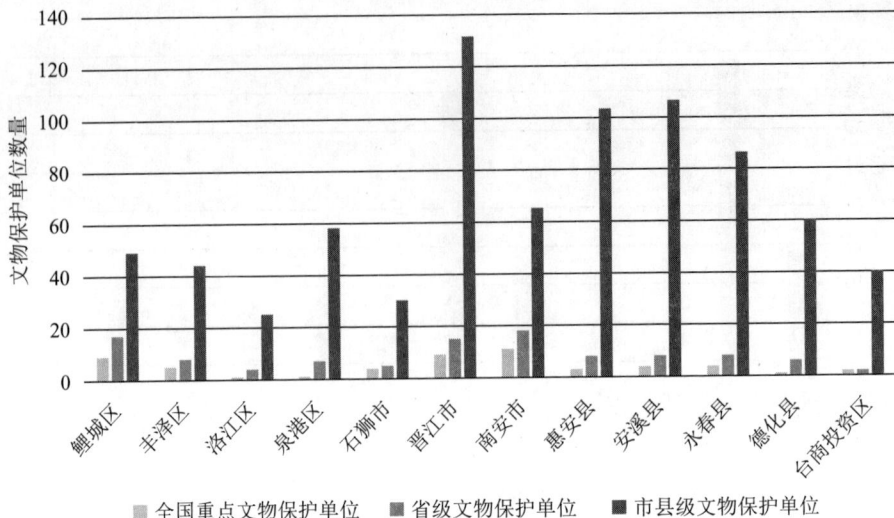

图5　泉州市全国、省级、市县级文物保护单位基本情况

截至2022年，泉州市共有实际营业影院80家，银幕431块，年度电影票房1.84亿元。从区域差异来看，晋江市的影院、银幕和座位数量最多，电影票房收入4439.70万元，位居首位；其次为丰泽区和南安市，位于第二梯队，鲤城区、石狮市和安溪县处于第三梯队，而洛江区和台商投资区仅有1家电影院，银幕和座位数最低，电影票房收入分别为102万元和241.09万元。同时，2022年泉州新注册影视企业38家，新增投资3.3亿元（注册资金），优秀影视企业不断涌现，影视创作呈蓬勃发展态势。具体来说，泉州以文化园区（街区）为阵地培育了西窗传媒、横谷影视、优一影视、金马传媒、黄品文化等一批优秀本土影视机构，其中金马、皇品、欣欣、西窗、功夫动漫获评福建省"十佳影视创作机构"。此外，泉州将影视与旅游巧妙融合，塑造了源和1916创意产业园（4A级景区，影视拍摄和创意产业功能的创意园区）、晋江五店市传统街区（4A级景区、中国电影拍摄基地）、领SHOW天地创艺乐园（3A级景区、国家广告园区、泉州影像中心）等系列影视与文旅融合集聚区，惠安县海丝电影小镇和晋江市梧林传统村落入选全省首批重点影视外景拍摄基地（见图6）。

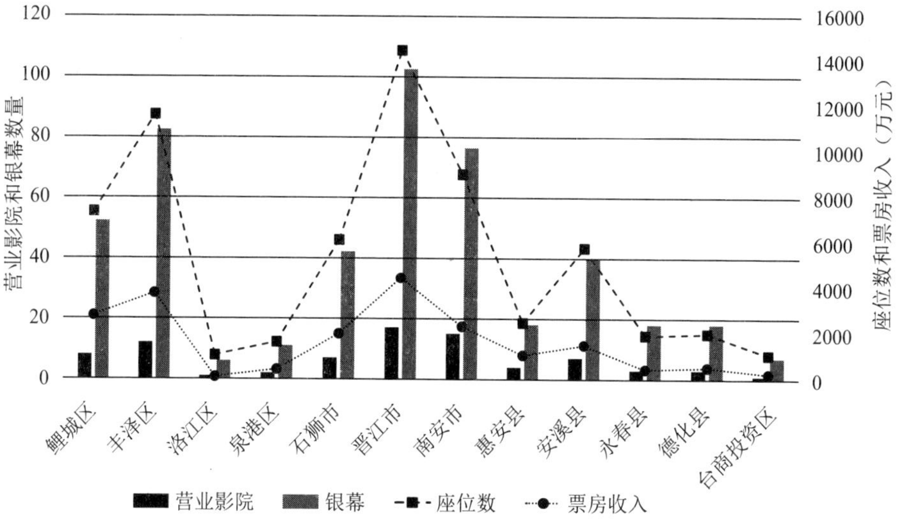

图6　2022年全市电影院基本情况

（四）泉州文旅融合的发展态势

在"泉州：宋元中国的世界海洋商贸中心"申遗成功的热潮下，泉州加快推进文旅融合发展的顶层制度设计，通过建立健全各项配套政策、文旅惠民活动、文旅项目改造工程等，从资源融合、市场融合、服务融合、业态融合、场景融合等方面入手，推动文化和旅游各领域、多方位、全链条深度融合，进一步助推泉州古城文化和旅游产业转型、内需扩大、品质提升、个性彰显、要素集聚。

在资源融合上，泉州促进古城提质，重塑城市肌理，着力推进历史文化街区保护、闲置资源盘活、文创产业园区建设，实现文旅资源的存量更新；在市场融合上，泉州组织策划并精心营销了系列线上线下活动，丰富假日文旅市场供给，激发消费活力，进一步激活了文旅市场融合、扩大了文旅消费供给；在服务融合上，泉州完善文旅基础设施与公共服务配套设施，并利用老街巷、古厝、工业遗存等场所引入图书馆、博物馆、美术馆、实体书店等文化服务功能载体，提升文旅发展品质；在业态融合上，泉州强化文旅与工业、历史、宗教、研学、体育等领域跨行业产品开发，推动创意文化、影视文化、动漫文化与旅游融合，推进了文旅融合产业集聚的建设与发展；在场景融合上，泉州盘活古城内的点位空间、古大厝资源，打造成以点带面的公益空间——"刺桐记忆"，重拾古城的生活记忆。

随着泉州文旅融合工程的持续推进，"世遗泉州"的 IP 逐渐形成，文旅融合业态不断丰富，住宿、夜间旅游、特色商品等文旅核心要素不断升级，数字文创博览会品牌、城市文化 IP 品牌、"百戏鲤城"品牌、国字号商圈品牌等文旅品牌也渐成体系。泉州文旅融合需持续推进文旅资源、文旅市场、文旅服务、文旅业态和文旅场景等基础要素的融合升级，并需要加强文旅理念、文旅体制和文旅机制等上层要素的融合发展。

三、泉州文旅产品的发展结构

（一）泉州文化遗产旅游发展

泉州是世界遗产城市，文化遗产资源种类齐全、数量充足、价值多元。其中，泉州有全国重点文物保护单位 54 处、世界级非物质文化遗产 6 项、国家级非物质文化遗产 36 项。在申遗成功的带动效应下，泉州市以泉州古城为核心，积极启动古城整治、历史文化街区和名镇（村）保护、中山路及街巷风貌综合整治，探索古城文化遗产旅游活化利用和城市业态更新的新道路。

在资源底蕴上，泉州拥有包括历史人物、纪念性场地、标志性场地、文学文本、节日仪式、身份符号等丰富的文化遗产资源，丰富的文化遗产资源为泉州文化遗产旅游的开发奠定了良好的物质基础。在资源利用上，以"亮点在古城、厚度在山海、空间在生态连绵带"为特点，泉州市不断探索文化遗产保护传承与文化遗产旅游开发的新途径、新方法，形成了包括博物馆、纪念馆、遗产展示馆、教育基地（研学基地）、文化创意园、主题酒店、遗址公园、休闲街区、传统村落、古驿道、影视演艺等多样化的文化遗产旅游开发模式。在非遗旅游活化上，在产业融合发展背景下，泉州将非遗项目与文化创意、文化旅游和服务业有机结合，并通过"非遗＋研学""非遗＋文创""非遗＋演艺"等旅游活化方式实现传统手工艺复兴与品牌化发展。

当前，遗产旅游认知片面、文化遗产数字化利用不强、遗产旅游品牌建设较弱、遗产旅游参与式治理不高等问题阻碍泉州文化遗产旅游往纵深化发展，可从文化遗产节庆化、变革遗产传播方式、创新遗产利用模式、共建共享文化遗产活化等方式推进泉州文化遗产旅游活化利用，为打造世遗典范城市贡献文旅力量。

（二）泉州滨海旅游发展

泉州是古代"海上丝绸之路"重要起点城市，海域面积 11360 平方公里，海岸线 541 公里，大小港湾 14 个，拥有"中国最美八大海岸"之一的崇武—秀涂海岸线。泉州更是我国海洋文化发源地和富集区，拥有多样的滨海旅游资源，具备发展滨海旅游的巨大资源优势。

近年来，泉州滨海旅游的基础设施不断完善，景区吸引力不断提升，旅游要素企业服务品质不断强化，滨海遗产保护利用不断更新，滨海资源开发不断创新，极大促进了滨海旅游业态的高质量发展。在基础设施上，随着滨海旅游规划的实施，涵盖机场、铁路线、车站、公路、港口等多种滨海旅游设施不断完善，初步形成了覆盖空间大、通达程度深、惠及面广的滨海旅游交通基础服务网络。在景区吸引力上，泉州滨海景区围绕自身资源、地域、文化等特色，打造缤彩纷呈的民俗风情演艺、烧烤、沙滩运动、海上运动等滨海旅游休闲项目。在要素企业服务品质上，泉州滨海旅游的餐饮和住宿等要素企业发展势头良好，网络口碑较高，大型主题购物、娱乐项目的规模和品质有所突破，顾客的忠诚度得到提升。在滨海遗产保护上，滨海遗产保护利用随着申遗成功取得重大突破，晋江安海"南天寺石佛造像和摩崖石刻之南天寺保护修缮项目"荣获联合国教科文组织亚太地区文化遗产保护优秀奖。在滨海资源开发上，泉州持续加强滨海特色渔村、特色渔镇旅游资源开发，并重视滨海工业旅游资源开发，展现"石文化"、雕刻艺术、海丝商贸、惠女风情等特色滨海元素。

当前，泉州滨海旅游发展在旅游资源上面临季节性明显、在旅游产品上面临开发程度不高、在产业业态上面临要素不齐全、在旅游市场上面临波动大、在旅游政策上面临多头管理等综合困境。泉州滨海旅游的高质量发展可从构建绿色、开放、创新、协调、共享的滨海旅游发展理念、创新滨海旅游管理体制、打造滨海旅游管理平台、推进空间布局优化和要素融合、构筑海洋文化传承利用高地、实施滨海旅游精准营销等方面持续推进。

（三）泉州山地生态旅游发展

泉州山地生态资源丰富，境内有山地 1000 多万亩，山地、丘陵占土地总面积的五分之四，森林覆盖率达 58.7%。目前建成自然保护区 5 个，面积达 2.81 万公顷，其中国家级自然保护区 2 个。在"绿水青山就是金山银山"理念的指导下，泉州市牢守安全生态底线，推进生态环境治理、加强生态系统修复和改造提升城乡山体的基础上不断尝试不断突破资源边界，推出生态旅游精品，延伸山地生态旅游产业链。

从资源禀赋上来看，泉州山地生态旅游资源禀赋良好，依托自然山水脉络，用绿道串起山林、水体、湿地、田园等自然资源，与古城人文名胜串成风景线和连绵带，形成相互贯通、连绵成片的生态体系；从产品体系开发来看，泉州不断深挖地方生态资源优势，形成了包含森林旅游特色产品、森林康养小镇、森林康养基地、山地乡村特色产品和全域生态旅游小镇等独具特色的生态旅游产品体系和业态类别；从产品品牌塑造来看，泉州不断深入挖掘和整合山地生态旅游资源，培育差异化、品牌化的精品旅游线路，做强户外休闲旅游的山地特色品牌，并发挥山地生态旅游产品品牌的综合带动作用，积聚产业创新动能、促进旅游消费升级。近年来，泉州在持续推进山地生态环境综合治理、加强山地生态系统修复、拓展城乡绿色生态圈、延伸山地生态旅游产业链等方面也取得了一定进展。

当前，泉州山地生态旅游发展存在缺乏整合产品支撑体系、教育科普体验不足、生态监管较弱、公共服务体系不健全、社区参与治理不足等问题，未来可从探索适宜的山地生态旅游发展模式、构建合理的山地生态旅游发展格局、打造丰富的山地生态旅游产品体系、构建联动的山地生态旅游区域联盟、提升良好的山地生态旅游基础设施、打造智慧的山地生态旅游新模式、推动山地生态旅游体制机制建设等方面推进山地生态旅游的高质量发展。

（四）泉州工业旅游发展

截至 2021 年年底，泉州市先后打造了 34 家省级观光工厂，有 4 家企业被评为省工业旅游示范基地，有 2 家入选第三批国家工业遗产名单，实现了福建省国家工业遗产项目零的突破。泉州市重视实体经济与文旅产业互动赋能，文旅＋陶瓷、文旅＋石雕、文旅＋茶业、文旅＋石材、文旅＋鞋服等多元工业旅游业态不断出现，为工业旅游高质量发展打下了坚实基础。在福建省引导工业企业创新商业模式和转型升级的背景下，泉州市加速创建工业旅游示范基地和工业旅游精品线路，不断结合自身特色工业优势培育和创新工业旅游业态。在优良的发展环境下，泉州市工业旅游呈现出工业旅游品牌不断创立、精品工业旅游线路逐渐形成、工业旅游业态趋于多元、工业旅游空间布局均衡和发展效益显著的基本概况。

在工业旅游线路上，福建省的三条工业旅游精品路线中泉州占据两条，分别为"'海丝古韵最乡愁，闻香品醋源和堂'乡愁之旅"路线、"英雄故里、时尚之都"路线。在工业旅游业态上，泉州充分挖掘自身所拥有的陶瓷、食用醋、茶叶、雕艺、石材和鞋服等特色资源，推动"茶＋旅""瓷＋旅""石＋旅""鞋服＋旅""香＋旅""食（含永春醋）＋旅"等工业旅游业态发展，开展了工业遗产、观光工厂、文化创意、工业博物馆、研学科普、休闲旅游等工业旅游形式，形成了较为完善的工业旅游产业体系。在工业旅游空间布局上，泉州工业旅游发展基本上实现了"一县一品"的均衡分布格局。在发展效益上，泉州工业旅游发展促进了工业和旅游业双向赋能，实现整体产业结构转型升级，给游客提供了丰富的旅游体验，并带动了泉州旅游经济的发展。当前，泉州工业旅游发展存在政策支持不足、宣传推广乏力、专业人才稀缺、业态产品单一、主题特色不鲜明、智慧化水平不高等问题，并可从绿色低碳、数字赋能、结构优化、遗产活化、文旅融合、守正创新等方向转型升级。

（五）泉州研学旅游发展

作为国家首批历史文化名城、东亚文化之都的泉州，拥有世界遗产"宋元中国的世界海洋商贸中心"，古朴厚重、历史悠久，具有世界宗教博物馆之称，研学旅游资源丰富。截至 2022 年 11 月末，泉州市已建设中小学生研学实践教育基地 64 家，已有 19 家机构入选福建省中小学生研学实践教育基地 / 营地，各类劳动教育实践基地、游学基地、科普基地逾 200 家。

在本地游、周边游的带动下，泉州研学旅游产品备受青睐，具体表现出政策高度关注、市场持续稳定、发展稳中有进、特色逐步凸显等总体态势，并呈现出业态融合发展、产品类型多元、发展相对均衡等特征。从研学旅游发展的总体态势来看，泉州市高度关注研学旅游的发展，呈现横向、纵向政策持续推进研学旅游发展的主动态势，并大力支持研学机构、基地、营地建设，编制推出"探寻海丝路·研游刺桐城"海丝泉州十大精品研（游）学推荐线路。同时，泉州持续推进"制造业＋文旅"融合发展，观光工厂、工业旅游示范基地、工业博物馆等研学线路和产品广受欢迎，工业研学特色逐步凸显。从研学旅游发展的主要特征来看，泉州依托自然和文化资源优势不断丰富研学产品类型，具体包括科技研学、非遗研学、科普研学、亲子研学、茶道研学、陶瓷研学等，且安溪茶叶、南安石材、德化瓷器、永春香道、惠安雕艺、晋江工业等多元产业集群也为泉州研学旅游快速发展深度赋能。同时，泉州市中小学生研学实践教育基地分布较为均衡，其中晋江市、南安市研学旅游发展处于相对领先位置。

当前，研学体系成熟度不高、研学力量投入不够、研学配套健全度不足是制约泉州研学旅游发展过程中面临的关键挑战。泉州市可从研学队伍建设、研学导师激励、研学资源盘活、研学课程开发、研学配套完善、保障机制激发等多元路径全面推进研学旅游高质量发展。

（六）泉州乡村旅游发展

泉州乡村旅游资源丰富，现有"中国美丽休闲乡村"7个、全国乡村旅游重点镇1个、全国乡村旅游重点村4家，福建省"金牌旅游村"16个、"百镇千村"旅游村12个、三星级以上的乡村旅游休闲集镇4个、旅游特色村17个。为深入贯彻和落实福建省乡村振兴战略和全力打造"全福游、有全福""海丝泉州"品牌的工作部署，泉州不断加强乡村旅游发展，助力乡村振兴。

泉州通过不断挖掘乡村特色旅游资源、塑造乡村旅游核心吸引要素、开展乡村旅游精准营销、引入多种发展理念和经营模式等多元路径，促进了乡村旅游的快速发展，并不断往精细化、规范化和品牌化的方向转型。从总体发展态势来看，泉州市打造出了一批"产业优、口碑好、示范强"的旅游示范村镇，策划推出了乡村旅游精品线路15条，打造了"全福游、有全福""海丝泉州""泉州市海丝泉州·绿色生态之旅""海丝茶源·茶旅圣地""古城徒步穿越"等代表性乡村旅游品牌。此外，泉州市乡村旅游发展主要形成了以陶瓷文化、闽南文化、历史文化、民俗文化等文化资源和以滨海、森林、山水、农业等自然资源为核心吸引要素的两类乡村旅游目的地。从发展区域来看，泉州市典型乡村旅游点在空间地域分布上比较零散，但基本涵盖了大多数乡镇，其中乡村旅游与古迹、文化、武术、自然、海洋、体验、活动、商旅、非遗等要素的融合是泉州各地区乡村旅游发展的核心模式。闽南文化是泉州乡村旅游发展的重要符号，生态性和乡土性是泉州乡村旅游核心吸引要素，多产融合、联合经营是泉州乡村旅游发展的重要模式。从驱动因素来看，乡村振兴战略、政府扶持政策和旅游产业转型是促进泉州乡村旅游转型升级和高质量发展的重要因素。

对此，泉州可从完善乡村旅游产业管理体制、创新乡村旅游数字产业运营模式、加强乡村区域间的旅游统筹合作、推进乡村旅游现代交通网络建设、加强乡村旅游与世界文化遗产的融合等方向助力乡村旅游业获得发展的新机遇与新契机。

（七）泉州夜间旅游发展

夜游经济已经发展成为拉动泉州文旅快速增长，促进泉州经济升级、文化焕新的新引擎。在夜间旅游政策的支持和推动下，泉州夜间旅游热度不断攀升，夜间旅游产品供给和业态类型日益丰富多样，夜间旅游消费规模持续增长。在 2021 年，泉州西街东段成为首批国家级夜间文旅消费集聚区，在 2022 年，五店市传统街区、领 SHOW 天地文化创意产业园上榜第二批国家级夜间文化和旅游消费聚集区。

作为首批国家历史文化名城，泉州夜间文旅消费项目不断推陈出新，以夜游、夜演、夜市、夜赏等为主题的文旅夜间产品丰富多元，持续打造游客和市民可感、可触的夜间消费场景，逐渐形成了"文化＋体验＋旅游"的夜间经济新模式。同时，泉州运用数字技术和人文艺术等新方式打造沉浸式夜游演艺工程，并出台各项政策扶持培育夜间文旅消费集聚区、发展多元夜间消费业态、健全夜游服务配套、完善夜间旅游规划布局。从夜游产品形式与业态来看，夜间街区 / 夜市和夜游演艺是泉州夜游产品的主要形式。其中，泉州夜游产品业态分布均衡，以夜游餐饮类为主要组成部分，南音、梨园戏、提线木偶戏、高甲戏、打城戏等传统非遗是泉州夜色夜游演艺项日。从夜游经济综合活力来看，泉州市夜游活力空间分布特征明显，丰泽区、鲤城区、晋江市和石狮市的灯光密度远超其他市区，活力分布总体呈现东南高、北部低、东北较低的片状空间分布特征，沿海区域夜游经济优势显著。对此，泉州可从改造和更新两线并行、定位和品牌两端并重、文化和产业两相融合、创新和运营两轮驱动等多元路径促进夜游经济发展，并可通过挖掘夜游发展资源、优化配套发展环境、建立长效发展机制、构筑坚实发展保障和科技赋能创新业态等方式实现夜游经济的提质赋能。

四、泉州文旅经济的发展特征

（一）文旅经济发展趋势良好

在文旅经济快速发展的宏观环境下，泉州文旅经济呈现良好的发展势头。申遗成功使泉州文旅经济发展迎来新的契机，在后疫情时代也表现出良好的恢复势头和发展潜力。从战略导向来看，做大做强做优文旅经济、促进文旅经济高质量发展是泉州"强产业、兴城市"双轮驱动部署的重要抓手，是泉州加快建设 21 世纪"海丝名城"的重要依托。2022 年 11 月泉州召开促进文旅经济发展座谈会，提出要准确把握文旅产业发展的新趋势新要求，并从需求、消费、市场和供给的角度去思考文旅发展的理论和实践问题，从而推动文旅经济做大做强做优。

随着文旅资源不断发掘、配套条件逐渐完善、文旅发展格局日益调整优化、旅游市场热度回暖，泉州市文旅产业的发展潜力不断得到释放。从文旅资源发掘来看，在申遗成功的契机下，泉州加深了对文化和旅游资源内涵的整合和挖掘，以海丝文化作为依托，将泉州海外交通、宗教、建筑、民俗等特色文旅资源融入其中，打造"海丝泉州"新名片。从文旅配套条件来看，泉州市将文旅基础和配套服务设施的完善作为服务质量提升的重要工程，不断加大公众信息服务平台、游客服务中心、集散中心等文旅基础设施的建设力度，努力夯实文旅经济发展的基础。从发展格局来看，泉州重点建构"一湾两带六集群"的发展格局，具体包括培育环泉州湾"海丝"文化旅游区，优化绿色康养旅游休闲带与蓝色滨海旅游休闲带，深度推进文旅结合工业、滨海雕艺、茶、香、瓷、石形成特色产业集群。从旅游市场热度回暖来看，在新冠感染疫情调整为"乙类乙管"后，泉州市文旅市场在加速复苏，在2023 年春节期间围绕世遗泉州、烟火刺桐、传统民俗、夜间休闲、品味年、非遗体验和迎春送福等主题在全市组织策略了系列文旅活动，满足了游客和市民多样化的文旅消费需求，春节共接待旅游人数 275.94 万人次、实现旅游收入 20.43 亿元，呈现爆发性增长状态。

（二）文旅业态结构类型丰富

泉州拥有日益完善的文旅业态结构。在完善"食、住、行、游、购、娱"等基础性文旅业态的基础上，泉州积极开发和培育了包括世遗体验、非遗传承、创意设计、旅游演艺、山地休闲、滨海度假和夜间旅游等新型文旅消费业态，推动了文旅业态链式开发，塑造了类型丰富、形式多样的文旅业态结构体系，并初步形成"亮点在古城、厚度在山海、空间在生态连绵带"文旅发展格局。

为推动文旅经济的高质量发展，泉州逐步将历史文化底蕴转化提升为文旅产业发展优势，培育出一批文旅融合新业态。从文旅供给端来看，泉州市文旅融合逐步从资源融合走向了产品融合、产业融合。例如，晋江五店市依靠传统街区建筑的改造升级，集闽南传统建筑文化与休闲游览观光于一体，实现文化和旅游资源层面的融合；并在此基础上打造晋台民俗体验馆、工艺美术馆、特色民宿等可参观、可体验的文旅产品，从而吸引地方小吃特产类、民俗非遗展示类、保健养生类、现代都市时尚类、文化创意类、影视摄影类等多种业态入驻，形成集传统文化展示、民俗体验、商务旅游、休闲娱乐、美食品尝等为一体的文旅产业链。从文旅需求端来看，泉州文旅业态发展符合游客需求从单一化到个性化、多样化和细分化的转变趋势，具备红色旅游、夜间旅游、研学旅游、博物馆旅游、旅游演艺、康养旅游、遗产旅游等多种文旅业态，文旅业态结构类型丰富。

泉州文旅部门积极推动新业态的成长和成熟。泉州市文旅局努力打造"知行泉州"研学旅游品牌，并推出"知行泉州·探寻世遗——博物馆的力量"15 条博物馆研学旅游线路；推出灯光夜游项目"东海玩聚场——'东海追光夜'"，领袖天地、晋江五店市、台商水岸花田、南安天心洞等景区以夜游、夜演、夜市、夜赏为主题，开展各项灯光秀、美食嘉年华、舞蹈表演等沉浸式夜间文旅活动，创造一场夜间视觉盛宴，支撑夜间旅游发展。为不断彰显和塑造世遗泉州的魅力，文旅部门推出"走街串巷""刺桐史迹""悠游西街""古城世遗""寻觅古早""半城烟火"等 10 条泉州古城 Citywalk 路线，举办"刺桐寻遗·文旅畅游"泉州文化云盖章寻宝活动，让市民游客漫步泉州古城，打响"宋元中国·海丝泉州"世遗文旅品牌。

（三）文旅专项产品体系丰富

泉州专项旅游产品体系日益成熟并具有较强的市场吸引力。近年来，泉州重点围绕"品质泉州""海丝泉州"的品牌定位，不断创新专项文旅产品供给、设立文创产品体验空间、建立文创产品品牌，并凭借自身特有的旅游资源培育了古城游、非遗游、滨海游、康养休闲游、工业研学游等多类专项文旅产品，以此打造都市文化休闲旅游产业集群、滨海度假旅游产业集群、生态休闲旅游产业集群等旅游产业集群。

在古城遗产旅游产品方面，泉州市聚焦于"世遗"旅游品牌，以全域化理念打造泉州"古城游"产品，构建覆盖古城的旅游公共服务体系。泉州市持续丰富"世遗游""古城游"产品体系，加大对泉州史迹游、非遗游、海丝游和祈福游等精品线路和网红打卡点的宣传推介，通过展示泉州世遗文化韵味和古城历史魅力来提高游客与市民的休闲旅游体验。在非遗旅游产品方面，泉州秉承"保护为主，抢救第一，合理利用，传承发展"的工作方针，积极探索非遗旅游的新途径和新方式。例如，举办泉州花灯、木偶现场制作、闽南讲古专场、南音专场、梨园戏专场等系列主题活动，创造更多符合游客审美的文创产品；打造"非遗文化"的文旅产业链条、举办线上非遗购物节，满足游客对泉州特色的收藏品、手工艺品等的了解和需求。在滨海旅游产品方面，泉州以惠安崇武古城、石狮黄金海岸、晋江深沪湾等核心滨海旅游景点为依托，持续打造滨海旅游度假产品。例如，惠安崇武古城推出《崇武魅力·惠女风情》系列表演和"崇武记·风华生活"系列活动；石狮黄金海岸举办"红塔湾趣味生活嘉年华"活动；晋江深沪湾依托海丝文化景点资源推出系列"深沪海丝风情小镇"项目。在工业研学旅游产品方面，泉州工业发展迅速、并形成了一批具有较强影响力的产业集群，这为开展工业旅游提供了得天独厚的资源条件。近年来，泉州围绕核心工业资源推出了 11 条工业旅游精品线路，形成晋江石狮时尚工旅、惠安滨海雕艺文化、安溪"茶＋旅"、永春"香＋旅"、德化"瓷＋旅"、南安"石＋旅"等六大特色工业旅游产品体系。

（四）文旅智慧发展渐成共识

随着信息技术的发展，泉州市不断规划和推进文化和旅游产业的智慧化和数字化转型升级，并将其作为促进文旅高质量发展、加快文旅深度融合、满足人民日益增长的数字化体验需求的重要抓手和核心任务。近年来，泉州市不断推进智慧旅游服务平台建设，其中包括了泉州文化云、泉州市智慧旅游云、神旅 APP、"泉州：宋元中国的世界海洋商贸中心"遗产点智慧语音讲解平台、遗产点标识系统点等，极大提升了泉州的旅游服务质量和游客体验质量，更提高了政府部门对全市旅游资源和旅游动态的综合掌控能力。2023 年 6 月，清源山风景名胜区通过了省级智慧景区五钻级评定，福建省世贸海上丝绸之路博物馆通过省级智慧景区四钻级评定，牛姆林文旅夜游技术服务工程入选福建省数字文旅应用场景示范案例，南安文体旅资源导览系统入选福建省智能导览建设典型案例。

智慧文旅是以大数据、物联网、云计算、5G 等现代信息技术为基础，为满足游客个性化需求，提供高品质、高满意度服务，而实现旅游资源及社会资源的共享与有效利用的系统化、集约化的管理变革。新冠感染疫情的暴发成了文旅产业实现智慧化和数字化转型的重要契机。为积极维稳推进疫情防控与文旅场所有序开放，"泉州市智慧旅游云平台""泉州文化云平台"等智慧平台成为泉州有效实行"限量、预约、错峰"分时段预约管理的重要平台。智慧文旅的功能建设主要包括智慧服务、智慧管理和智慧营销三个层面。针对智慧文旅服务，泉州以智慧旅游云平台和数字小程序为主要媒介，汇聚了全市的文旅活动和文旅资源，整合"食""住""行""游""购""娱"等基础性文旅服务要素，以及"商""养""学""闲""情""奇"等发展性文旅服务要素，并将文旅服务要素与游客需求、政府监管进行有效串联，从而为游客提供更具有互动性、快捷性和保障性的智能服务体验。针对智慧文旅管理，泉州在主要文旅消费场所通过移动终端设备搜集各类文旅消费信息，并整合各地区数据资源助力全市的人流预警、舆情监测和决策辅助。例如，泉州清源山景区依托电信鹰眼舆情系统，搜集和分析境内外来自主流新闻网站、博客、论坛、微博、微信等平台咨询数据，实现舆情管理的自动报告、自动生成和自动预警。针对智慧旅游营销，泉州以互联网为阵地开展了文化创意产品展、线上直播带货大赛、开展优品鉴赏直播周、发放惠民文旅消费券、全国巡展云推介等营销活动，并建构了文旅企业的数字化运营模式、多元线上销售和分销模式、"线上预定＋零接触"模式。

（五）文旅融合发展成效突出

泉州立足世界遗产点、闽南特色文化和宗教文化等资源优势，全面实施一批文旅融合重大工程和重点项目，深入推动文化和旅游产业融合发展，并在文旅融合的体制机制、公共文化服务体系完善、文旅业态提质升级、丰富旅游产品供给、文化资源保护利用等方面取得显著成效。在文旅融合的体制机制方面，泉州加强了文旅融合的顶层设计，通过设立文旅融合发展资金、创新文旅产品融合标准、建立文旅资源利用模式、增强文旅品牌塑造等统筹做好文化和旅游融合发展工作。在公共文化服务体系方面，泉州以市场需求为中心推进文旅融合发展，推动公共文化服务体系创新发展，不断建立健全完善城市公共服务网络，强化文化和旅游标识系统管理，不断完善文化和旅游公共服务配套体系。

在文旅业态提质升级方面，泉州充分发挥资源优势，以项目招商为引擎带动文旅产业升级，加强生态养护和环境整治，招引一批高端酒店群、体验式文旅项目等，努力打造独具特色的泉州文化旅游集聚区。此外，泉州还通过实施"非遗进景区""特色旅游商品进景区""博物馆、非遗进古城"等特色文旅融合项目，推动全市文旅业态提质升级。在丰富旅游产品供给方面，泉州在文旅融合发展过程中不断增强旅游产品供给能力。例如，泉州以"品质泉州""海丝泉州"为战略定位，以古城为核心、串联其他世界遗产点，完善旅游服务要素，打造世界遗产引领的休闲度假旅游目的地。此外，持续做大滨海旅游，发展乡村旅游，繁荣夜间旅游，壮大商展旅游，拓展研学旅游，发展红色旅游，推进"旅游+""+旅游"融合发展，发展旅游演艺、音乐和影视产业。在文化资源保护利用方面，泉州在文旅融合进程中有序推动古城文化保护提升，塑造"见人见物见生活"的古城，大力挖掘古城文化，保护古城文脉，活化古城业态。同时，泉州也推动了非遗项目创造性传承，通过鼓励企业研发具有地域特色的非遗生产性传承产品，推动泉州非物质遗产传承活动融入生活、走进市场。

五、泉州文旅经济的发展建议

（一）加强文旅经济规划布局

面对文旅经济复苏浪潮，泉州市需明确文旅经济发展的战略规划、关键领域和布局方向，健全并推进文旅经济发展的政策体系，需形成文旅经济发展水平和建设成效的专项评价与考核体系，转变唯游客人数、营业额、门票经济和 GDP 等数值指标来判读文旅经济发展潜力和发展水平的传统思想，构建长期导向、综合竞争力导向、系统科学的文旅经济评价标准，更要推动地方政府部门将文旅经济作为城市高质量发展的主体动能。

从文旅经济发展的具体规划方向来看，需要明确文旅产业高质量发展的探索方向和关键要素，拓宽文旅产业的上下游产业链纵深，着力提升文旅产业链的附加值。一方面，数字化转型已成为产业升级、产业创新和产业融合的有效途径和重要方向。文旅产业需要依托大数据、5G 技术、物联网和人工智能等新技术带来的发展机遇，加快文旅产业融合和文旅产业高质量发展的数字基础设施建设，促进文旅产业数字化、网络化和智能化发展，提升数字技术与数字资源对文旅产业的融合度和渗透力。另一方面，文旅产业高质量发展需要丰富的产业要素支撑，具体包括土地、资金、技术、劳动力和管理等生产性要素，以及品牌资源、市场营销和物流服务等非生产性要素，推动构建文旅产业全要素之间相互作用、相互渗透的产业链体系，以拓展文旅产业链的深度和宽度，提升文旅产业链的整体价值。

（二）建设高水平文旅产业生态

建设高水平的文旅产业生态是推进文旅经济高质量发展的基本前提，形成立足于泉州的标杆性文旅企业是提升泉州文旅竞争力的重要体现。从文旅产业生态的要素单元来说，泉州市需要打造培育一批专精特新的文旅企业，鼓励扶持重点文旅相关企业成为具有国际竞争力和品牌力的"小巨人"企业。高水平文旅产业生态的完善健全，既要帮助大型文旅企业提高发展质量与核心竞争力，培育拥有前瞻视野和开疆拓土能力，以及领航文旅行业发展关键力量的产业链链主企业，要打造能够整合国内外文旅优势资源、主导文旅生产布局的关键型文旅企业；也要从专业化、精细化、特色化和新颖化的方向，高度重视中小型文旅企业的发展，鼓励与扶持一批具有创新能力和成长潜力的专精特新型文旅企业，为文旅产业高质量发展和文旅经济繁荣复苏注入源源动力。尤其是在后疫情时代，肆虐全球三年的新冠感染疫情对文旅产业结构和文旅企业生存造成了严重影响，需要切实解决后疫情时代中小微企业在资金、产品、人才和市场等方面的困难，激发它们的创造力和活力，更需要研判和强化文旅产业结构中薄弱环节。泉州高水平文旅产业生态应是一个由文旅行业旗舰和文旅产业链链主企业、专精特新"小巨人"企业、创新型中小企业构成的多层级、多元化的文旅市场主体结构，形成大中小文旅企业融通发展的开放包容、良性竞争、充满活力的文旅产业生态系统。

（三）优化文旅业态产品体系

发展文旅经济是拉动地区经济增长的重要动力和核心引擎，建构和优化文旅业态体系能够释放文旅市场新活力、加快文旅消费转型升级、建构文旅新发展格局并促进文旅经济的高质量发展。泉州需着眼于高质量、创新型的文旅产品与业态体系打造，注重利用现代科技赋能和改善文旅产品供给体系，并侧重从传统业态转型和新业态拓展两个方面深度推进文旅产品的供给侧结构性改革。一方面，泉州应当积极谋划文旅产业发展重点项目，塑造文旅经济发展强劲动力，用重大项目和优势项目为泉州文旅经济高质量发展提供支撑和动能。可依托于古城国家级旅游度假区创建、景区高质量发展、文化产业园区提质升级、文旅消费示范、文旅深度融合、旅游服务质量提升等文旅产业工程，精准推出一批具有支撑和牵引作用的文旅产业重点项目，打造一批标志性文旅产品、培育一批特色性文旅产品、提升一批体验性文旅产品、推进一批配套性要素文旅产品，不断完善文旅经济繁荣发展基础要素。另一方面，泉州更需要积极探索现代科技赋能、数字经济引领的文旅产品供给改革和创新。泉州需要借助现代科学技术手段活化文旅资源，推动文化场馆、遗迹遗产、景区景点等传统文旅场景的数字化再利用，并可基于数字技术打造文旅技术研发、文旅技术应用等新兴业态，全面形成文旅产品数字化发展路径。同时，文旅业态产品的转型创新既要注重提升文化产品的体验性和参与感，也要增强旅游产品的文化厚度与深度，以全面优化文旅产品供给体系。

（四）打造文旅资源品牌标杆

泉州应当深挖"世遗文化""海丝文化""闽南文化"等特色资源，持续打响和"宋元中国·海丝泉州"文旅品牌，推进世遗泉州的精准品牌营销。围绕世界遗产城市文旅品牌，进一步深挖历史文化内涵，提升城市品牌营销内容创作、专题策划、热点挖掘、传播运营水平，扩大文旅品牌影响力和知名度，发挥"一县一特"的品牌优势。

泉州应当继续推进石牛山创建国家 5A 级景区和县县有 4A 级景区项目，推动一批 A 级景区提升工程；推进泉州古城创建国家级旅游度假区、石牛山—岱仙湖创建省级旅游度假区；推进乡村旅游升级行动，遴选一批国家、省级特色乡村，健全完善产业链，强化休闲度假功能，进一步推动泉州古城创建国家级旅游度假区，推动创建一批省级旅游度假区、旅游度假小镇，打造乡村旅游示范点；支持建设一批大型的夜间文化和旅游消费项目，激发文旅消费"新活力";联合相关部门遴选或认定一批海丝文化主题街区、"旅游后备厢工程"商品、职工疗休养基地;推进国家文化和旅游消费示范城市建设。此外,泉州可依托于世界遗产建设和开发,串联滨海、乡村、民俗、工业、红色、研学等特色项目资源,统筹规划和建设海丝遗产旅游、滨海度假旅游、特色乡村旅游、工业旅游、体育旅游、研学旅游和夜间旅游等全谱系旅游产品,推动旅游产品相互融合、丰富旅游产品谱系。以"宋元中国·海丝泉州"为品牌统领,以特色旅游产品谱系为支撑,构建城市旅游品牌、旅游产品品牌、旅游节庆品牌、旅游季节品牌、旅游生态品牌等系列子品牌,逐步形成构建多层次、立体化的文旅旅游品牌体系。

(五)重视文旅融合风险防范

党的二十大报告中提出要"统筹发展和安全"。尤其是在大众旅游新时代、后疫情恢复振兴、社会风险迁移等新型风险环境下,文旅融合发展需要面对融合绩效风险、资源客体风险和游客主体风险等综合风险挑战。其中,文旅融合需平衡文化事业、文化产业和旅游产业的综合发展,其成败绩效面临大量过程性风险。文旅转型带来的资源功能变化可能导致文化异化失真、功能失衡等风险。2020年5月,习近平同志强调,历史文化遗产是不可再生、不可替代的宝贵资源,要始终把保护放在第一位。发展旅游要以保护为前提,不能过度商业化,让旅游成为人们感悟中华文化、增强文化自信的过程。因此,避免文旅融合的过度商业化,既是文化遗产活化的出发点,也为文旅融合提出了一道需要细化的技术题,明确了需要提防和警惕的陷阱。对此,泉州需要建立健全完善文旅融合风险防范体系,警惕可能出现的文化过度商业化与文化失真、民俗失传等陷阱和风险。具体来说,可从法律政策监管、管理职能优化、评价标准调整等多个方面构建完善的文旅融合风险防范体系。例如,需要做好文化和旅游融合发展的顶层设计,坚持创新性融合与预防性保护并重,设计出既符合文旅消费市场需要又保存文化真实性内涵的文旅产品;注重文化价值与旅游市场目标有效融合,有意识地优化公共文化产品和商业产品之间的分布结构。

（六）解决文旅发展关键挑战

泉州文旅经济的发展还面临着基础设施建设有待提速、业态创新力度有待提升、综合发展质量有待优化、智慧旅游建设有待提速、古城发展空间矛盾有待解决等关键挑战。有效解决和应对这些关键挑战是泉州促进文旅经济高质量发展的重要任务。针对基础设施建设，要以建设国际旅游目的地城市作为目标，加快文化遗产点道路提升、遗产点保护设施建设、遗产点导览系统建设、文旅配套设施建设、游客服务中心建设、外部环境整治等，持续夯实文旅产业的发展基础。针对于业态创新力度，泉州需要加强顶层设计、促进体制机制升级，既要以海丝文化、海洋文化、闽南文化和宗教文化等多元文化资源为驱动，培育和发展滨海度假、低空运动、体验式演艺、温泉度假和沉浸式娱乐等新业态模式和新兴市场主体，更要健全对文旅新业态类型和新产品业务的审慎监管。针对综合发展质量，泉州应当持续推进泉州古城国家级旅游度假区创建、文旅消费示范基地提升、文旅精品路线培育、文旅数字科技引入和旅游服务质量提升等高质量发展工程，创建集产业优化、品牌塑造和品质提升为一体的运营平台，为泉州文旅经济的高质量发展注入新动能。针对智慧旅游建设，泉州应当加快推进景区、酒店、旅行社、博物馆、文化场馆等文旅消费场所在旅游体验、旅游服务和旅游营销等层面智慧化发展，持续打造和完善文旅大数据平台，并通过云旅游、虚拟旅游和场景再现等智慧化手段重新包装文旅产品，以全新的商业模式促进运营管理的创新升级。针对古城发展空间矛盾，泉州需要持续统筹和优化古城发展的空间布局，遵循原真性保护、创造性利用、功能性提升的发展理念，既要留住具有海丝泉州独特魅力的古城旧形态，更要促进古城非核心功能空间的疏解和更迭，打造创新型的复合休闲空间。

（七）夯实文旅经济保障要素

泉州应当持续深化文旅市场"放管服"改革，以"便企服务、简化程序"为原则，搭建智慧服务平台便民惠企，便捷文旅市场准入与退出审批机制。其中，需要加强《泉州市文化旅游发展促进条例》宣贯实施，开展文旅领域安全生产定期检查排查，常态化开展应急演练、安全培训、隐患整改。同时，深化行政审批制度改革，加强剧本杀经营场所备案、非学科类校外培训机构管理，开展星级饭店复核验收及导游员讲解员培训，提升旅游服务能力。针对文旅经营场所的安全问题，有关部门需保持高压执法态势，加大巡查检查频次，依法查处一批娱乐场所、演出市场、网络文化、旅游及文物经营领域的违法违规经营行为，不断优化文旅市场环境。此外，泉州需进一步完善文旅人才的引入、培育和奖评机制，建设一支数量足、结构优、活力强的文旅人才队伍，为促进文旅产业优质供给注入持续动力。具体来说，可进一步深化泉州人才"港湾计划""涌泉行动"和文旅人才"三年行动"等人才培育工程，加快引进一批文旅复合型人才。针对文旅人才需求的结构差异，泉州需不断健全和创新文旅人才分类培养模式，"订单式"培养新型文创空间、产品设计、项目运营、曲目编排表演等多类文旅优秀人才，保证人才队伍结构的互补性、梯次性、层次性和全面性。泉州还应当深化文旅人才传承工程，加大对优秀文旅创作人才的奖励，重点培育扎根基层的代表性传承人，逐步形成创新与传承兼顾的人才培育格局。

参考文献

［1］文化和旅游部.“十四五”文化和旅游发展规划［Z］.2021-04-29.

［2］中共中央办公厅、国务院办公厅.“十四五”文化发展规划［Z］.2022-08-16.

［3］国务院办公厅.关于进一步激发文化和旅游消费潜力的意见［Z］.2019-8-12.

［4］文化和旅游部、国家发展改革委、财政部.关于开展文化和旅游消费试点示范工作的通知［Z］.2020-10-23.

［5］中共福建省委办公厅、福建省人民政府办公厅.福建省推进文旅经

济高质量发展行动计划（2022-2025年）［Z］.2022-08-29.

　　［6］泉州市人民政府.泉州市"十四五"文化和旅游改革发展专项规划的通知［Z］.2021-12-31.

　　［7］泉州市人民政府办公室.泉州市人民政府关于加快推进旅游业高质量发展的实施意见［Z］.2022-01-29.

　　［8］中共泉州市委宣传部、泉州市旅游局、泉州市发展和改革委员会、泉州市财政局、泉州市文广新局、泉州市文改办.泉州市加快推进文化和旅游融合发展的实施意见［Z］.2013-4-25.

　　［9］泉州市第十七届人民代表大会常务委员.泉州市文化旅游发展促进条例［Z］.2023-01-01.

BII 专题报告

Special Reports

B.2

泉州古城文旅融合发展报告

韩光明*

摘　要： 作为"海上丝绸之路"的重要起点，泉州古城自盛唐兴建，宋元时期发展成为"东方第一大港"，帆樯林立、梯航万国之中，留下了"涨海声中万国商""市井十洲人"的繁华图景。"十四五"期间，泉州市深入贯彻落实党的二十大关于"繁荣发展文化事业和文化产业"决策部署，抓住全省大力发展文旅经济机遇，发挥世界文化遗产城市历史厚重优势，突出历史文化传承，加快"四提四促四转变"加强泉州古城文化标识宣传推广，打响"宋元中国·海丝泉州"世遗文旅品牌、"泉州古城"文化标识，提高泉州古城文化旅游的吸引力和影响力。本文旨在研究古城文旅融合的现状、成效、矛盾及未来融合路径与建议，从理念融合、资源融

---

　　* 作者简介：韩光明，男，山东潍坊人，华侨大学旅游学院副教授，从事有关旅游管理及区域发展规划等方面的研究。

合、产业融合、市场融合、服务融合、外交融合、场景融合、制度融合等方面入手，推动文化和旅游各领域、多方位、全链条深度融合，进一步助推泉州古城文化和旅游产业转型、内需扩大、品质提升、个性彰显、要素集聚，全力打造"世界的古城、活着的古城"，向世人全面展示千年古城的独特韵味与魅力，谱写向世界展示社会主义现代化"泉式最美窗口"的文旅篇章。

关键词： 泉州古城、文旅融合、场景融合、产业融合

一、泉州古城文旅融合的基本概况

2021 年，"泉州：宋元中国的世界海洋商贸中心"申遗成功，成为中国第 56 项世界遗产，也是国内世遗大家庭中"最年轻"成员。凭借深厚的文化底蕴、活态的文化遗产、独特的城市韵味、包容的城市精神，泉州一次次获得认可、赢得殊荣。从"藏宝之城"到世遗之城，"火出圈"的泉州，入选第二批国家文化和旅游消费试点城市名单。这也为泉州古城文旅融合发展带来了新的利好与挑战。泉州的历史文化价值突出，是海上丝绸之路的起点城市、闽南活态文化核心载体、海外华人华侨寻根故里、闽台历史渊源集中体现，古城格局特色鲜明，且古城承担重要城市职能，具有较强的活力。随着历史上人口迁徙和商贸交流，泉州古城逐渐形成了以中原移民文化为基础、融合多元外来文化特质的地域文化；长时间历史演化、多层次地层叠加、海外交流中心、宗族群居交融的历史空间形态，加上拥有南音、铺境等多种全国唯一性价值的历史文化元素，这些都是泉州古城独有的文旅优势。

作为世界文化遗产，如何既保留文化韵味，又满足符合旅游需求，是泉州古城文旅融合的必答题。近年来，泉州古城不断实践，一系列改革探索取得了积极成效，如"街巷改造，让金鱼巷获评全国案例""调整业态，变千

店一面为千姿百态""政策扶持，将好手艺经营成好生意""提升体验，用特色传播促进文化传承"等，以便寻求更浓的文化味和更好的体验感。当前，泉州古城文旅融合依然面临古城空间保护要求与文旅融合发展间的矛盾、古城旅游发展回报需求与文旅业态自我迭代的矛盾及遗产保护传承与文旅休闲需求间的矛盾。古城内资源、服务、市场、产品等未能尽数有效整合，导致游客文化浸润体验不充分，多数以"短、平、快"为主，即以短线游、平价游、一日游为主，旅客滞留时间过短，文化感知印象不深，人均消费水平偏低，社交分享内容较简。

一张好的城市名片，是结合多视角、深层次的内容深挖与价值延展，利用"文旅＋理念＋资源＋产业＋市场＋服务＋外交＋场景"的多元融合为抓手，通过文化基因解码来描绘把握古城"文化力量"，通过建设文化标识来探索推动古城"文旅新格局"。有助于深入挖掘古城文化特色，在文旅融合发展中活态保留古城特有的街巷生活、人文关怀、建筑风格等代表性"显隐基因"，打造独具人文魅力的文化旅游体验，探索以长期运营的可持续更新模式，也有利于构建融入生产生活的历史文化展示线路、廊道和网络，让广大人民群众在日用而不觉中接受文化熏陶，感知在地文明的影响力、凝聚力和感召力，让泉州古城更加丰满立体，使其成为世界古城旅游必达地。

二、泉州古城文旅融合的表现与趋势

（一）泉州古城文旅融合的主要表现

泉州古城所在的鲤城区紧抓世遗时代历史机遇，以创建世界遗产保护典范城市核心区、国家文物保护利用示范区等为抓手，以文塑旅、以旅彰文，宜融则融、能融尽融，谱写了泉州古城文旅融合发展的新篇章。

1. 资源融合，促进存量更新

文旅融合离不开"好的空间载体"。泉州古城所在的鲤城区全面铺开古城提质，重塑城市肌理，着力推进历史文化街区保护、闲置资源盘活、文创产业园区建设，持续打造文旅产业发展场域载体"强磁场"。鲤城区拥有得天独厚的旅游文化资源，辖区内有开元寺、清净寺、天后宫、府文庙、德济门遗址等 8 处世界文化遗产史迹点，文物保护单位 81 处，各级非遗项目 72 项，其中，世界级非遗项目 4 项，陈列馆、展示馆 38 处，星星点点融入古城街巷院落和市民生活。为进一步挖掘利用特色历史资源，鲤城区在切实加强文物保护的基础上，结合纪念李贽诞辰 495 周年、李叔同逝世 80 周年打响"海丝文化牌""名人文化牌"。当前，该区拟结合海上丝绸之路国际艺术节，依托省级文保单位锡兰侨民旧居举办中斯友好图片展活动，在活化利用古建筑的基础上，力争培育形成网红"打卡"胜地。目前，锡兰侨民旧居正进行内部修缮和周边环境整治工作，展陈工作同步推进中。

2. 市场融合，推动供给改革

为进一步激活旅游市场融合、扩大文旅消费供给，鲤城区精心营销、组织策划一系列线上线下活动，丰富假日文旅市场供给，激发消费活力，激活文旅市场"一池春水"。"文化＋旅游"产品成为假日文旅市场热点。以博物馆、图书馆、非遗展馆等为代表的文化场馆人气旺盛，成为市民游客文化过节好去处。古城内各大剧院轮番上映多场精彩纷呈的闽南传统好戏，让市民游客在假期享受文化盛宴。随着申遗成功，世遗泉州热度持续攀升，世遗旅游大放异彩。泉州古城推出"走街串巷""悠游西街""刺桐史迹""古城世遗""寻觅古早""半城烟火"等 10 条泉州古城 Citywalk 路线，让市民游客在烟火的生活中品读历史。同时，泉州古城还举办了惠女服饰体验、南音表演、非遗体验等多项文化旅游活动和"与塔·定心"展览、楼润物精选常态展等多场展览。在本地游、周边游的带动下，亲子研学产品热度上升，国庆期间，刺桐时代村、泉州科技馆等场馆开设的各类研学活动广受欢迎。

3. 服务融合，提升文旅品质

用心、贴心、细心的服务贯穿在古城游、赏、吃、住、购等方面的每一个细节里。2023 年春节期间（1 月 16 日至 2 月 5 日），泉州公交集团实行公交车免费乘坐的优待政策，免费范围涉及中心市区的常规公交线路、"小白"以及古城旅游专线。其中古城"小白"总载量 47.12 万人次。完善民宿基础设施与公共服务配套设施，出台《鲤城区民宿规范发展实施意见》，并实行年审多部门联合核验机制，力争古城民宿规范化、标准化发展。持续推动口袋健身公园建设，健全全民健身组织网络，有序开展健康咨询、科普讲座和全民健身活动，结合全市首届"海丝"体育节举行"斯凯奇健步行"等群众性公益活动，积极推动全民健身事业发展。鼓励利用老街巷、古厝、工业遗存等场所，引入图书馆、博物馆、美术馆、实体书店等文化服务功能载体，开发富有闽南韵味的古城文化旅游产品。加强区域文化旅游资源整合，推进跨区域合作，消除跨区域文化旅游服务障碍。

4. 业态融合，展现产业活力

强化"文旅+"工业、历史、宗教等领域跨行业产品开发，开展研学实践课程展示活动，推动"研学实践"与"研学旅游"融合发展。泉州古城依托源和 1916、东亚之窗等文创园区和新门、龙头山等文旅街区，推动创意文化、影视文化、动漫文化与旅游融合，推进了数字文创产业集聚的建设与发展。同时，引进人民文学出版社创作基地及精彩影视、无限自在等影视龙头企业，承办中国电影编剧周启动仪式，实现依托文学、影视展现鲤城世遗故事。此外，泉州海交馆沉浸式展览获评 2021 年全国十大陈列展览优胜奖，这是泉州传统博物馆资源实现业态融合创新的典型案例。

5. 场景融合，重拾生活记忆

重点布局西街、中山路两条主要街道，辐射古城关键节点、区域，尽量收储、盘活古城内的点位空间、古大厝资源，打造成以点带面的公益空间——"刺桐记忆"，以"小而美"的方式精耕细作，逐步破解古城活化利用与可持续发展命题，确保古城的独特魅力不会被追求"大而全"的消费浪潮所淹没。点滴之中，"刺桐记忆"唤起了人们古城保护的文化觉醒，由点成面地延展，随风潜入夜，滋润着古城的每个人，每个角落。至此，古城范围内已产生了 17 个公益空间。在古城核心街区的各个角落，转身不经意间，来一场浪漫的邂逅。刺桐记忆，就这样润物无声地步入泉州人心里，行走古城，一抬头就能和历史撞个满怀。

（二）泉州古城文旅融合的趋势方向

一是传统文化元素将越来越多地融入旅游产品中。通过政府的前期投入引导和古城文旅集团的运营，古城内的许多老建筑得以华丽转身。西街与中山街被活化成为在地生活体验区，其中一部分传统民居也被设计改造成为书院、咖啡故事馆、茶空间、文创中心和民宿等文旅融合新业态，营造出一个传统与时尚并存的文化休闲街区，游客在轻松的游玩中便能体验到闽南的历史和文化氛围。

二是科技在文旅融合中将发挥更大的作用。在沉浸式旅游、数字化体验产品等形式上，科技活化并增强了文化旅游产品的主题内涵和展现形式。"听！古城的声音"直播连线中国旅游日系列活动、百匠守艺非遗传承、非遗研学等一系列线上文旅活动，为市民群众提供丰富的沉浸式文化体验，实现了与文化资源的高度交互，让厚重的文化变得轻松可读，让凝固的历史鲜活可触。

三是文旅融合的深入发展将更加巩固人们的身份认同与民心凝聚力，进一步彰显文化自信。注重泉州历史文化资源的"原生动力"，多角度地展现传播古城深厚文化。开展古城品牌系列营销，举办"润物无声"系列文化主题展览和闽南美好生活嘉年华等各类文旅主题体验活动，泉州特色文化、非遗进社区、进景点、进学校，注重优秀文化遗产的活态传承与保护。

三、泉州古城文旅融合的成效

泉州古城持续推进文旅融合工程，通过强化党建业务双融合机制，以保护者、传承者、传播者的角度，力促泉州古城保护与传承"齐步走"、守正与创新"同促进"、传统与现代"深对话"。"世遗泉州"的IP逐渐形成，文旅融合业态不断丰富，文旅核心要素不断升级，文旅品牌日渐形成体系。

2022年，古城所在的鲤城区全区累计接待游客660万人次，实现旅游收入63亿元，文旅融合的成效正在逐步展现。

（一）活态保护、留存烟火，古城肌理复新貌

全力营造古城美好生活空间，保护和复兴历史文化街巷肌理，不仅提升了人民群众的获得感和幸福感，而且得到了主管部门和学术界的高度肯定。

1. 注重创新技术工艺与保护古城原真

古城是世遗泉州的核心。22处世遗点中，古城所在的鲤城区，集中了8处。泉州古城被整体纳入缓冲区管理，同时集中着近300条古街巷和669幢传统历史建筑。按照市委市政府工作部署要求，遵循"政府主导、国企实施"的工作模式，充分发挥泉州文旅集团等市属国有企业在融资、资源、技术力量等方面的优势和作用，秉承"见人见物见生活，留形留魂留乡愁"的古城活态保护理念，分期分片以"绣花"功夫实施古城街巷提升工作。按照"原真性保护、活态化利用、功能性提升、生态型修复、家园式共造"，积极与古建专家顾问组沟通协调，全程指导街巷综合提升各项保护修缮工作；组织闽南传统建筑营造技艺传承人"师带徒"参与古城街巷立面修缮工作，收集老构建、老物件，原技艺、原真性保护街巷风貌。完成金鱼巷微改造、中山中路示范段提升等系列保护性提升工程，分别获得"2019–2020中国建筑学会建筑设计奖历史文化保护传承创新专项"一等奖和二等奖，被住建部纳入全国历史文化保护与传承街区示范案例。

2. 聚焦古城保护利用与文物工作创新

按照"古城要更有古早味"的思路，挂牌保护669幢历史建筑和风貌建筑，保护修缮西街116号洋楼等历史建筑和台魁巷7–1号等闽南传统古大厝。推进创建国家级文物保护利用示范区和省级文物保险服务项目，完成省级以上文保单位建档和市级以上文保单位定线落图工作。同步推进10个文保单位保护修缮工程，启动锡兰侨民旧居、通天宫保护修缮施工和黄氏民居、王顺兴信局旧址编制保护设计方案等。扶持文创产品开发，鼓励文化园区、企业加强非遗产品的研发创新，支持文创企业创新开发"福狮"文化产品等。通

过艺术加工、创新设计，提升产品附加值，将非遗文化作品转型为市场吸引力较强的文旅产品，实现社会效益和经济效益协调发展。启动中山南路周边45条街巷整治提升工程，实施管线下地、雨污分流、路面装铺、景观绿化，让古城更宜居。金鱼巷微改造项目和中山路历史文化街区保护传承项目入选住建部主编的《历史文化保护与传承示范案例（第一辑）》，分别被评为街区综合类示范项目、街区活化类示范项目，示范全国。

（二）星盘布局、盘活业态，刺桐记忆呈新颜

泉州古城是文旅资源的富集区，文旅集团党委立足古城发展定位，积极布局示范性文旅项目，全力发展城市休闲、文创、艺文、餐饮等文旅业态。

1. 文旅融合业态逐渐丰富

一是"星星点火"式布局公益空间。将原本老旧的古城资产进行盘活，按照"谋划一个、创新一个；成熟一个、建设一个"的做法，通过"点穴式"空间激活和业态活化引导，在古城范围及周边布局建设"刺桐记忆"公益空间17个，完成小山丛竹公园、正音书院、欧阳书院等古书院复建，打造具备游客服务功能的西街游客服务中心和中山驿馆等综合空间，运营西街101、大上海理发厅、城门讲古等艺文空间。

二是"众星拱月"式布点周边业态。加强古城及周边文旅项目布局，打造"行舍""大寺迳"等精品酒店，改造鲤城宾馆，利用原有旧厂房打造源和1916、东亚之窗、刺桐时代村、通政壹号·巷遇文化创意园等文创园区，积极将品牌文化融入商业空间、街区、休闲综合体。古城网红打卡点、爆款文化空间等在古城区域内呈现新晋、跃升、聚集态势，助力古城商铺租金呈现翻倍式增长。

三是"漫天星光"式布设文化品牌。着力打造"润物无声"文化软性品牌，成功举办全市旅游商品设计大赛、主题展、泉山门讲古擂台赛等品牌节事活动；实施青年创客文化IP活化计划，积极引导创客以泉州元素植入创作文创产品，具备泉州特色的网红文创冰激凌等产品反哺形成一批商业业态，进而产生经济、文化双向效益。

四是"创意之光"式点亮沧海星田。安溪、永春、德化等地在中山路，打造多处集交流、创作、展示、销售于一体的地方特色产业文化展示馆，游客在古城就可一站式体验和购买文化产品；鼓励海丝金凤、润饼皮等一批老字号、老工艺、老手艺开设多家分店。

2. 文旅核心要素逐步升级

在住宿配套提升上，注重特色化打造，在全市率先出台规范发展民宿的实施意见，创新推出联合审批等一系列举措，做足"世遗人家"文旅住宿品牌。探索推行民宿审核前置或备案等机制，加强与国内外知名头部旅游住宿企业的合作对接洽谈，筹划利用头部企业整合区域民宿资源，统一管理、统一运营；成立住宿行业协会，并发挥其作用为住宿业经营者提供合作交流、资源共享及业务合作平台，实现客源互输和行业提升发展。同时加快推进住宿接待载体规模化建设，策划实施泉州皇冠假日酒店、鲤城宾馆改造等总投资 19 亿元的 9 个住宿接待载体提升项目，新增客房 1300 多间，新增床位 1800 多床。

在发展夜间经济上，在全国率先培育形成国家级夜间文化和旅游消费集聚区，泉州西街东段目前已打造成集夜购物、夜美食、夜休闲、夜旅游、夜娱乐、夜健身等多样业态的夜经济集聚区，2021 年 10 月在全国率先入选文旅部第一批国家级夜间文化和旅游消费集聚区名单。在全省率先推出街头艺人演出管理办法，在历史文化街区、重要商圈、景区景点等重点区域多点布局，常态化开展街头文化艺术表演活动，举办"听鲤的声音"音乐沙龙、"刺桐文化广场"、非遗夜市、街头文艺表演、南音演出、文创灯光夜场等夜间文化娱乐活动，为夜经济发展聚集人气，推动夜经济"亮"起来，多方位刺激消费需求，释放旅游群体的消费潜力。

在做优特色商品上，引导商家充分利用丰富的海丝文化、闽南文化开发工艺美术品、特制旅游纪念品、旅游专用品、生活类产品和具有地域特色的文化创意衍生品，并打造良好的数字营销平台，支持推动物宜本兮"福虎"获得 2021 年中国特色旅游商品大赛银奖。鼓励辖区内企业研发具有鲤城地域特色的旅游商品、文创产品和非遗生产性传承产品，推动非遗项目生产性传承并融入生活、走进市场、助力文旅发展。引导乐程之礼、泉州府等旅游商品产业龙头企业在各主要景点建立旅游商品销售体验中心，促进文旅产业转型升级。

在便捷交通出行上，"公交＋慢行"公共出行成为慢游城市的最佳方式，形成公交车"小蓝"、电瓶车"小白"、共享自行车"小黄"、边三轮车"小红"等"多彩交通"新局面，在古城随处招手即停，缓解交通压力，更提升游客旅游体验感。禁止机动车进入步行街，出台西街业态正负面清单疏解非古城功能，强调人的适宜尺度，在便利的同时更增加游览舒适度。在东街—南俊路、九一街—温陵路等路口创新推广路口双待、对角斑马线、非机动车一次左转等交通管理模式，完善导流岛、信号灯、行车标线等交通设施的设置，有效减少行人、非机动车过街等待的时间，古城区域道路通行秩序得到有效提升。

（三）润物无声、激发印象，泉州故事发新声

秉承"复兴古城文化 发展全域旅游"的目标，自觉承担起举旗帜、聚民心、育新人、兴文化、展形象的使命任务，为打造世界遗产典范城市传播好声音。

1. 超级城市 IP 正式发布

城市文化 IP 是一座城市的灵魂，其符号化、个性化的形象对于讲好古城故事，推介海丝文化，叫响"世遗古城"品牌意义重大。"海丝家族"动漫形象分别选取鲤鱼、福船、提线木偶、东西塔、聚宝街五大泉州标志性元素，融入开放包容的"海丝"精神与爱拼敢赢的闽南精神打造而成。古城品牌 IP 标识取材于闽南建筑中"出砖入石"建筑特色，由 22 块石砖组合成为"刺桐"二字，形成一个朴实方形印章，深深地雕刻在石上；印章还象征着容器，包裹着泉州古城的文化记忆，展现了泉州开放包容的文化特征。今后，"海丝家族"将作为世界遗产时代鲤城文化新标杆，在政务系统、产业发展、文化传承等领域推广，形成鲤城城市超级 IP 产业链闭环；而古城品牌 IP 导视导览系统将有序散落在古城的大街小巷中，以便游客更好地认知泉州

古城，体验"世遗魅力"。

2. 多元主题活动精彩不断

按照"月月有主题、月月有活动"的思路，加强主题活动策划，如在中国旅游日举办"听！古城的声音"直播接力连线，用"听"的方式展现鲤城烟火气和"见人见物见生活"的古城魅力；策划举办"古城百匠守艺人·文化遗产新设计"传承发展计划、"宋江阵·青狮争霸"鲤城区 2022 年"福狮文化"活动、古城传播人才技能比拼大赛、"世遗·展鲤城魅力"鲤城区旅游商品评选大赛等一系列活动。按照"一季度一节庆，一节庆一主题"的思路，春季以古城元宵灯会等传统习俗为主题，叠加各类论坛、主题对话、创意大赛、文旅市集等活动，推动全域有效联动、全年无缝对接、全要素资源配套，创新打造古城特色节庆活动。

3. 创新营销提升市场影响

泉州市文旅局与携程集团联合打造的泉州星球号"宋元中国·海丝泉州"已经上线，游客不仅可以线上浏览优质内容、观看视频直播，更可以直接找景点、定住宿，完成从种草到下单一站式体验。聚焦"宋元中国·海丝泉州"世遗品牌定位，结合节庆假日、重要时间节点，借助线上线下、境内境外媒体，策划开展文旅营销主题活动 800 多场，并依托微博微信、抖音头条等网络渠道开展系列营销活动，同时组织参加旅游博览会、全国旅游推介会等，加大对外旅游营销宣传力度，塑造古城旅游目的地新形象，扩大古城旅游美誉度和知名度。

（四）多措并举，品牌培育，文化古城创新生

近年来，泉州古城着力打造博览品牌、文化 IP 品牌、节庆品牌、演艺品牌、商圈品牌等，深入贯彻品牌化发展思路，充分彰显品牌价值。

1. 文旅品牌元素渐成体系

数字文创博览会品牌——常态化举办"海丝泉州"数字文创博览会，博览会集"数字＋大文创"研讨、主旨演讲、项目招商、文创推介、文旅消费、IP 推介等模块，并从 2021 年起，每年举办一届，力争将其打造成立足泉州、

放眼全国的顶级数字文创博览会品牌，成为鲤城区"城市营销"战略的一个响亮平台。

城市文化 IP 品牌——总投资 6000 万元，以动漫形式制作形成"1+4 海丝家族"IP 形象，形成超级城市文化 IP 版权资产，并由鲤城文旅投资集团作为 IP 形象项目营业主体，把城市 IP 拍摄成数字动漫影视作品，进行全球展播，同时将 IP 应用至城建系统、旅游系统，进行周边产品开发、产业授权、创新商业输出等业务拓展，推动鲤城区文创全产业链发展和文旅产业融合发展。

"百戏鲤城"品牌——充分利用海丝文化资源，创作"梦回宋元""弦歌行""盏茶香事""闽南人家""名家有约"等沉浸式精品演出项目，依托政府的公共空间以及民间文化企业的艺术空间为演绎场所，以现代时尚的形式演绎南音、梨园戏、高甲戏、提线木偶戏、拍胸舞等传统文化，分步实施打造层次、大小不一的"小而精、小而特"小剧场，把散落在古城各街巷的小剧场串成一条以艺术演绎、沉浸体验为主的古城文化游路线，将旅游演艺作为城市文化品牌输出的手段，撬动城市发展的新支点。

国字号商圈品牌——以中山路创建国家级旅游休闲街区为目标，通过统一招商运营管理、统一业态管理、统一营销推广，布局体验式、数字化、互动式新兴业态，增强休闲娱乐功能，并利用中山路及周边商圈的辐射作用推动古城中心街区业态不断向多元化、品牌化、特色化、数字化发展。目前已把街区打造成集融合观光、数字艺术、餐饮、娱乐、演艺、非遗展示、地方老字号、传统手工艺、文化创意、购物、住宿、休闲、电影放映等业态的旅游休闲街区，年接待游客超过 100 万人次。

2. 文旅品牌事业后继有人

开展"世遗人家"品牌培育行动计划——牢固树立家客共享理念，将鲤城辖区内优质博物馆、文化空间、非遗工作室、特色民宿、传统老字号、闽南名小吃、文创产品、传统古民居等文旅资源进行统筹，培养经营者主人翁精神，以优质的品质和服务礼遇各方宾朋，让世遗泉州古韵鲤城更加暖心、更有温度。

开展"古城文化传播人才"培育计划——深度培训组建一支能熟练讲解鲤城区古城历史文化、宣传推介区情区貌的人才队伍，夯实文化传播人才后备梯队，满足申遗后政务接待、公益讲解和部分市场化讲解服务需求，讲好世遗泉州古韵鲤城故事。

开展街头艺术文化提升计划——在全省率先出台《鲤城区街头艺人演出管理办法》，通过组织街头艺人开展演唱、魔术、非遗技艺展示等各类表演活动，打造一批街头特色人文艺术景观和旅游网红打卡点，展现古城文化魅力。

四、泉州古城文旅融合发展的矛盾和挑战

（一）泉州古城文旅融合发展的主要矛盾

古城文旅融合的任务与挑战，重点在于二者之间可持续的良性互动。在旅游业规模化、快速化的发展过程中，如何平衡文化事业与旅游产业、社会效益与经济效益，是文旅融合长期存在的难点与挑战。

一是古城空间保护要求与文旅融合发展间的矛盾。古城因核心范围小，本地居民生产、生活杂合度高，可更新地段与周边环境多有限建要求，可容纳旅游设施与旅游行为有限，但旅游产业的运营却需要在有限的范围内追求最大的产出。空间限制使古城难以容纳更大规模的客群。

二是古城旅游发展回报需求与文旅业态自我迭代的矛盾。在古城旅游产品开发中，出现了旅游产品同质化竞争的情况。主要原因是这些同质化、模式化的旅游产品盈利模式成熟、回报稳定，运营者可回避创新的经营风险。但是，缺乏迭代升级的文旅产品又不具有可持续的发展潜力。

三是遗产保护传承与文旅休闲需求间的矛盾。我国遗产保护与旅游发展的法律法规与技术标准各自主张，缺乏文旅融合的理念引导。以文物、古建等为代表的文化遗产保护更多地强调价值阐释与展示利用，往往导致"束之

高阁"的静态保护与说教为主的展示方式，很难与追求轻松愉悦的大众旅游积极融合。

（二）泉州古城文旅融合发展的主要挑战

一是旅游资源缺乏有效整合，协同发展有待加强。古城旅游资源种类丰富，数量繁多，既有开元寺、西街、中山街等为代表的知名景点，也有散布在古城街巷中的名人旧居、古厝美食、世遗记忆点、特色业态等内容，但旅游资源缺乏有效整合，大景小点之间联动发展不够，还存在较强的同质化现象，古城旅游一体化发展的格局亟待形成。

二是文旅融合仍需推进，高端旅游产品亟待丰富。古城拥有高品质的文化旅游资源，但高品质资源向高端旅游产品的转化程度依旧较弱，目前游客旅游仍以"逛吃"自由行为主，过程中缺乏深层次的文化感知。如何在旅游资源的形式和功能上找到突破，形成兼具文化内涵和现代时尚感的新产品，是未来古城文旅取得成功的关键。

三是"旅游+"融合程度不高，产业链延伸仍需加强。加工业、影视产业等与旅游产业融合程度较低，产品供给结构尚需转型升级。古城缺乏具有市场竞争力的明星项目，缺少大型综合体项目和大型节庆活动，短视频等新传播手段的利用有较大空间。线上"云旅游"拓展尚不足，线上文旅话题引导等方面仍需加强。

四是文旅品牌影响力有限，旅游核心竞争力尚未成型。古城有着国家赋予的诸多高端发展定位，但仍存在承接落实多、服务保障多、主动谋划少等问题。如何充分发挥古城绿树红砖、闽南文化优势以及地方支持的会议会展和文化资源，形成古城旅游的核心竞争力，是"十四五"时期古城推动文旅创新融合发展需要思考的问题。

五是人民文化需求尚未充分满足，文旅服务能级还需充实。古城的公共文化服务、文化旅游基础设施、旅游服务功能还不能充分满足文化旅游产业快速发展需要，旅游集散系统、旅游标识系统、智慧旅游建设尚未形成完善体系，人才资源的分布不合理，基层文化人员配备不足，待遇亟待提高，文旅发展环境尚需继续优化。

五、泉州古城文旅融合发展的展望与建议

（一）泉州古城文旅融合发展的基本思路

推进古城文化事业、文化产业和旅游业融合发展，必须坚持"宜融则融、能融尽融"，找准文化和旅游工作的最大公约数、最佳连接点，推动文化和旅游工作各领域、多方位、全链条深度融合，实现资源共享、优势互补、协同并进，为文化建设和旅游发展提供新引擎新动力，形成发展新优势。

1. 讲好故事：将主流文化变成旅游吸引物

讲好古城"人与城"的故事。围绕世遗、古城生活等不同主题进行报道策划，推出一批形式多样、可读性强、影响力广的报道，着力讲好在古城生活、工作的"人"的故事；积极对接外宣资源，让更多类似《万里走单骑》《似是故人来》之类的文化类品牌节目来泉拍摄，增加泉州古城的"曝光度"与"浏览量"，在每一个读者心里种下一份欢喜。

2. 做好展示：创造性地生产文化的可参观性

支持"走读泉州"，跟着故事来，带着故事走，向海内外呈现泉州的世遗之美、烟火之美、生活之美，从而展现"见人见物见生活"的活态古城。透过景的描述、物的表达、情的抒发，充分挖掘并生动阐释蕴藏其中的古城智慧与精神内涵，将传统文化元素与名人古厝、特色景点、生活点滴等元素有机串联，进一步提升"泉式生活典范"的显示度和美誉度。

3. 创新模式：在传承与活化中实现"双向奔赴"

文化遗产带来的游客、观众是相对固定的，但创造文化的活力是无穷的，泉州古城可以充分发挥在戏剧、音乐、美术、文化等各方面的创造力，这也是一座城市精气神之所在。有了创造力和精气神，就会产生无穷无尽的

故事并与人们分享。不管是游客还是观众，都不会把泉州当成"它"州，而是当成自己的"州"。

（二）泉州古城文旅融合发展的基本原则

坚持正确方向。坚持党对古城文旅工作的全面领导，牢牢把握社会主义先进文化前进方向，以社会主义核心价值观为引领，固本培元，守正创新，坚持把文旅发展的社会效益放在首位、实现社会效益和经济效益相统一。

坚持以人为本，全民共享。尊重人民群众主体地位，促进满足人民文化需求和增强人民精神力量相统一。推出更多个性化、品质化、精细化的文旅产品和配套服务，满足人民群众对主客共享生活方式型古城文旅空间的消费和体验需求。

坚持融合发展，提质增效。以文塑旅、以旅彰文，完善古城文旅融合发展的体制机制，推动文化和旅游更广范围、更深层次、更高水平融合发展，积极推进文化和旅游与其他领域融合互促，不断提高发展质量和综合效益。

坚持创意驱动，科技赋能。坚持以创意生成内容，营造创意要素全面集聚、创新活力充分迸发的古城文旅产业生态。加快互联网、大数据、人工智能等科技手段在文化旅游领域的转化应用，加快推动文化旅游数字化转型。

坚持项目为王，内容至上。围绕古城特色文化，加快建设一批内容生产、数字文旅等新消费场景和业态项目。持续打造"泉州古城"IP，加强演绎和活化力度，不断提升旅游目的地文化内涵和影响力。

（三）泉州古城文旅融合发展的主要建议

1. 推动泉州古城文旅理念的融合升级

思想是行动的先导，理念是实践的源泉。要把理念创新推进文旅融合放在首要位置，打牢文旅融合的思想根基，明晰文旅融合的发展路径，推进文化和旅游深融合、真融合。

一是评测文旅融合指数。重点参照国际通行的满意度测评体系和中国游客满意度测评体系，以古城为样本创新性构建国内首个古城文旅融合指数测评指标体系，以原生力、驱动力和产出力构成的逻辑闭环，精准量化古城文旅融合发展的趋势和效果，把居民和游客获得感、产业融合度、行业治理现代化、产业链条完整性等定性概念转化为可统计、可分析的定量指标，较为直观地反映出古城文旅融合的发展现状、发展潜力和市场影响力，刻画出文旅融合精准评价的"全景图"，为文旅融合精准施策提供有利依据，较好地解决古城文旅融合的评价指引难题，突出体现借助新思维、新动能探索出的文旅融合"泉州古城模式"，有望推动泉州成为闽南文化出海新地标。

二是加强文旅理念更新。树立以文促旅的理念，通过思想道德观念的提升、文化资源的利用、文化创意的引入，能够提升旅游品位、丰富旅游业态、增强产品吸引力，拓展旅游发展的空间。通过公共文化机构、对外文化交流等平台的使用，能够促进旅游推广、为游客提供更加丰富的服务。树立以旅彰文的理念，发挥旅游公众参与多、传播范围广等优势，能够扩大文化产品和服务的受众群体和覆盖面，对内更好传播中国特色社会主义文化、弘扬社会主义核心价值观，对外增强国家文化软实力、提升中华文化影响力。树立和合共生的理念，持续提升、优秀文化产品和优质旅游产品持续涌现的新局面，才能更好满足人民美好生活新期待、促进经济社会发展。

三是强化正确舆论导向。树立互联网思维，善待、善管、善用网络媒体，带头触网、上网、用网，加快完善网上宣传体系，注重传统媒体与新兴媒体融合发展，重点管控古城旅游现有微博、抖音、视频号、短视频等新媒体，严控僵尸账号扩张，无效内容扩散，规范官方账号运营，畅通信息发布"主渠道"。依托"网格化管理"，充分发挥网格员与群众面对面的有利条件，将文旅理念融合的思想分散到每一个景点、每一个店铺、每一个文创企业、每一个景区等重点领域，积极引导相关工作人员树立正确的历史观、民族观、文化观。提升舆情应对速度。一旦发现文旅领域出现负面舆情苗头，要第一时间上报，第一时间应对，第一时间引导，切实提升舆情应对速度。

2. 推动泉州古城文旅资源的融合升级

"好好相融""美美与共"是文旅资源融合成效最大化的成效。资源融合作为推动文旅融合发展的前提，是深度整合文化旅游资源、提升文旅融合内涵、合理开发古城文旅资源的基础。

一是推动景区景点提档升级。对传统景区（点）进行二次更新，始终保持泉州古城的竞争力和影响力。结合城市街区和商业区综合管理水平的提升，持续提升西街、中山街等开放式街区品质，带动区域性旅游目的地质量提升。推动古城建成国家5A级旅游景区，建设富有文化底蕴的世界级旅游景区。打造展示闽南文化艺术、一体化发展和生态文明的重要窗口。鼓励扶持研学旅游基地等产业融合型景区建设。

二是引领文旅资源空间激活。结合5A级旅游景区创建，围绕全时间、全空间、全产业，突出融合主线，丰富文旅业态，重点推出以展示世遗之城全域旅游形象的"景空间"，以西街、中山路夜市等夜消费的"夜空间"，以展现泉州南音、木偶戏等传统非遗技艺和当代艺术相融合的"艺空间"，以亲子研学、美食打卡为主打的"乐空间"，以"旅游＋影视""旅游＋文创"等为代表的"游空间"。

三是有效盘活古城存量资源。推动文化产业基地提档升级，盘活改造老旧园区。加强文物古迹、历史街区、工业遗址、非遗技艺等的保护和利用。充分利用印记闽南、正音书院、清源驿等文化空间策划文化演艺微剧场，常态化开展街头文化艺术表演。利用泉州纳入国家盘活利用低效用地试点契机，推动古城闲置工业性质空间载体转变功能，对接引进高端商业业态及高端研究团队，研究保护活化利用古城。

四是拓宽古城文旅发展空间。梳理街区街巷、古厝等闲置空间，合理布局业态，发展非遗展示、研学旅行、民宿综合体等业态，推动玉犀巷、三朝巷等主要街巷盘整出来的载体引进文化休闲、网红潮玩等业态。推进中山路、西街沿街闲置载体、王宫历史文化街区、新华侨大厦和高山古民居周边片区等主题街区项目改造提升，打造成集网红书吧、咖啡屋、天台经济、闽南民俗体验馆等一体的复合文创空间。

3. 推动泉州古城文旅产业的融合升级

积极寻找文化和旅游产业链条各环节的对接点，找到文化保护和旅游发展的结合点，找准文化和旅游融合发展的切入点，发挥各自优势，催生

"1+1>2"的叠加效应，形成文旅产业升级的增长点。

一是集群聚链。制定出台《鲤城区推进新型文商旅融合发展的若干措施》，持续完善文旅产业元素，精准开展产业链"强、延、补、建"工作，做大做强旅游产品与服务、文化制造2条支柱产业链，壮大研学旅游、工业旅游、非遗旅游、影视演艺旅游4条融合产业链规模，加快培育文化创意设计与服务、节庆商务会展、数字文旅3条新兴产业链，培育一批年产值过亿元企业，支持符合条件的项目申报国家省市重点文旅项目，全力打造文旅产业集群。

二是业态延链。着重发展影视业前端产业，加快发展数字文创动漫IP，争取"中国编剧奖"永久落地鲤城，完善"剧本"等相关知识产权交易，推进蔡崇达（人民文学）出版工作室、中国众神宇宙影视IP、"海丝家族"城市IP、动漫乐园、插画产业等项目开发，打造中国"编剧之城""海峡版（产）权交易平台""全球插画产业中心海丝基地"。坚持"特而精、小而美、活而新"定位，发展体验式、互动式、沉浸式等多元演艺业态，努力打造世遗演艺之都。

三是科技强链。结合背街小巷的整治提升，培育古城City Walk（城市漫游）项目，丰富漫步、咖啡吧、休憩、茶室等休闲元素，打造浸入的城市历史、城市文化叙事微场景，融合5G、人工智能、AR/VR、元宇宙等数字化、科技化的高新科技，使历史文脉呈现场景，文旅赋能唤醒承载的历史记忆、古城故事，增强可阅读、能浸入、有互动的体验功能，让泉州古城保护成为"见人见物见生活，留人留魂留乡愁"的全国样板。

4. 推动泉州古城文旅市场的融合升级

统一有序、供给有效、富有活力的市场是文旅融合发展的重要基础。要以文化旅游市场综合执法改革为契机，推动文化和旅游市场培育监管工作一体部署、一体推进、一体见效。

一是促进市场主体融合。鼓励文化机构和旅游企业对接合作，支持文化和旅游跨业企业做优做强，推动形成一批以文化和旅游为主业、以融合发展为特色、具有较强竞争力的领军企业、骨干企业。树立服务理念，加强人本化、精细化管理，为企业提供亲情化服务，营造安全、舒适的文商旅营商环境。建立健全旅游诚信体系，探索一业多会，推进文化旅游行业协会的专业细分。

二是促进市场监管融合。对融合发展的新业态，要及时加强关注、引导，不断更新监管理念、创新监管手段、革新监管方式，建设信用体系，实施各类专项整治、专项保障活动，开展重大案件评选、举报投诉受理、证件管理等工作。同时进一步完善行业标准体系、服务质量评价体系和消费反馈处理体系，建立规范化、法制化、常态化的文旅市场监管机制。

三是突破市场原有边界。打破文化企业、旅游景区、旅行社等市场界限，推进市场融合化、宣传互通化。指导传统文化企业融合旅游开发文创产品，参与旅游推介宣传活动，为文化性演出提供场所、素材、研发文化研学产品、打造文化宣传基地等形式实现与文化的互融。深度挖掘文化进行影像媒体内容制作，指导文化企业进一步完善旅游接待载体，从而进一步丰富旅游市场。

四是培养文化旅游经纪人。培养一批文化旅游经纪人，像单霁翔演绎故宫、黄巧灵演绎现代演艺、黎志演绎山水文化、张涛演绎热带雨林文化、梅帅元演绎实景文化、陈向宏演绎古镇文化等能成功将文化转化为旅游产品的人才。文化旅游经纪人应该是文化的传承人，传承传统文化；是文化的演绎人，讲好文化故事；是文化的旅游创意师，把文化故事转化为市场对路的旅游产品。

5. 推动泉州古城文旅服务的融合升级

促进公共文化服务发展更加均衡，公共文化服务效能显著提高，公共文化数字化网络化智能化水平进一步提升，公共文化服务知晓度、参与度、满意度持续提高。

一是统筹多元公共服务建设管理。加快建设全区统一的智慧文旅全域通服务平台，全面整合景区、交通、酒店、餐饮、特色旅游商品、导游导览等信息资源，构建"多位一体"的智慧管理体系。鼓励高端知名品牌、设计师品牌、高级定制品牌等入驻鲤城，施商业综合体、智慧商圈、便民商圈、特色步行街项目促进文化空间与旅游空间双向赋能、文旅空间与社会空间多维互通、现实空间与虚拟空间互补共建，把文化场馆打造成为居游共享空间。

二是推进政府购买公共文化服务。鼓励第三方参与公共文化设施运营、活动项目打造和服务资源配送等。支持社会力量通过兴办实体、资助项目、赞助活动等方式，参与提供公共文化服务。鼓励有条件的公共文化机构通过与社会力量合作、公益众筹等方式，开展形式多样的个性化服务。完善文化志愿者注册招募、服务记录、管理评价、激励回馈等机制，保障文化志愿服务组织和志愿者的合法权益，构建参与广泛、内容丰富、形式多样、机制健全的文化志愿服务体系。

三是加强与科研院校的服务合作。加强和华侨大学、泉州师范学院、泉州市城乡规划设计院等单位合作，充分利用院校师生尤其是会展、旅游专业的科研力量，组织文化旅游项目科研活动、旅游项目调研活动、文创产品设计大赛、旅游公开课等活动，充分发挥专业院校、专业师生的智力优势，助推古城旅游行业专业化、科学化发展。通过激励和扶持，培育形成文化创意产业链和产业集群，促进创意产业和文化旅游协同创新。

6. 推动泉州古城文旅外交的融合升级

走出去，以坚定文化自信讲好泉州古城故事，请进来，以守正创新的姿态让世界感知泉州。创新推进国际传播，加强对外文化交流和多层次文明对话，在对话和交流中铸就闽南文明新辉煌。

一是扩大人文交流范围。向"海丝"沿线、南亚东南亚国家及世界知名古城提出交流与合作，开展同源共享的文化艺术资源的联合保护、课题研究、人员培训、项目交流和联合申报，主动参与国家领头建设的各项文化交流活动。重点支持美食、文化以及其他非物质文化遗产等代表性项目走出去，支持泉州高校和科研机构发展国际协同创新，并在文物保护、美术和音乐舞蹈展演等方面进行合作，不断延伸泉州对外交流的合作领域。

二是拓宽人文交流渠道。重点发展政府间对话交流与海外华侨交流两个主要国际交流渠道，积极与"海丝"沿线国家和地区签署政府间文件，完善人文合作委员会、文化联委会等合作机制，积极联系泉州祖籍的华侨，并通过华侨关系搭建海外文化交流渠道，为人文交流发展提供有效保障。加强对古城文旅相关行业协会、民办非企业单位等社会组织的引导、扶持和管理，促进规范有序发展，加大政府向文化类社会组织购买服务力度，开展优秀文艺作品巡演和省际交流巡演。

三是健全人文交流体系。充分挖掘本土文化艺术价值，融入闽南特色文化元素，形成以古城为核心的人文交流品牌形象，围绕主题形象开展国际文化交流活动、构建文化交流联盟。整合同类型人文交流资源，围绕确定的特色品牌将同类资源进行整合，充分调动横向的同类资源为人文交流活动服务。创新多元形式的人文交流活动，打造闽南特色戏曲与主题剧目展演、文艺类赛事活动、主题文化交流活动等系列交流活动，深入推进对外交流互鉴。

四是完善人文交流设施。建立古城人文交流信息库，记录全市各级人文交流活动的基本信息、社会参与、后续追踪信息等，并对各级交流活动的影响力、活动质量等进行科学的评估，统一记录对文化交流中借鉴的先进文化经验，适度开放交流成果查询，共建共享人文交流成果。持续加大人文交流基础和研学配套设施的建设力度，通过规范人文交流服务、提升食宿接待能力、提高交通通达性等工作，运用现代化科技手段和智慧服务，发展古城研学，完善人文交流服务。

五是深化对外交流合作。鼓励南亚东南亚商洽会、文化考察访问等促进经贸产业的国际交流与合作，支持华侨社团举办互访、群众歌舞比赛、留学生教育文化交流等活动。围绕"闽南文化交流"及"产业文化交流"建设文化交流中心，积极探索尝试外国人拍外国人看的旅游宣传片，外国人编外国人看的旅游手册，外国人营销、推广和接待外国人等先进的国际营销方式，大力开拓国际旅游市场，提升文旅营销的国际化水平。

7. 推动泉州古城文旅场景的融合升级

文旅场景担当着文旅融合发展率先突破的重任，能全面激活和整合文化旅游资源和公共服务资源，让更多的文旅新业态新产品涌现出来，满足人民群众美好生活体验的需要与"打卡"的社交需求。

一是把文旅新场景培育成为古城消费的热点。部署文旅消费体验新场景建设，深入开展旅游客源地需求调研，积极适应游客在不同年龄段、不同出行方式、不同旅游季节等方面的新需要，从旅游客源地讲旅游目的地的故事，贴近客源需求不断创造新供给，注重挖掘和释放民生需求的旅游消费潜力。加强文旅消费体验新业态新产品新场景发展研究，开展文旅体验项目研发与应用示范。

二是把文旅新场景打造成为古城消费的亮点。推进"鲤享生活·福见鲤城"的文旅促消费活动，按照历史文化色调和各朝代夜生活特色设计，实现旅游场景从白到黑的创新妆化，营造以游客即时互动、沉浸体验为特色的特有场景，实现客流、商流等向夜游消费时空聚合。大力发展夜间文旅经济，围绕"夜游""夜购""夜娱""夜食""夜读"等主题，重现"越夜越荣"的光明之城。

三是把文旅新场景建设纳入旅游目的地社会治理。积极开展文旅人才资源调查和行业职业分类研究，科学编制文旅人才规划，发布文旅人才紧缺岗位目录，引导院校和培训机构以需求为导向培养人才，努力形成文旅人才优先发展新格局。推进多规合一，坚持依法治旅，落实区级以上人民政府的属地管理责任、涉旅部门的监督责任、涉旅企业的主体责任，全面提升旅游目的地社会治理能力。

8. 推动泉州古城文旅制度的融合升级

制度融合是文旅融合发展的重要保障，建立"资源共享、资金互通、联合执法、业务独立"的文旅融合管理体制，让一切有利于文旅融合发展的创造源泉充分涌流。

一是探索融合试点示范。全力推动文旅产业与工业、教育、科技、交通、体育、康养等跨界融合，突出要素集约、布局优化、供给丰富、合理利用、产品可塑，形成串珠成链、连片成面、相互交融新格局。鼓励各类"寺、馆、园、街"等开发建设沉浸式体验型文化和旅游数字消费产品，形成试点示范，加快文旅融合标杆树立。

二是创新古城管理模式。在保护第一的前提下，适当地、合理地创新古城管理运营模式，进一步明晰产权属性。大力引进国内外知名文化旅游企业、跨界资本和管理服务品牌，通过直接投资、参资控股、兼并重组等方式参与开发经营，创新各相关方利益联结机制，激发内生动力，打造一批骨干企业和龙头企业。

三是创新投融资机制。鼓励银行、保险、担保、基金、证券等金融机构积极创新文旅金融产品和服务。探索开展古城文化创意内容版权及知识产权等无形资产质押贷款业务。鼓励支持银行机构实行文化、旅游授信额度在文旅行业互通互用。鼓励引导民间资本投入文化旅游业。

四是创新公服融合机制。鼓励公共服务单位利用资源、人才、场地等优势，自主研发或合作开发文创产品，并在国家规定开支范围内对文创产品参与人给予奖励。鼓励公共文化机构平台与旅游市场对接，完善旅游服务功能，推动公共服务进古城，构建主客共享的文化旅游融合新空间。

五是创建价值共创机制。开展文化遗产生产性旅游利用，实现文化遗产保护与旅游利用协调。让游客与居民共同参与文化价值创造，人人皆可成为文化使者。

实行文化差异性旅游开发，文化演绎者根据市场需求对文化内涵进行创新，凝聚特色，配套旅游设施与服务，文化拉引、旅游推动，实现文化市场价值。

六、研究总结

文旅融合是精神文化和物质文化元素与旅游产业的有机融合，这个过程是文化资源选择性的优化配置过程，同时也是一项时间长、耗资大、工程周期长的社会系统工程。文旅融合是泉州古城发展的新机遇，也是新挑战。泉州古城需要坚持文化浸润、项目带动的主线，积极发挥资源禀赋，提升"世遗"品牌价值和溢出效应，努力还原"光明之城"的市井繁华图。通过"食、住、行、游、购、娱"等要素的创新拓展，推出文旅融合的体验场景，加速形成"古泉州缩影、泉文化窗口"的代表之作。相信通过多方协同努力，泉州古城未来将在文旅互融模式上创造出一条富含泉式文化特色的古城发展道路。

B.3
泉州文化遗产活化利用发展报告

叶新才　邵永康*

摘　要： 文化遗产活化利用是当前遗产保护传承的重要方式，而新技术的应用为文化遗产活化拓展空间提供新的思路与可能性。通过对2022年泉州市文化遗产旅游活化利用成效、存在问题、原因进行全面分析，结合文旅融合发展和疫后旅游业加速复苏大势，2023年泉州市文化遗产旅游活化利用将进一步加大，亟须探索文化节庆化、数字化、新媒体、参与式的泉州市文化遗产活化利用有效路径与措施，以顺应打造世界遗产保护利用典范城市的要求。

关键词： 文化遗产；旅游；活化利用；泉州市

文化遗产是指国家、民族、群体或个人所拥有、掌握、控制或保护的，具有重大历史、艺术、科学价值的，含有特殊文化信息及无形传媒或有形介质或载体以及特殊文化环境所组成的，能带来潜在、间接或直接社会经济利益的，符合联合国或国家法规规定的各种无形或有形的文化资源[1]。遗产活化利用是在1979年《巴拉宪章》中第一次正式提出的，宪章将这一概念界定为：为建筑找到合适的用途，使得该场所的文化价值得以最大限度地传承和再现，主要指向适应性再利用[2]。习近平总书记指出"保护好、传承好历史

---
　* 作者简介：叶新才，华侨大学旅游学院副教授，主要从事文化遗产、旅游规划等领域的研究工作；邵永康，华侨大学旅游学院研究生。

文化遗产是对历史负责、对人民负责；我们要加强考古工作和历史研究，让收藏在博物馆里的文物、陈列在广阔大地上的遗产、书写在古籍里的文字都活起来，丰富全社会历史文化滋养"。

2021年7月25日，第44届世界遗产大会上，"泉州：宋元中国的世界海洋商贸中心"获准列入《世界遗产名录》。近年来，泉州市以泉州古城为核心，积极开展国家生态修复城市修补试点，启动古城整治、历史文化街区和名镇（村）保护、中山路及街巷风貌综合整治，探索古城文化遗产活化利用和城市业态更新新路。2021年11月，泉州古城的西街东段已经成功入选第一批国家级夜间文化和旅游消费集聚区；2022年8月，泉州市五店市传统街区、泉州市领SHOW天地文化创意产业园获评国家第二批国家级夜间文化和旅游消费集聚区；2022年2月晋江市五店市传统文化旅游区入选首批"国家级旅游休闲街区"；2023年1月，泉州中山路获评第二批国家级旅游休闲街区。在文旅融合和后疫情时代，文化遗产活化利用将迎来新的机遇与挑战，对泉州市文化遗产旅游活化利用现状、问题和对策进行全面思考，对创建全国文明城市、海丝名城、智造强市、品质泉州及打造世界遗产典范城市具有重要意义。

一、泉州文化遗产活化利用的成效与特征

（一）文化遗产保护成效显著

泉州历史悠久，文化遗产资源种类齐全、数量充足、价值多元。泉州自周秦时代就已开发，唐朝时为世界四大口岸之一，宋元时期为"东方第一大港"，被马可波罗誉为"光明之城"，是国务院首批历史文化名城、东亚文化之都、联合国唯一认定的"海上丝绸之路"起点，联合国教科文组织将全球第一个"世界多元文化展示中心"定址泉州。泉州拥有各级文物保护单位945处（其中，全国重点文物保护单位44处），涵盖了古遗址、古墓葬、古建筑、石窟寺及石刻、近现代重要史迹及代表性建筑全部五大类别，内容丰

富，数量庞大，分布广泛，价值突出；拥有世界非物质文化名录 5 项、国家非物质文化遗产 36 项、省级非物质文化遗产 99 项、市级非物质文化遗产 262 项，成为全国唯一拥有联合国三大类非遗项目的城市，曾获评中国首个东亚文化之都、国家闽南文化生态保护区（见表 1）。泉州素有"世界宗教的博物馆"之称，迄今保留着大量的历史文明，主要的代表有汉族原生态曲艺"南音"、梨园戏、高甲戏、提线木偶、布袋戏等。泉州古民居、古寺庙、古街巷等古建地方特色明显，分布密集。丰富的文化遗产资源为泉州文化遗产活化利用奠定了良好的物质基础。

表 1 泉州市重点文化遗产一览表

文化遗产类型	文化遗产名称	数量（个/项）
全国承点文物保护单位	安平桥、清净寺、开元寺、崇武城堞、洛阳桥、泉州天后宫、蔡氏古民居建筑群、泉州府文庙、泉州港古建筑、陈埭丁氏宗祠、安溪文庙、施琅宅（祠、墓）、五塔岩石塔、惠安青山宫、安海龙山寺、清水岩寺、亭店杨氏民居、南安林氏民居、南安中宪第、李光地宅和祠、崇福寺应庚塔、安溪土楼、泉港土坑村古建筑群、坂埔古厝、永春文庙、屈斗宫德化窑遗址、磁灶窑址、德济门遗址、庵山沙丘遗址、苦寨坑窑遗址、郑成功墓、伊斯兰教圣墓、百崎郭氏墓群、观山李氏民居、安礼逊图书馆、永春福兴堂、景胜别墅、清源山石造像群（老君岩造像）、九日山摩崖石刻、草庵石刻、西资寺石佛造像、南天寺石佛造像和摩崖石刻、南安桃源宫陀罗尼经幢、魁星岩摩崖造像	44
世界非物质文化遗产	南音、中国传统木结构建筑（闽南民居）营造技艺、水密隔舱福船制造技艺、福建木偶戏后继人才培养计划、送王船——有关人与海洋可持续联系的仪式及相关实践	5
国家非物质文化遗产	陈三五娘传说、南音、泉州北管、泉州拍胸舞、梨园戏、高甲戏、高甲戏（柯派）、木偶戏（泉州提线木偶戏）、木偶戏（晋江布袋木偶戏）、打城戏、五祖拳、旧纸（泉州〈李尧宝〉刻纸）、惠安石雕（包括影雕、圆雕、浮雕、线雕、沉雕）、木偶头雕刻（江加走木偶头雕刻）、灯彩（泉州花灯）、竹编（安溪竹藤编）、永春纸织画、德化瓷烧制技艺、水密隔舱福船制造技艺（晋江）、水密隔舱福船制造技艺（泉港）、乌龙茶制作技艺（铁观音制作技艺）、闽南传统民居营造技艺（鲤城）、闽南传统民居营造技艺（惠安）、闽南传统民居营造技艺（南安）、中医养生（灵源万应茶）、端午节（安海嗦啰嗹习俗）、端午节（石狮端午闽台对渡习俗）、惠安女服饰、元宵节（泉州陶元宵习俗）、元宵节（闽台东石灯俗）、灯会（南安英都拔拔灯）、民间信俗（清水祖师信俗）、蟳埔女习俗、泉州创舞、泉州木雕、传统香制作技艺（福建〈永春〉香制作技艺）	36

通过对当地居民和游客的访谈，按照地方依赖、地方认同和其他三个方面拼贴出泉州文化遗产资源结构（见图1）。

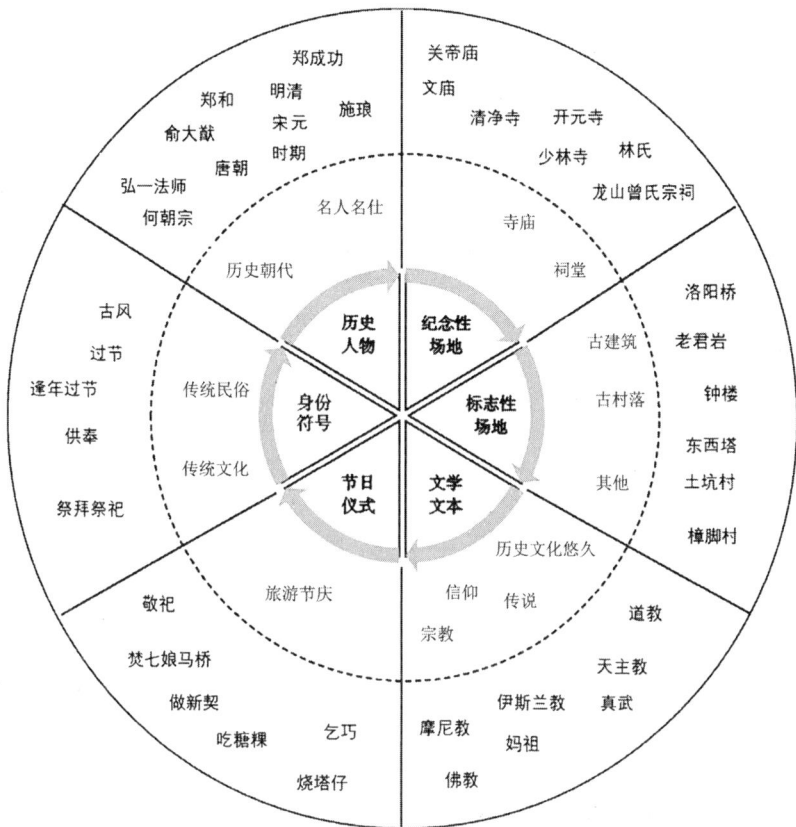

图 1　泉州文化遗产资源图谱

　　泉州作为海上丝绸之路的起点城市，从古至今重要的宗教祭祀和家族祭拜场所，当地信众不定时会前往关帝庙、文庙、清净寺、开元寺等宗教场所进行祭拜，若遇上民间婚丧嫁娶等大日子，当地居民还会前往龙山曾氏宗祠、林氏宗祠等家族祠堂祭拜。以妈祖、通远王、真武大帝为代表的民间海神信仰也呈现出较为明显的地方依赖特点。标志性纪念地以洛阳桥、东西塔、老君岩、钟楼等场所或建筑为代表，是地方性的一种身份符号和象征，以供奉、祭拜祭祀等传统民俗，体验传统文化，标志性纪念地和身份符号共同构成地方认同类的遗产文化资源。历史人物、节事活动等构成其他类型的文化遗产资源。

泉州为传承历史文脉，继承和弘扬优秀传统文化，促进文化旅游发展，打造世界遗产保护利用典范城市，从立法保护利用文化遗产层面进行了诸多探索，先后出台实施了《泉州市海上丝绸之路史迹保护条例》《泉州市中山路骑楼建筑保护条例》《泉州市历史文化名城保护条例》《"泉州：宋元中国的世界海洋商贸中心"世界文化遗产保护办法》《泉州市文化旅游发展促进条例》，为制定世界遗产保护利用的地方性法规预留空间，推动文化遗产活化利用规范性、本真性再繁荣。

泉州历来高度重视文化发展，大力推进文化强市建设。自 2017 年以来，泉州全面推进公共文化服务体系建设，大力实施文化设施提升、文化惠民服务、公共文化产品数字化、公共文化服务品牌示范、文旅服务融合发展五大工程，让市民共享更多优秀的文化发展成果。全市建成泉州市非物质文化遗产馆、泉州歌舞剧、"百姓书房"232 处、163 个乡镇（街道）综合文化站，开展"万千百十"文化惠民活动，创作了一批涵盖了海丝文化、闽南文化、乡愁文化等优秀的惠民文化艺术作品，提升文化惠民服务水平，切实推动文化遗产保护融入城市建设，贴近群众生活，文化遗产保护与活化利用群众基础良好。

（二）遗产活化利用氛围浓郁

泉州市开展多种形式的文化遗产主题活动，营造包容性强、积极向上的文化遗产活化利用的文化氛围。泉州市自 2017 年 3 月被列为第二批"城市双修"试点城市以来，全域开展"城市双修"工作，在中心城区 300 平方公里范围内开展生态修复，古城 6.41 平方公里范围内重点实施城市修补。城市环境整治过程中，坚持以"亮点在古城、厚度在山海、空间在生态连绵带"为特点，推进项目实施，保护泉州世界遗产点、传承古城历史文脉、修缮历史建筑、工业遗存活化利用、改善街巷人居环境，紧扣"见人见物见生活"的理念，不断丰富城市内涵，繁荣文化古城，激活遗产文化价值，提升城市文化品位。

泉州作为"晋江经验"发祥地，站在新时代的历史坐标点上，发扬爱拼敢赢精神，奋楫扬帆，乘风破浪，充分发挥民营经济发达、世界文化遗产城市历史厚重、在外泉商和侨港澳台资源丰富等比较优势，做好新型工业化和新型城镇化"两篇文章"，实施"强产业、兴城市"双轮驱动。自 2018 年以来，泉州市旅游发展委员会持续坚持举办"润物无声"泉州文创旅游商品设计大赛，引导全市涉旅企业挖掘泉州文化遗产的内涵和价值，设计开发具有泉州文化特色的旅游商品，积极推进旅游商品的创作研发和生产，促进泉州市旅游商品市场繁荣和拉动旅游消费。

为进一步加强泉州市文化遗产的宣传展示，促进文化遗产在广大社区和民众中更好地保护传承发展，让文化遗产更具活力。泉州市坚持利用旅游日、遗产日、国庆节、申遗成功 1 周年纪念日等节日举办系列文化惠民活动。2022 年 5 月 19 日，中国旅游日，泉州线上线下相结合，推出 2022 年山海泉州露营生活节等约 40 项文化旅游节庆活动。其中，泉州清源山景区以"福"为元素，在老君岩广场和欧阳书院开展"非遗传福""游市集福""运气开福""书院进福""世遗观福"等"福"活动；泉州海交馆将推出"桐"游宋元泉州——青少年世遗寻宝之旅、"刺桐时代里的遇见"海交馆系列活动，邀请市民游客穿越时空，在刺桐时代遇见世界；泉州市博物馆将举办旅游日专题讲座，举办探秘"泰兴号沉船事件"研学活动等。除了线下活动，泉州还将线上推出"云上音乐会"、线上展览等。泉州市 2022 年"文化和自然遗产日"活动在泉州非物质文化遗产馆举行，活动内容包括启动仪式、非遗展演展示及法律法规宣传和非遗购物节等，采用双活动主题，其中非遗为"连接现代生活，绽放迷人光彩"，文保为"时代共进，人民共享"。2022 年 7 月25 日是泉州申遗成功一周年，泉州市举办了以"社会共建、人民共享"为主题的盛大活动，通过线上和线下、主会场和分会场相结合的形式，市县（区）联动，共同打造了 65 项精彩纷呈的活动，为全市人民和游客带来了一场文旅盛宴，让高大上的世界遗产和文化以接地气的方式走进群众生活，多方位展示后申遗时代泉州文旅融合的新姿态。2022 年国庆节期间，市文旅局联合全市相关部门和旅游企业共同推出多项文化旅游活动及惠民措施。泉州作为世界遗产城市，节庆赛事将有助于全方位展示文化遗产，推进文化遗产活化利用，聚集人气和宣传推广城市，让项目拥有更广泛的群众基础。

泉州市共有国有艺术表演团体 12 个，群众艺术馆 1 个，文化馆 12 个，博物馆（纪念馆）18 个（含民营博物馆），乡镇文化站 163 个，公共图书馆 13 个，已向公众免费开放"泉州：宋元中国的世界海洋商贸中心"展示馆、"中国舟船世界"展示馆 13 个系列遗产展示馆。这些展馆以多元展示平台和价值阐释方式，向参访者展示和阐释泉州丰富多元的文化遗产及其文化价值。泉州市教育基金会、泉州市教育系统关心下一代工作委员会和泉州市文化遗产保护促进会联合编辑出版《泉州市文化遗产中小学系列读本》。泉州文化遗产读本进校园，让中小学生了解泉州宝贵的文化遗产，感受泉州文化遗产的魅力，激发人们热爱家乡、热爱祖国之情。泉州市各县（市、区）大力推动"非遗进校园"，将高甲戏、南音、传统手工艺等非遗项目融入乡土教材，推动地方优秀传统文化传承发展。

近年来，泉州市不断探索文化遗产保护、传承与活化利用新途径、新方法，积累了一些经验，形成博物馆[3]、纪念馆、遗产展示馆、旅游景区、教育基地（研学基地）、文化创意园、主题酒店、遗址公园、休闲街区、传统村落、古驿道、演艺、影视等多样化模式。其中，博物馆、纪念馆和遗产展示馆模式的主要案例有泉州世界文化遗产展馆、泉州博物馆、泉州非遗展馆、泉州海外交通史博物馆、郑成功纪念馆、叶飞纪念馆等；遗产旅游景区模式的案例有安平桥景区、宝盖山景区、清源山（老君岩、九日山景区）等；教育基地模式的案例有泉州古城科普教育基地、华侨大学泉州古城遗产保护与利用研究基地等；文化创意园利用模式有源和 1916 文化创意产业园、德化红旗坊文创园等；主题酒店利用模式有德化陆升酒店（陶瓷主题文化）、茗仕驿茶文化主题酒店、泉州台商投资区郑和宝船酒店等；遗址公园里利用模式有德化窑考古遗址、永春苦寨坑考古遗址、晋江磁灶窑址（金交椅山窑址）考古遗址 3 处省级考古遗址公园和安溪青阳下草埔冶铁遗址，2022 年 12 月泉州苦寨坑窑考古遗址公园和德化窑考古遗址公园入选第四批国家考古遗址公园；休闲街区利用模式有中山路、西街、五店市传统文化旅游区等；传统村落模式有梧林传统村落、永春大羽村传统村落、茂霞村传统村落等；古驿道利用模式有瓷邦古道；演艺和影视利用模式有惠女风情表演、南音表演、木偶戏表演、泉州大剧院"阿波罗话剧"等。

以泉州"文化"马蜂窝、携程网、同程网、泉州文旅微信等旅游站点的游客游记、评价作为研究样本，共计收集游记80篇，旅游评价40条，运用ROSTCM6文本挖掘软件进行词频分析、词频筛选的得出游客对"文化"旅游景点的评价，结果见图2。从图2可知，"泉州""非遗""金鱼巷""中山路""提线木偶"是泉州最具代表性和旅游吸引力的地方，"德化""陶瓷""文化遗产""文化""窑址""建筑""活化"等词汇频繁地出现，它们是构成城市网络地图的关键节点，是泉州古城最核心的特点，也是游客心目中对旅游认知的形象的体现（见图2）。

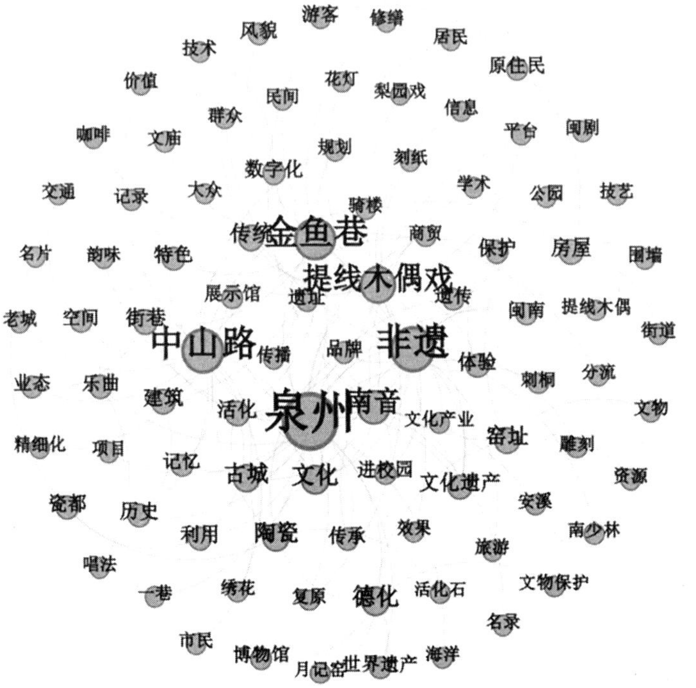

图2 泉州文化遗产活化利用网络文本分析

（三）遗产旅游活化趋向多元

泉州作为中国工艺美术之都，工艺美术历史悠久，品类繁多，技艺精湛，享誉海内外，形成雕艺、陶瓷、藤铁、香制品等较具规模的产业集群。全市现有陶瓷、石木雕、刻纸花灯、木偶头雕刻等 37 项技艺品种，现有中国工艺美术大师 12 位，其中陶瓷类 6 人、木雕类 3 人、石雕类 3 人。同时，全市还有福建省工艺美术大师 188 名、福建省工艺美术名人 224 名、泉州市工艺美术大师 460 名。这些大师在推动泉州文化遗产生产型传承保护基地和文化交流阵地建设中发挥引领性作用。

泉州文化底蕴深厚、城市文脉绵长，为艺术创作、跨界融合提供了得天独厚的土壤。妆糕人、木偶头、漆线雕、竹编、花灯等传统老手艺正在消失，在产业融合发展背景下，通过"非遗＋研学""非遗＋文创""非遗＋演艺"旅游活化方式，走上传统手工艺复兴与品牌化发展的道路。如在泉州申遗成功一周年之际，2022 年 7 月 24 日晚，"四朵金花"2022 世遗泉州时尚文化艺术季在泉州中央商务区正式拉开帷幕。这次文化艺术季由国内外知名艺术家、国际时尚设计师、文化名家、艺术创作者、非遗大师、音乐人等联袂打造，力图通过一场场文化盛宴，吸引多元化主题活动落地东海，让时尚艺术文化赋能商业，带动地区文旅产业发展，打造泉州中央商务区特色文化名片。2022 年 11 月 20 日，首届海丝泉州数字文创博览会在鲤城区举行。这次会议以"数字变革·文创新生"作为年度主题，采取线上线下相融合的办会模式，围绕数字化、数字文创、数字化赋能实体经济等维度，在"文商旅"的基础上，深入挖掘泉州海丝文化，释放泉州作为海丝城市、世界海洋商贸中心的魅力，助力泉州实现数字化转型，建设数字泉州，将推动非遗项目与文化创意、文化旅游和服务业有机结合。泉州世界遗产申遗成功后，泉州开发十条融合世遗之美的文化产业游线路，在媒体上公开发布，共享给业界进行后续开发和应用。2022 年 6 月 10 日，由泉州市文化广电和旅游局与携程集团联合打造的泉州星球号——"宋元中国·海丝泉州"正式上线，为泉州文旅打造专属私域空间。

在后申遗、后疫情和"互联网＋"等势态持续向好背景下，产业融合、科技融入、数字为煤，赋予遗产新的时代坐标、保护与传承新的发展机遇；产业融合是传统手工艺复兴与品牌化发展的道路，将非遗项目与文化创意、文化旅游和服务业有机结合。因此，泉州文化遗产旅游活化空间大、潜力大。

二、泉州文化遗产活化利用的问题与原因

（一）遗产保护利用认识全面性不够

文化遗产旅游发展中以人为本的文化遗产活化利用整体观、大局观尚未完全树立，遗产价值未能实现有效活化。依据图 2 从景观体验分析可知，游客对海丝文化的认识还不够全面，只涵盖了"海丝"遗址的一小部分，而且多集中在泉州古城，对于磁灶窑系金交椅山窑址、德化窑址、安溪青阳下草埔冶铁遗址等世界遗产点的了解不多。与此同时，游客对于一些宗教活动场所，如开元寺、天后宫等也多是停留在打卡拍照上，对于其历史文化内涵的了解较少。游客对"海丝"刺桐的历史古迹的评价比建筑和遗址的评价要高，而且以"历史""地方""文化""文化""宗教""文物""弘一法师"等为代表，对刺桐史迹的印象最深的，是"历史古城""木门雕花""红砖古厝""多教合一""燕尾屋脊""泉南佛国"，部分文化遗产价值还未有得到有效活化利用。

泉州市文化遗产旅游发展中各县（市、区）以各自发展为主导，在文化遗产资源整合、品牌包装、设施配套、线路组织等区域协作不够，尚未形成系统的文化遗产旅游主体形象、宣传口号、旅游交通（线路）及旅游纪念品，文化遗产旅游综合效益尚未得到有效释放。

非遗传承人是传承传播发展过程中最宝贵的人力资源，决定着非遗发展的方向与前进道路。非物质文化遗产保护发展专项经费没有单独列入部门预算，无法保障非遗的收集、整理、记录、建档、传承人经费补贴、展示展

演、非遗场馆维保等日常工作的需要。在发动民间资本、引导社会资金参与非遗保护、利用和传承发展方面，政策、做法上有待进一步探索。另外，非遗传承人履职制度尚未确立，部分传承人对非遗传承的职责认识不足。有关部门、县（市、区）、镇（街道）对非遗工作的重视不够，还没有专（兼）职非遗保护工作人员，非物质文化遗产活化利用潜力尚未深挖。

（二）文化遗产数字化利用有待加强

泉州市与周边城市组织的旅游线路以"厦门＋泉州""土楼＋泉州""武夷山＋泉州""福州＋泉州"为典型，受周边旅游城市的影响，游客、旅行社在旅游路线组织时，只选择一小部分"海丝"景点作为旅游路线，还有众多的文化资源（景点）未纳入区域旅游线路中，而且纳入区域线路中也以观光为主。泉州文化遗产资源分布较分散，赋存状况一般，互联网、数字化、新媒体等技术在文化遗产活化利用的广度和深度均不够，对新媒体技术、真人体验、剧场演出等新颖的方式方法重视不够，文化遗产展示利用率不高，大大削弱了文化遗产的展示与传播效果。另外，文化遗产活化利用模式创新和文旅融合的深度不足，现有的文化遗产旅游产品、业态相对单一，主要是以博物馆展示、遗产点古观光、文化传统演出、旅游文创产品等形式为主，难以适应现代旅游者对文化体验、时尚追求的需求。

（三）遗产旅游品牌化建设有待发力

如何运用正确的传播媒介和传播形式进行文化遗产内容进行传播与展示，是文化遗产保护、传承与活化利用工作中的关键问题。目前，泉州市文化旅游主题形象和品牌建设的顶层设计存在局限，全市文化旅游总体品牌体系尚未形成，在国际上或全国有影响力旅游企业、旅游景区数量屈指可数，文化遗产旅游的品牌知名度和影响力不高；对世界遗产旅游目的地的主题形象"宋元中国，海丝泉州"还缺少相应的宣传口号和有效的形象推广策略。文旅营销的手段主要集中在传统的宣传手册、微信、节事活动营销手段。全息影像技术、3D技术、热成像技术、雷达装置、射线荧光光谱技术、元宇宙等新媒体技术在泉州文化遗产、文化旅游的展示、传播中应用有限，文化遗产互动体验旅游项目相对较少。文化遗产展示方式以博物馆文字、图片和部分声响展示为主，文化遗产展示与阐释方式较为单一，展示效果一般。非遗产品销售网络主要依赖传统销售模式，未能充分利用先进科学技术进行销售。

（四）遗产旅游参与式治理有待提升

传承与保护人类文化遗产是没有种族、地域和国家界限的。泉州有着悠久的历史，文化遗产丰富、门类齐全，不仅应该加强自身的保护与活化利用，还要重视与周边地区、国家的技术合作与交流，亟待建立起区域文化遗产保护、传承与活化利用的共同体，如福建省世界遗产旅游圈、全国性或国际化的文化遗产保护利用技术合作与资源共享的研究体系。

文化遗产作为社会发展的产物，反映了错综复杂的社会关系。文化遗产旅游活化利用的优势与风险并存，需要社会各方合作共赢。泉州世界文化遗产点多分散、配套薄弱、体量较小，面临城镇化建设性破坏风险。目前，遗产保护与活化利用资金渠道未拓宽、保障机制不健全、资金投入有限；遗产保护、保存工作的职责、宣传、人员机构、经费保障等方面还需持续强化保障；遗产保护与旅游活化利用现代治理体系尚未健全。泉州的世界遗产点大多在泉州古城，城市公共汽车和"小白"以及共享单车成了主要的交通工具，将分散的旅游景区联系起来；然而，游客们普遍觉得泉州的公共汽车比较陈旧，城市交通比较拥堵，对游客的整体观感有一定的影响。

三、泉州文化遗产活化利用的展望与对策

2022 年年底，我国新冠感染疫情防控政策重大调整为文旅逐步复苏提供了先决条件，2023 年将是全市文旅系统把握党的二十大关于繁荣发展文化事业和文化产业的部署要求，谋划新举措、进行新探索，推动各项文化和旅游

工作开创新局面之年，泉州市文化遗产旅游活化利用优化与风险并存，文化遗产旅游活化利用创新和文化遗产旅游将呈现稳步增长态势，需要地方综合性政策支持，需要文旅系统的专业指导，更需要旅游投资机构和市场主体的创业创新创意，大力推动泉州市文化遗产旅游活化利用，推进文旅深度融合发展，以实现文化和旅游业更大程度的复苏和更高质量的发展，为打造世界遗产典范城市贡献文旅力量。

（一）通过节庆化让文化遗产融入现代生活

节庆影响了人们对于一个城市的想法，提供许多便于识别之处和促进非主流城市认同的形塑，在最佳的状态下，节庆可以缔造出"节庆时刻"，即创造出卓越和高品质的内容，缔造出一种凝聚观众、表演者和筹办者的深刻体验。为了推动城市发展和再生，建立新公民认同，创造经济、社会和文化繁荣，城市呈现节庆化的趋势。2023 年，围绕"宋元中国·海丝泉州"世遗城市品牌与城市主题形象，按照"一季度一节庆，一节庆一主题"的思路，挖掘泉州市节事资源，打造泉州节事品牌，创新提升"四季泉州"文旅节庆，创新节事管理模式，并将节庆活动融入城乡居民现代生活，保持与现代人的生活发生紧密联系，带动带旺全市文化和旅游市场，进而促进泉州文化遗产活化利用。

（二）借助新媒体让文化遗产变革传播方式

数字为媒，赋予文化遗产新的时代坐标。按照党的二十大报告精神，在深植本土文化基因土壤的基础上，提升我国文化遗产对外交流与合作的国际化水平，用世界语言传播讲好中国文化遗产故事、传递中国文化遗产价值，让文化遗产更多更快"走出去"，在对外开放新格局下实现对中华优秀传统文化的活态传承与国际化传播。一是强化文化遗产活化利用的多方协同联动。调动海内外资源积极与各级主流媒体、新媒体大咖、影视制播、广告传播单位合作，提高城市曝光度、辨识度；瞄准重点客源城市，主动与上海、广州、赣州、南平等地对话互动、客源互送、交流合作；继续深化闽西南协作发展区、浙皖闽赣国家生态旅游协作区、闽粤赣十三市、中国世界遗产旅游推广联盟等协作平台，加强联合营销和互动往来，提升叠加营销效应；在全市打造"宋元中国·海丝泉州""泉州古城""德化白瓷"等城市文化标识的基础上，联动各县（市、区）打造县域二级品牌，以及"南少林""蟳埔渔村""郑成功""安溪铁观音""永春香""惠安女"等特色文化标识；加强部门协作，将"宋元中国·海丝泉州"世遗品牌推介与全市经贸、招商、会展、论坛等各类活动有效衔接，增强营销合力。二是加大文化遗产活化利用宣传力度。对全市文化和旅游资源进行系统梳理，积极申报中国特品级旅游资源名录，创新"传统文化＋旅游"的推广方式，制作"爱上泉州""遇见泉州古城"系列文化和旅游短视频，并在泉州市文化和旅游局官方"抖音""微博"账号、泉州新闻传媒集团官方微信公众号、短视频平台、微博、网站、App、元宇宙等全媒体同步宣推，以最时尚、最潮流的方式，面向全国宣传推广泉州市文化和旅游资源，提升城市品牌影响力；以美食为抓手，培育评选 100 道名菜、100 种地道小吃、100 家名店，拍摄制作一批美食纪录片、短片等，开展"宋元泉席"泉州美食推广；多角度、多途径，营造假日来泉州的旅游氛围。三是拓宽泉州文化旅游销售渠道。积极与携程、马蜂窝旅游网和全国百强旅行社进行深度对接，"世遗泉州"精品旅游线路，开发编制百条主题游、百条本地游、百篇自由行攻略，扩展线上和线下泉州文化旅游销售。四是探寻文化遗产多元阐释。借鉴国内外遗产阐释方式，深挖泉州文化遗产的多维价值，重构泉州文化遗产阐释框架，利用好云计算、物联网、人工智能、虚拟仿真、3D 投影等现代技术，依据文化遗产内容、主题、场地灵活采取文物原状展示、标识展示、遗址展示、保护性复原展示、室内陈列展示、历史环境营造、室内多媒体展示、模拟场景展示、主题文化活动等多元阐释方式，增强体验性和教育性，提高文化展示与传播效果。

（三）运用新技术创保护利用新路径

政策为帆，推动文化遗产旅游活化利用。提升文化遗产价值活化的创新力度，在尊重遗产本真文化价值的基础上，深入挖掘特色化遗产衍生产品与服务，打造遗产文化品牌；强力推进科技创新，实现科技赋能文化遗产活化。聘请专业机构开展全市文化和旅游资源普查工作，摸清家底，明确文化遗产资源开发利用方向。以公众需求为导向，依托"大数据+"推进文化遗产智慧全覆盖，进一步提升文化遗产保护与利用的数字化水平，包括数字化存档、保护与修复、考古文物发掘以及国内外展示传播、交流互鉴等。以产业为链，供需协同激活遗产要素价值。通过多模态人工智能等手段，实现历史人物再现与场景还原，综合利用VR（虚拟现实）、AR（增强现实）等可视化信息技术营造沉浸式体验空间，推动传统文化创新与社会化发展。同时，加强文化遗产旅游"产学研"一体化协同创新，利用高校和科研院所的理论研究特长，寻求科技和管理创新，推动理论研究向实践成果转化，为文化遗产的价值活化与合理开发指明方向、创新思维、革新手段、提升效率，文化商品化，创新利用方式，推动文化遗产活化利用与生活衔接，加快推进"水上看泉州，夜游世遗城""梦回刺桐港""红旗坊文创园"等重大文旅项目建设提升，促进文化遗产与旅游深度融合。

（四）实施参与式文化遗产治理模式

人才为基，弘扬新时代文旅精英精神。尽可能开放更多的文化遗产，我们需要更好发挥文化遗产延续中华文脉、凝聚人民精神力量的承载作用，挖掘其丰富内涵，增强中华文化认同，彰显中华民族文化胸怀与文化自信；提升文化遗产价值活化的创新力度，在尊重遗产本真文化价值的基础上，深入挖掘特色化遗产衍生产品与服务，打造遗产文化品牌。一是完善公众参与文化遗产保护与旅游活化利用的政策措施，加强与文旅、国土、规划、农业、林业、教育、工信等部门的协调互动，调动各界力量参与文化遗产保护与旅游活化利用。二是建立健全公众参与、全社会力量参与文化遗产活化利用的合作机制，拓展社会组织和民间力量参与文化遗产保护与旅游活化利用的渠道，形成全社会保护利用文化遗产的合力。三是积极开发品质化文创产品，加强线上线下营销结合，注重故事性的鲜活表达与交互式体验，把握信息传播的系统性与可达性、展示体系的统筹性与可读性，以及配套旅游服务的休闲性与生活化，打造经典文化旅游线路与品牌。四是重视新媒体"跨界"营销，扩大受众面和影响力。年轻群体在新媒体（短视频网站、自媒体平台、线上社区、传承人计划）上进行的二次创作，是对文化遗产的二次传播，需在正确价值观规范引导下鼓励广大年轻人的参与和创新，从而将古老的、静态的文物遗产适配、融入现代的、动态的生产生活，建立起"物"与"人"的价值与情感链接。让文化遗产点亮当代人的生活，优秀传统文化就能绵延不绝、永续传承。

参考文献

［1］喻学才.遗产活化论［J］.旅游学刊，2010，25（4）：6-7.

［2］张朝枝，刘诗夏.城市更新与遗产活化利用：旅游的角色与功能［J］.城市观察，2016（5）：139-146.

［3］张晓斌.广东文化遗产活化利用的模式与实践［J］.文博学刊，2020（2）：110-116.

B.4

泉州滨海旅游发展报告

陈金华 陈 泽 苏俊宇 *

摘 要： 21世纪是海洋的世纪，党的二十大提出"发展海洋经济，保护
海洋生态环境，加快建设海洋强国"的战略目标。泉州海域面积
11360平方公里，海岸线541公里，大小港湾14个，拥有"中国
最美八大海岸"之一的崇武—秀涂海岸线，是古代"海上丝绸之
路"重要起点，是首批中国历史文化名城、全球首个"世界多元
文化展示中心"、中国第56项世界遗产"泉州：宋元中国的世界
海洋商贸中心"所在地，被誉为世界海洋贸易中心港口城市的杰
出典范。泉州是我国海洋文化发源地、富集区之一，闽南生态文
化主要展示区，区内拥有多样的滨海旅游资源，具备发展滨海旅
游的巨大资源优势。泉州全市现有人口874万（不含金门县），海
外华侨华人超过800万，祖籍泉州的华侨、华人750多万，港澳
同胞76万，祖籍泉州的台湾同胞有约900万；2022年全市GDP
达12102.97亿元，为滨海旅游发展提供了强大的客源优势和经济
优势。2022年，全市接待旅游总人数5620.71万人次，实现旅游
总收入593.53亿元。本研究以泉州市域内主要沿海市、区，即拥
有海岸线的"泉港区—惠安县—洛江区—丰泽区—晋江市—石狮
市—南安市"7个县（市）、区的乡镇、街道为研究范围，探索近
年来泉州滨海旅游发展变化，提出滨海旅游高质量发展的对策。

* 作者简介：陈金华，博士，硕士生导师，华侨大学旅游学院教授，从事海洋旅游与人地关系
协调发展研究；陈泽，华侨大学硕士研究生；苏俊宇，华侨大学硕士研究生。

一、泉州滨海旅游总体运行现状

（一）滨海旅游发展环境分析

1. 旅游产业地位波动，滨海旅游发展潜力较大

旅游业是泉州重要的产业体系，疫情前旅游业占地方 GDP 产值的 13%，属于泉州的主导产业之一。受 2019 年 12 月至 2022 年年末疫情波动的影响，全国旅游市场出现较大程度的波动，旅游业发展受到较大的影响，泉州旅游业占 GDP 比重同比下降 7%（见表 1）。但是，泉州旅游产业基础条件较好、产业实力雄厚，特别是 2021 年以海洋文化主题入选世界文化遗产，对泉州滨海文旅产业发展提供了坚实支撑，泉州古城及海洋文化遗产成为网红打卡地。与邻近地市相比，泉州滨海旅游业降幅较小，旅游业发展保留较大的韧性，发展潜力较大。

表 1　2019—2021 年泉州及相邻滨海区市旅游产业变化

设区市	2019 年			2020 年			2021 年		
	生产总值（亿元）	旅游收入（亿元）	比重（%）	生产总值（亿元）	旅游收入（亿元）	比重（%）	生产总值（亿元）	旅游收入（亿元）	比重（%）
全省	42326.58	8099.65	19%	43608.55	5070.69	12%	48810.36	4895.21	10%
厦门	6015.04	1655.90	28%	6435.02	941.32	15%	7033.89	1301.00	18%
福州	9472.30	1450.58	15%	10020.02	921.89	9%	11324.48	719.48	6%
泉州	9903.66	1312.68	13%	10073.66	747.04	7%	11304.17	697.47	6%
莆田	2545.39	440.73	17%	2633.97	270.12	10%	2882.96	157.10	5%
漳州	4686.83	660.63	14%	4557.61	424.08	9%	5025.40	555.52	11%
宁德	2451.70	437.00	18%	2619.00	291.47	11%	3151.08	410.80	13%

数据来源：福建各地市统计年鉴表（2019—2021）。

2. 滨海旅游基础设施不断完善，保障体系不断健全

（1）交通设施不断完善。随着滨海旅游规划的实施，泉州滨海旅游相关基础设施在不断完善，涵盖机场、铁路线、车站、公路、港口等多种设施[①]，覆盖空间大、通达程度深、惠及面广的旅游交通基础服务网络正在形成。近年来，泉州滨海旅游基础设施和出行条件不断完善，为泉州滨海旅游发展提供了坚强有力的保障。根据相关资料对泉州旅游交通基础设施进行统计，如表2所示。

表2　泉州旅游交通基础设施

设施类别		设施内容
机场		泉州晋江国际机场（扩建）
铁路	铁路线	福厦铁路、漳泉肖铁路、湄洲湾南岸铁路支线、杭深铁路、昌福厦高铁、兴泉铁路、福厦客运专线（在建）、城际轨道R1（在建）
	车站	泉州站、泉州东站、晋江站、惠安站
公路	高速公路	宁漳高速、沈海高速、晋长高速、甬莞高速、政永高速、泉梅高速、沙厦高速、泉南高速、泉龙高速、双安高速、秀永支线高速
	普通国省道	国道G228线路、国道G324线、省道S209线、省道S213线、山腰至石井线百崎（新增工程）、山腰至石井线泉州东海（新增工程）、国道G355线、省道S215线、新增省道泉港至仙游、新增省道洛江至仙游、国道G356线、国道G358线、省道S312线、新增省道安溪龙门至斗尾港、省道S310线、国道G638线
港口码头		泉金客运航线

（2）资金保障不断加强。在资金投入方面，2019年泉州文旅产业有11个省级文旅融合项目，22个市重点在建旅游项目，共完成投资30.24亿元，超额完成年度投资任务；2020年，组织参加十三届海峡两岸文博会，签约项目22个，金额超140亿元；2021年，推动出台《关于加快推进旅游业高质量发展的实施意见》并配套22条奖励扶持措施，新增3000万专项奖补资金，进一步强化文旅产业发展政策支撑，同时推动全市签约文旅项目41个，总投

[①]《泉州市"十四五"现代综合交通运输体系专项规划》，今年泉州将重点推进53个"聚城畅通"项目开工建设市区至泉港快速通道。

资 382.57 亿元，其中 35 个文旅项目纳入全省文化旅游重点推进项目，完成投资 48.55 亿元[①]。

（3）文旅人才不断聚集。2019 年，全市推进"文化名家"工程建设，确认 21 个人才传承项目、145 位培养对象，新增文旅类高层次人才 68 人；2020 年，新认定市级非遗 38 项，新增省级非遗传承人 33 人、市级 103 人，举办非遗宣传展示活动 100 多场；2021 年，完善文博保护专家咨询制度，遴选首批文博保护专家 62 人，引进文博高层次人才 1 人，1 个单位获全国文旅系统先进集体、1 人获先进工作者。由此可见，泉州旅游发展对于人才支持力度较大，重视程度高。

（二）滨海旅游产业分析

1. 景区不断完善，吸引力不断提升

泉州市滨海旅游地区的旅游景点（度假区）不断完善。截至 2022 年 12 月，已有 4A 级旅游景区 4 项，3A 级旅游景区 12 项，2A 级旅游景区 1 项，省级度假区 1 项。如表 3 所示，总体而言，泉州滨海具有丰富的旅游资源，各景区正尝试围绕自身资源、地域、文化等特色，打造缤彩纷呈的民俗风情演艺、烧烤、沙滩运动、海上运动等诸活动，为游客提供丰富的旅游休闲体验。

表 3　泉州主要滨海旅游景区

旅游景区	等级 （评定时间）	特色	滨海相关娱乐项目
晋江市五店市传统文化旅游区	4A （2015）	海峡两岸交流基地，传承了闽南地区非物质文化遗产及特色民俗等优良文化，是闽南地区成片保护、规模最大的红砖古厝建筑群	观赏闽南特色建筑，品味高甲戏、木偶戏、南音等晋江传统特色的非物质文化遗产的表演活动，品尝特色美食，市集购物，文艺台做手工
泉州安平桥（五里桥）景区	4A （2016）	中国现存最长的海港大石桥，是一座历史之桥、文化之桥、商贸之桥	观光游览泉州海洋贸易历史文化及桥梁等建筑，元宵猜谜、端午捉鸭、中秋博饼

---

① 《泉州市"十四五"文化和旅游发展规划》。

续表

旅游景区	等级 （评定时间）	特色	滨海相关娱乐项目
惠安崇武古城风景区	4A （2003）	明朝抗倭古城，中国南派石雕艺术、海岸地貌、海鲜美食、惠女民俗富集地	体验惠女文化、观赏石雕、游览古城、品尝特色美食
石狮宝盖山景区	4A （2021）	以"海丝航标 归乡明灯"为主题的"海丝"航标文化旅游目的地	观赏海景、欣赏演出、茶室品茶、攀崖基地攀岩、海丝观光、非遗展示、科普研学
石狮永宁古卫城	3A （2020）	滨海千年古镇、东南第一卫城	城隍文化节、元宵庙会、古建筑观光体验
泉州惠安净峰寺旅游区	3A （2013）	千年古刹，展现滨海风光民俗与儒道释文化	观赏石雕、领略惠安女民俗风情、俯瞰滨海风光、登山远眺、祈福
南安英良印象五号石材文化创意园	3A （2020）	集中外化石文化展示、奢华板材品鉴与收藏、石材工艺品展示与销售	品鉴化石、石雕，体验石文化、石产品家居购物，体验石材3D打印、石材装饰设计、体验电子商务及贸易
石狮世茂海上丝绸之路博物馆	3A （2021）	内设故宫专题展厅、世茂珍藏展厅、海上丝绸之路展厅、丝路山水地图数字展厅，成为我国弘扬"海丝文化"的精神高地	"海丝文化"主题博物馆旅游，研学旅游，华侨艺术主题活动
晋江灵源山旅游区	3A （2009）	拥有旖旎、优美的自然景观与宗教景观——"千年古刹"灵源禅寺	山岳风光休闲，宗教文化祈福
晋江围头战地文化渔村	3A （2009）	闽南沿海独具特色的红砖古厝和石头房，战地红色文化丰富	红色文化专题游、海峡两岸七夕返亲节、闽台乡村旅游文化节、闽南文化民宿体验游
泉州市森林公园景区	3A （2014）	拥有丰富的滨海资源和古城史迹，具有奇石、江河、湿地、海鸟、古迹遗址、森林等特色资源	赏奇石、湿地观鸟、研学、休闲散步、登山健身
南安郑成功文化旅游区	3A （2015）	以体现郑成功抗清驱荷为主题的文化旅游景区，拥有丰富的与海峡两岸有关的郑成功文化资源	红色主题专题旅游，闽台郑成功文化历史旅游，军事文化体验旅游

续表

旅游景区	等级 （评定时间）	特色	滨海相关娱乐项目
晋江经验馆	3A （2021）	晋江对外宣传和展示城市形象的重要窗口，是全国唯一一个以"晋江经验"为主题的展馆	改革开放晋江社会经济发展历程、发展经验展览与研学，特色主题教育旅游
晋江市博物馆	3A （2022）	以"海上丝绸之路"为主题的博物馆，是晋江文化对外宣传的一个重要窗口	体验晋江文化，"海丝"文化、闽南文化研学旅游
泉州台商投资区八仙过海欧乐堡	3A （2021） 省级度假区 （2022）	融入滨海异域风情，是集亲子、奇幻、刺激于一体的大型水上主题乐园	超级大碗组合、飓风湾、28米极速组合、乘风破浪组合等水上娱乐项目体验，滨海度假旅游
泉州惠安惠女风情园	2A （2018）	海滨风光和渔家风情结合，有独具特色的惠女文化展示	惠女文化体验，主题文化摄影观光，闽南特色美食体验，滨海自然风光休闲体验

景区资料来源：福建省文旅厅网站（https://wlt.fujian.gov.cn/zwgk/sjfb/），丰泽区、洛江区、南安市滨海景区以临近海岸线的乡镇（街道）为准。

2. 旅游餐馆与住宿业品质不断提升

受疫情反复影响，泉州滨海各县市旅游产业发展受到一定的负面影响，整体发展呈现低迷状态，其中 2020 年的影响最为明显，泉州滨海县市旅游收入与旅游人数大幅下降。2021 年，随着疫情防控、政策扶持、行业转型、企业自身发展等多方面影响，泉州滨海旅游缓慢恢复，旅游市场逐步扩大，旅游收入与旅游人数逐步增多。总体上，滨海旅游发展仍具有较大挑战（见表4）。

表 4　2019—2021 年泉州滨海县市的旅游收入和旅游人数

	2019		2020		2021	
	旅游收入 （亿元）	旅游人数 （万人次）	旅游收入 （亿元）	旅游人数 （万人次）	旅游收入 （亿元）	旅游人数 （万人次）
惠安县	117.3	1031.2	75.71	764.99	148.5	1136.6
泉港区	24.6	127.6	——	——	——	——
洛江区	30.0	225.0	16.57	144.97	23.8	225.0

续表

	2019		2020		2021	
	旅游收入（亿元）	旅游人数（万人次）	旅游收入（亿元）	旅游人数（万人次）	旅游收入（亿元）	旅游人数（万人次）
丰泽区	154.47	792.00	70.66	418.27	77.78	786.32
晋江市	264.80	1127.91	163.61	810.01	145.83	1142.58
石狮市	171.99	689.95	57.26	541.22	87.43	766.91
南安市	154.33	794.80	92.73	520.55	79.56	610.85

资料来源：2019—2022 年的泉州新闻晚报（电子版）

尽管如此，泉州滨海旅游的餐饮、住宿业发展势头良好，旅游品质不断提升（见图 1）。通过大型 OTA 平台统计泉州滨海酒店与民宿，并且统计其顾客的好评度，从中可以发现泉州滨海旅游民宿网络评价较高，滨海县市酒店民宿大部分评分在 4.0 以上。可见餐饮与住宿业不断提升自身品质，在困境中谋求发展，海滨旅游发展仍具有活力。根据相关资料，整理获得泉州主要滨海县市酒店与民宿数量及网络评分表（满分为 5 分，如表 5 所示）。

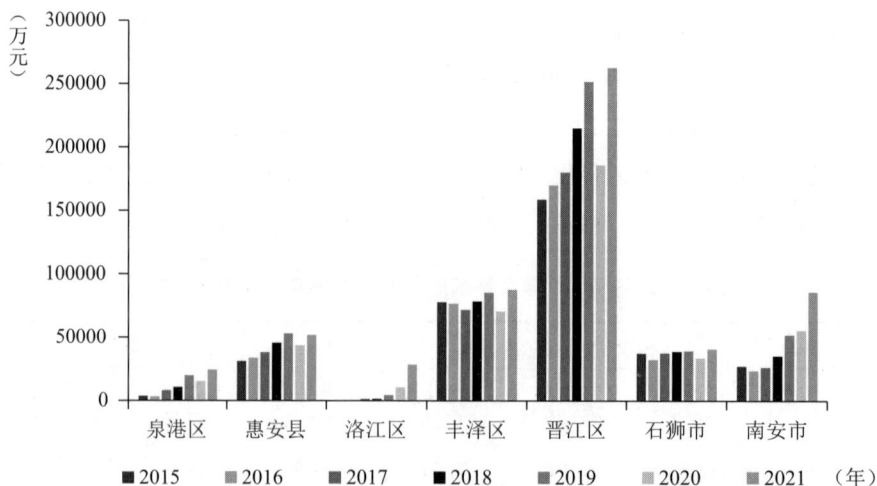

图 1　泉州滨海旅游餐饮住宿业产值变化（2015—2021）

表5　泉州主要滨海县市酒店与民宿

县市	酒店总数（家）	酒店网络评分（满分5分）	民宿总数（家）	网络评分（满分5分）
泉港区	17	4.3	2	4.6
惠安县	107	3.9	77	4.5
洛江区	32	4.3	18	4.4
丰泽区	135	4.3	253	4.3
晋江市	209	4.2	170	4.2
石狮市	109	4.0	72	4.4
南安市	126	4.1	66	4.2

资料来源：携程网：www.ctrip.com

3. 大型主题购物、娱乐项目有所突破

在购物设施方面，泉州滨海旅游现有购物设施主要分布在滨海旅游景区，以零售商店、购物街及摊点形式存在，主要销售海鲜产品、服饰、儿童玩具等产品，同时以个体经营方式为主，旅游购物设施的布局及类型、经营等还存在不足。在娱乐设施方面，泉州滨海旅游有丰富的滨海旅游景点，娱乐项目涉及民俗风情演艺、烧烤、沙滩运动、海上运动等诸多方面，但是传统娱乐项目规模小、主题不明显。

作为泉州2021年新晋国家3A级旅游景区，投资80亿元的八仙过海旅游度假区①一站式满足广大游客在泉州滨海主题娱乐、度假的出游需求，进一步丰富了泉州城市群厦漳泉经济圈"亲子度假游""周末两日游"旅游产品的类型，助力泉州市乃至福建省文化和旅游产业的高质量发展。一期投建运营的欧乐堡欢乐水世界、欧乐堡海洋王国乐园、欧乐堡水上酒店、郑和宝船酒店，在2022年春节假期表现抢眼，仅初一到初七就接待游客6.5万人次，日接待量最高达2万人次。目前，泉州八仙过海旅游度假区已列国家优选旅

---

① 《泉州市丰泽区"十三五"文化旅游产业发展专项规划》《泉州市"十四五"文化和旅游发展规划》。

游项目名录、福建海洋强省在建重大项目、福建省职工疗休养示范基地、福建省中小学生研学实践教育基地。

4. 滨海遗产保护利用取得重大突破

2021 年 7 月 25 日，"泉州：宋元中国的世界海洋商贸中心"获准列入《世界遗产名录》，22 个遗产点（其中滨海世界遗产点有洛阳桥、安平桥、顺济桥遗址、江口码头、石湖码头、真武庙、开元寺市舶司遗址、南外宗正司遗址、六胜塔、万寿塔等）具有鲜明的海上贸易和东西方文明交融特征，滨海的"世遗"申报取得重大突破。与此同时，2022 年 11 月 28 日晋江安海"南天寺石佛造像和摩崖石刻之南天寺保护修缮项目"荣获联合国教科文组织亚太地区文化遗产保护优秀奖，这是本次我国唯一一个修缮类获奖项目，也是继 2001 年泉州"中山路整治与保护"项目获优秀奖后，泉州文化遗产保护项目再次获此殊荣。

（三）滨海旅游发展特征分析

1. 资源开发不断创新

（1）持续加强滨海特色渔村、特色渔镇旅游资源开发。泉州海洋旅游发展具有良好的区位、资源优势，滨海乡（渔）村在发展旅游时能依据当地资源的独特性和吸引力不断寻求创新、转型与升级。惠安县崇武镇大岞村（2019）、晋江市金井镇围头村（2020）、晋江市新塘街道梧林社区（2022）分别获批全国乡村旅游重点村。惠安县崇武镇（2022）成为第二批全国乡村旅游重点镇。此外，晋江市围头村（2019）、晋江市新塘街道梧林社区（2020）、泉港区南埔镇惠屿村（2021）、惠武镇、晋江市金井镇获批 2022 年福建省"全域生态旅游小镇"。2022 年 12 月 16 日，农业农村部公布了"2022 年中国美丽休闲安县崇武镇潮乐村（2021）、崇武镇前垵村（2022）分别获批福建省金牌旅游村。惠安县崇乡村"名单，福建省共有 8 地位列其中，晋江市英林镇湖尾村是其中的一个。

（2）持续重视滨海工业旅游资源开发。泉州充分挖掘滨海资源，进一步创新滨海旅游，同时结合产业融合，串联滨海特色景区景点，借助不同主题为游客规划设计滨海工业旅游体验线路，展现"石文化"、雕刻艺术、海丝商贸、惠女风情等诸多泉州特色滨海元素，不断追求创新，融合地域特色来实现泉州滨海工业旅游的转型发展（见表6）。

表6　滨海工业旅游推荐线路表

县区市	主题	线路	特色
南安	南安工业智造研学游	东星奢石文创园（省级观光工厂、省级工业旅游示范基地）→安平桥（五里桥）（世界遗产点、国家4A级旅游景区）（天下石文创园→英良印象五号石材文化创意园（国家3A级旅游景区、省级工业旅游示范基地）	展现"海丝"背景下石材文化的演变与发展历史
洛江、丰泽	工业创意休闲游	洛江春生堂（省级观光工厂）→洛阳桥（世界遗产点）→上塘雕艺街（旅游特色街区）→领SHOW天地（国家级夜间文化和旅游消费集聚区）	串联泉州工业文化创意，体验非遗保护记忆，感受海丝世界遗产魅力，观赏雕刻艺术
石狮	"i购狮城"工业游	福建省世茂海上丝绸之路博物馆（国家3A级旅游景区）→石狮服装城→石狮国际轻纺城→青创城国际网批中心→卡宾文创园→玉湖豆腐文化商贸园	发挥传统商贸优势，结合海上丝绸之路博物馆，尽览传统文化与现代气息相互呼应的石狮气质
晋江	大美晋江工业游	"晋江经验"馆（国家3A级旅游景区、福建省爱国主义教育基地、福建省党史学习教育参观学习点）→七匹狼中国男装博物馆（国家工业旅游创新单位、国家3A级旅游景区、省级观光工厂、省级工业旅游示范基地）→来旺良品堂闽南古早味传承基地（泉州市特色文化旅游示范基地）→梧林传统村落（国家3A级景区、中国传统村落、全国乡村旅游重点村）	悟县域发展之内涵，体华侨爱国之情怀，探寻产业高地，感怀中国商人的百年家国情怀
惠安	惠安雕艺工业游	惠安雕艺文创园→霞飞雕刻艺术馆（省级观光工厂）→午餐：五号餐桌→惠女风情园（国家2A级旅游景区）→崇武古城风景区（国家4A级旅游景区）	了解惠雕文化，感受"世界石雕之都"的魅力，了解惠安女文化，感受滨海风光，探秘海丝史迹和东亚文化

资料来源：泉州国庆工业旅游线路推荐（汇总篇）-本地宝（bendibao.com）

2. 滨海风景道休闲旅游功能不断完善

"1号滨海风景道"是以国道G228福建段为主的鱼骨状风景道和平潭环

岛生态廊道^①。早在 2018 年，泉州就将滨海旅游风景道建设作为"六大旅游产品"提升工程的重点，成功培育了石狮峡谷旅游路、红塔湾旅游路 2 条滨海旅游风景道，前来"打卡"的游客络绎不绝。目前国道 G228 泉州段长 223 公里全部建成通车、建成 20 多个停车场、8 个大型观光台等，有效提升"泉州：宋元中国的世界海洋贸易中心"品牌效应。

3. 滨海民宿产业集群粗具规模

以惠安滨海民宿发展为例，崇武镇现有注册民宿 30 余家，2021 年 11 月 9 日惠安县民宿联盟成立，为泉州市首个民宿联盟组织，2022 年惠安县文旅局总结的《"3+3+3"探索路径 打造民宿发展"惠安模式"》入选当年泉州市第一批优化营商环境工作典型经验做法："3"调民宿意见，让政策接地气、惠民生、有实效，"3"改民宿标准，促民宿规模化、品质化、高质量发展，"3"推民宿新举，促民宿集群化、品牌化、平台化发展。

4. 滨海主题节庆旅游产品精彩纷呈

依托丰富的滨海资源优势，泉州滨海开展了动漫节、帐篷节、沙滩音乐节等主题活动，培育了惠安"问海"、半月湾民宿聚落、惠女风情园、石狮"橘若"、红塔湾海岸公园、晋江"自在海"露营公园等一批网红打卡点、滨海休闲新爆点。不同县市也有许多丰富的滨海主题节庆活动，推出了与滨海主题相关的各种丰富的活动（见表 7）。

表 7　泉州滨海市县滨海主题节庆活动表（2019—2022）

县区市	活动名称
泉港区	"福传泉港，福满峰尾"线上集"福"活动、圭峰之春、古城旅游文化节、主题巡回邮展、美术书法篆刻精品展等
惠安县	崇武古城音乐季、"崇武鱼卷"文化节、夜间旅游千年惠女情、"我们的节日端午"主题系列活动、灯光节、寻龙诀、龙舟赛趣味旅游活动等

---

① 国道 G228 线在福建省境内里程达 1250 公里，经过宁德、福州、莆田、泉州、厦门、漳州 6 个滨海城市，连接 29 个县（市、区）、辐射 50 个美丽乡村、181 个 3A 级以上旅游景区、1500 多个大小不一的岛屿。目前，G228 滨海风景道全长超过 1000 公里，游客通过自驾游的方式可欣赏上千公里的海景。

县区市	活动名称
洛江区	乡韵花湾花海热气球、"古装穿越"体验活动、《我和我的祖国》与《蓝蓝泉州湾》主题音乐会等
丰泽区	蟳埔女簪花围习俗活动、沉浸式樱花美食嘉年华活动、"东海潮声"城市人才会客厅、"世遗泉州·文化丰泽"主题沙龙活动、民俗踩街、蟳埔妈祖巡香
晋江市	五店市线上博饼活动、（安海）中秋文化节、"激情晋江.乐动夏日"系列文艺演出、"微度假"文体旅休闲体验活动、"解锁不一样的五店市"直播活动、"两岸两安平"——晋江市（安海）两岸端午民俗旅游文化节、《晋江金井·围头》乡村旅游文化节、"夜游五店市"直播、"清凉一'夏'好去处，书记带你游金井"线上直播等
石狮市	"乐游在石狮，共赴山海城"主题自驾游体验活动、"广场文化艺术节"、新年音乐会、石狮世界文化遗产宣传系列活动等
南安市	省级非遗泉州刣狮、泉州市级江崎狮阵、泉州剪纸、泉州南音、丰州清境桃源捕鱼、"海丝南安，遇见美好"文旅活动周、金淘镇"海丝南安·云赏金淘"云旅游线上直播节等

资料来源：各县市旅游局。

二、滨海旅游发展困境分析

泉州的滨海旅游发展还存在着一些问题，主要有以下几个方面。

1. 滨海旅游资源：季节性明显，灾害影响大

泉州地区属于亚热带海洋性季风气候，滨海区域从4月上旬到10月下旬月均温在20℃以上，风速相对较小，小于4级风（<8米/秒）。11月至第二年3月气温相对较低，邻近外海区域（小岞、崇武、围头等地）不适宜旅游。所以，泉州滨海旅游受季节变化的影响明显，旅游旺季在4—10月，特别是在暑假7—8月。此外，泉州沿海为台风影响区，台风影响主要季节在夏秋两季的6—9月。台风影响之时，给沿海旅游活动、旅游资源、旅游设施带来极大的影响，需要做好预警与及时防范。

泉州滨海地区工业发达，工业污染对滨海旅游产生一定的影响，如2019

年泉港碳9事件对惠屿岛的养殖与旅游产生深远的影响，台投区月亮湾的玖龙纸业大气污染对滨海旅游也产生一定的影响。此外，滨海的赤潮也对海洋生物、海洋旅游产生一定的负面影响。

2. 滨海旅游产品：开发程度低，涉海高端旅游产品供给不足

首先，泉州滨海旅游存在资源特色挖掘不足，替代性竞争明显的问题，滨海旅游度假地、滨海民宿业基本上是依托滨海自然风光开发的，而对丰富多彩的人文资源挖掘不足。其次，滨海旅游相关产品、项目雷同，缺乏差异性与独特性，大部分景区一哄而上推出摩托艇和帆板等现代水上运动项目。再次，滨海旅游资源开发仍处于初级开发阶段，产品研发和项目打造的创意较少，大多数滨海旅游项目直接对海水、沙滩等资源进行直接利用，大型邮轮、游艇项目不足，旅游活动内容单一。

3. 滨海旅游业态：产业融合与村（镇）旅融合不足

2022年12月2日，泉州市提出《泉州市文化旅游发展促进条例》，鼓励发挥乡村山海生态，开展田园观光、休闲健身、避暑疗养等乡村文化活动，合理规划滨海旅游发展空间和海上看泉州丝路，深度开发海上观光、沿海特色民俗服饰体验、海洋科普研学、渔家体验等滨海文化旅游产品，完善码头配套设施，开发高品位滨海休闲旅游度假区，打造滨海度假文化旅游地。打造属于本地工业文化特色旅游，鼓励工业遗产、工业园区等开展工业旅游，以观光工厂、博物馆、体验馆、研学等作为工业旅游项目。但是从泉州市主要景点建设（见表3）和项目推荐（见表6）来看，泉州滨海旅游文旅融合、渔旅、村（镇）旅融合存在较大不足，相关产品没有将相关产业与滨海旅游进行融合，依旧存在"单打独斗"的现状，难以突破传统滨海旅游的现状。

4. 滨海旅游产业：产业发展处于低级阶段

（1）旅游景区等级不高

泉州滨海旅游景点分布较散，缺乏空间上、功能上的有机规划整合，尚未形成区域优势线路和特色板块。目前出现免费景区供不应求、收费景区供过于求的状况。同时现有旅游产品资源相似度高。例如，崇武——秀涂段海边浴场多，海上旅游项目少，各点游览体验项目多为游泳、烧烤、晒太阳、吃大排档，相似度高，竞争力大，可盈利点少。泉州宗教文化以海丝文化为主，各地寺庙主题相近，对于休闲度假为主的游客吸引力小，且差异性小，串成线路难度大。

（2）旅游要素不齐全

泉州滨海旅游产业发展中还存在食、住、行、游、购、娱六要素发展不协调，旅游产业链形成难度大。同时，缺乏精品旅游线路、精品酒店、特色美食推介造成对高端客源市场的吸引力弱。产业配套严重滞后，六要素发展现状较差，存在留不住人、留不住钱的现实。泉州滨海酒店及民宿存在床位数不足，与此同时缺少夜间娱乐、消费活动。例如，部分滨海民宿夜间没有相关服务，且地处位置较偏僻。现有硬件设施差等一定程度限制了泉州滨海旅游的质量提升。

5. 滨海旅游市场：易受外界环境影响，波动较大

受到新冠感染疫情影响，泉州滨海旅游市场发展波动较大。在旅游市场规模方面，2019年全市接待国内外游客总数为7801.16万人次，旅游总收入为1312.68亿元；2020年由于受到疫情影响，泉州接待国内外游客总数相较于2019年下降了33.7%，为5173.48万人次，旅游总收入为695.06亿元；2021年接待国内外游客总数6676.44万人次，旅游总收入为747.04亿元；2022年，全市接待旅游总人数5620.71万人次，实现旅游总收入593.53亿元，整体发展仍然未恢复至疫情前的水平。百度指数也反映这一变化特点（见图2）。

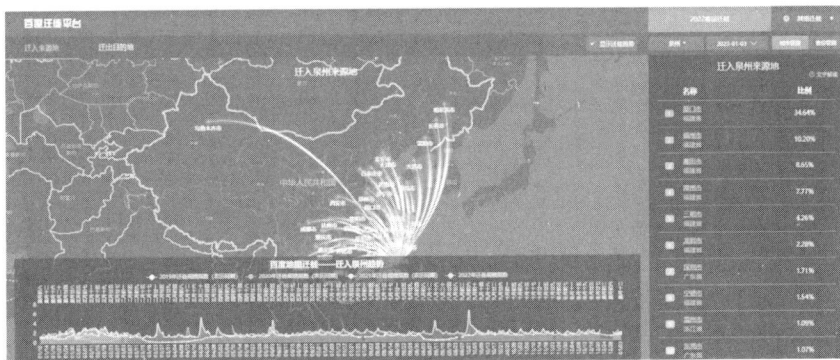

图2 2019—2022年泉州的主要客源迁入地百度指数变化

6.滨海旅游政策：多头管理，缺乏多规合一

泉州滨海旅游区旅游项目呈现多样化、丰富化的同时，存在各个旅游项目"各自为政""单打独斗"的情况，管理粗放，缺乏统一、精细化的管理，容易造成无序竞争、不能形成规模效应等后果，具体表现有以下几点。

（1）资源开发缺乏多规合一

泉州滨海旅游建设项目存在规划不够科学合理，或是景区内各投资主体只进行了局部规划，缺乏总体规划、统一规划。泉州滨海旅游开发涉及经济、社会、土地、环境、水资源、城乡建设、综合交通、社会事业等诸多方面的规划布局，但不同规划覆盖的空间范围存在巨大差异，空间范围不一致，不同规划间的框架理性不一致，使得泉州滨海旅游开发协调难度增加，未能实现高效利用资源，规划科学性有待提高。还有科学、统一的规划在实施过程中并未很好执行，使得规划陷入失效困境，再加上管理部门对规划实施的监督不积极，导致旅游开发失控。

（2）旅游用地供给不足，涉海旅游项目申请阻力重重

泉州滨海旅游开发前景广阔，但因土地资源的有限性和敏感性使得泉州滨海旅游开发存在用地保障不足问题，限制泉州滨海旅游发展。以惠安县为例，位于惠安山霞镇青山湾老干部活动中心的房产目前省交通运输厅正在划转给省投资集团，该县多次向上争取未能得到解决。海洋城项目用地搁置多年，导致青山湾区域未能形成连片块状供地。高雷山区域房屋土地未进行成片收储，影响高雷山休闲旅游综合体成片开发。

海上运动和休闲娱乐项目难审批，限制滨海旅游度假区发展。目前滨海旅游项目申报需要通过与当地社区、旅游局、林业、农业、交通、国土（现自然资源局）等多个部门进行交涉，由于手续的烦琐将会导致整个项目停滞不前，影响旅游市场的多元化发展，并导致整个项目流产。

（3）高端运营管理人才培训与引入不足

泉州滨海旅游在管理团队和人才建设方面还存在较多不足，目前从事滨海旅游开发的多为中小型企业，缺乏先进的管理理念与管理能力，开发项目大多层次不高，产品竞争力不强，在疫情的影响下这些小微旅游企业经营惨

淡，或经营倒闭。同时在人才队伍建设上，滨海旅游产业对于旅游人才的需求量大，旅游人才匮乏的矛盾日益突出，既缺乏懂管理、会策划、善营销的领军型、高层次人才，也缺少擅长沟通交流、具有处理应急事件能力的一线人才，整个旅游服务人才的引进教育培养滞后于市场发展。在惠安民宿调研过程中，笔者发现民宿业主在运营方面，存在无序竞争、缺乏统一管理、单打独斗等状况，既不能形成团体作战的效率，也不能给游客带来良好的体验。

（4）滨海旅游品牌营销与建设不足

通过携程与马蜂窝等国内两大 OTA 平台调研发现，目前对于泉州市的旅游攻略主要集中在人文与宗教相关，对于滨海旅游的产品和攻略甚少。在携程平台关于泉州市滨海旅游的攻略总共有 18 篇，其中泉州滨海旅游只是作为攻略内的一小板块，真正聚焦于泉州滨海旅游的攻略仅有个位数，在携程上关于滨海旅游的产品主要聚焦于惠安崇武，其他地区的几乎没有。在国内最出名的旅游攻略分享 OTA 平台马蜂窝上关于泉州滨海的攻略数量只有个位数，也是主要聚焦于崇武地区。泉州滨海旅游在旅游品牌建设方面还存在一些问题，没有系统地形成具有知名度和影响力的滨海旅游品牌和相关品牌形象，未能结合"泉州：宋元中国的世界海洋贸易中心"的城市形象进一步打造特色滨海旅游品牌和形象定位，展现泉州文化与海洋的有机结合程度有待提高。

（5）县市级旅游招商引资亟待整合

泉州滨海县市的招商目前都依靠本县（区）资源和政策招商，面临区域、地市的竞争压力，招商对象不聚焦、招商方法不专业、招商层次不够高，供需双方需求存在不对等，引入产品同质性高，亟待借助市级平台，捆绑包装县域资源，优化资源要素配置，整合策划差异化产品，精准对接国内知名投资意向商。

三、2023 年泉州滨海旅游发展预测

（一）疫后旅游井喷式发展与游客出游不确定性依然存在

疫情开放，滨海旅游市场将迎来井喷式发展，2023 年暑期或将全面恢复。总之，广大游客的消费心理如果从谨慎转向正常，旅游经济运行就会起来。旅游市场发展顺序：区内市场、省外市场、港澳台与海外市场。

但是，与此同时，这次调整对旅游市场的传导也存在一个过程。人们的谨慎消费的心理还没有过去，从疫情期间的恐慌现在转向谨慎，仍会有一个观望的过程。这需要泉州滨海旅游产业界关注国家的防疫要求，更加重视游客的健康与安全。

（二）政策支持力度大，滨海旅游开发不断深入

福建省在 2021 年 9 月出台的《福建省"十四五"文化和旅游改革专项规划》中提出"培育壮大海洋文化产业"[①]，推动海洋文化产业的高质量发展。2022 年 6 月 10 日，福建沿海六市一区文化和旅游部门共同成立了福建滨海旅游联盟，福建省文化和旅游厅发布"1 号滨海风景道"标识，并向国家知识产权申请了相关 23 大类注册商标。

泉州市在《泉州市"十四五"文化和旅游改革发展专项规划》中提出"依托滨海资源，做强蓝色滨海度假旅游"，各滨海县市也积极响应[②]：泉港区

---

① 福建省人民政府办公厅《关于印发福建省"十三五"旅游业发展专项规划的通知》。

② 《泉州市"十四五"文化和旅游改革发展专项规划》《泉港区国民经济和社会发展第十四个五年规划和二〇三五年远景目标纲要》《泉州市丰泽区国民经济和社会发展第十四个五年规划和二〇三五年远景目标纲要》《晋江市国民经济和社会发展第十四个五年规划和二〇三五年远景目标纲要》《石狮市国民经济和社会发展第十四个五年规划和二〇三五年远景目标纲要》《南安市国民经济和社会发展第十四个五年规划和二〇三五年远景目标纲要》《惠安县人民政府关于印发惠安县国民经济和社会发展第十四个五年规划和二〇三五年远景目标纲要的通知》《洛江区"十四五"文化和旅游发展专项规划》。

提出要依托"海港文化之乡""海盐文化之乡","围绕'海丝泉州·山海泉港'做大做强文化旅游业";惠安县提出要打造"全国知名滨海生态康养旅游胜地";丰泽区提出"打造海丝文化旅游休闲目的地";晋江市提出要大力发展滨海旅游业,发展新型业态,从而推动海洋经济建设;石狮市在规划中明确指出要塑造"滨海旅游休闲城市"的品牌形象;南安市也提出要加速"海丝源头、成功故里"城市品牌引流。

"十三五"期间,全市重点建设中国惠安海丝文化旅游城、石狮永宁(古卫城)历史文化及滨海旅游项目、八仙过海大型旅游项目等 28 个项目[①]。"十四五"旅游专线规划中又提出重点打造相关滨海旅游项目(见表 8),规划实施将大大促进泉州滨海旅游发展。

表 8　泉州市"十四五"滨海旅游重点项目

序号	项目名称	主要建设内容及规模
1	海上丝绸之路文化公园	依托"泉州:宋元中国的世界海洋商贸中心"系列遗产、泉州古城综合提升工程,推动建设中国海上丝绸之路博物馆等核心项目,整合泉州海丝史迹保护利用项目。
2	世界文化遗产本体保护与展示工程	主要包括安平桥文物本体修缮、顺济桥遗址抢险保护、世界文化遗产综合监测平台及一级标识设置等。
3	洛阳桥古街古镇海丝文旅项目	由桥南片区和洛阳古街组成,对古街片区进行保护性修缮,引进业态,打造成为闽南文化特色的商业街区。
4	海丝文化艺术中心	用地规模约 120 亩(含项目用地 60 亩),主展示建筑面积 45000 平方米,周边广场景观用地 60 亩,规划建成泉州地标性建筑,形成展示泉州城市形象的新窗口。同时,作为蔡国强等当代艺术大师作品的世界级展馆。
5	泉州刺桐古港文化旅游综合体	建设海上丝绸之路的国际交往平台、中华海洋文明的集中体验区、泉州海丝文化旅游标识区。

---

① 《泉州市丰泽区"十三五"文化旅游产业发展专项规划》《泉州市"十三五"旅游业发展专项规划》《惠安县国民经济和社会发展第十三个五年规划纲要》《晋江市国民经济和社会发展第十三个五年规划纲要》《南安市人民政府关于印发南安市"十三五"旅游业发展专项规划的通知》《泉州市洛江区国民经济和社会发展第十三个五年规划纲要》《石狮市国民经济和社会发展第十三个五年规划纲要》《石狮市海洋产业发展"十三五"规划(2016–2020)》。

序号	项目名称	主要建设内容及规模
6	海国古城旅游特色小镇	在环岩山公园新建古街古城，建设文化和旅游配套设施及特色风貌生活区，打造古城特色旅游地。
7	泉港区海丝土坑海商聚落文化旅游特色街区	建设停车场、游客服务中心等旅游配套设施，开发民宿，建设千年海丝聚落型景区，打造独具特色的海丝土坑海商聚区。
8	崇武古渡码头项目（一期）	建设"游艇＋文化"度假区，打造集滨海游乐、餐饮、住宿、观光、休闲等功能于一体的度假胜地。
9	小岞生活艺术岛建设项目	建设小岞环岛艺术慢道、小岞艺术公园、小岞第二中心小学、前内一级渔港、小岞艺术酒店、会客厅（集散中心）、小岞美术馆二期、蔡国强艺术仓库、小岞镇公共卫生综合服务大楼、半岛排洪沟整治工程、碰肥海鲜食肆、小岞生活艺术岛写生亭、小岞生活艺术岛艺术工坊、镇区白改黑、三角鱼露文创园、小岞生活艺术岛观光车系统等16个重点项目。
10	惠安惠女湾文旅康养综合体项目	用地面积307.95亩，建设惠女文化研究所、滨海康养度假村、儿童水上乐园、互联网文创基地、妈祖民宿文化区、田园生活暨农禅文化体验区、自驾车房车营地、雨里山游艇俱乐部、雨里山休闲景观区等。
11	崇武海洋文化旅游区	用地面积约800亩，建设以大岞惠民民俗村和无居民海岛青屿岛为核心的"惠女风情"体验区、以崇武古城和潮来水关渔家文化为核心的"古城寻幽"互动区、以环绕沙滩岸线的五星级度假酒店和海上运动项目为核心的滨海度假游乐区、以国家以及中心渔港和对台码头为主体的渔港经济区、以雕艺文创园为核心的"问石"雕艺文化深度体验区。
12	八仙过海大型旅游项目（二期）	占地面积2360亩，项目分两期建设，一期建设欢乐水世界、欧乐堡海洋王国乐园、儿童嘉年华以及水上酒店、郑和宝船酒店、海鸥酒店、VIP酒店等相关配套服务。二期建设动物王国、马戏城及相关配套服务设施。
13	泉港惠屿生态休闲渔村工程项目	开展巷道整治工程、海岛特色民居改造、海岛防护堤建设工程、滨海岸线整治与旅游道路建设工程、防护林修复与绿化工程、沙滩整治修复工程、休闲海钓基地、人工渔礁、海岛监视监测中心、陆岛交通码头工程、海洋科普体验中心，以及景观木栈道、观景亭等其他海岛旅游配套设施。

续表

序号	项目名称	主要建设内容及规模
14	石狮观音山项目	打造全国独一无二的爱情主题旅游胜地和年轻力文旅目的地，以"爱情"为主IP，依托自然景观和历史人文，植入"海枯石烂""山盟海誓"等爱情概念，以爱情博物馆为标志性建筑，打造艺术活动、时尚活动、文化活动、年轻力主题活动空间。

与此同时，滨海旅游项目建设将全面提速。在《加快建设"海上泉州"推进海洋经济高质量发展实施方案》中提到，2023年，海洋资源优势逐步转化为经济优势、高质量发展优势。随着政策的释放，泉州滨海旅游在2023年中会进一步实现转型升级、创新发展，滨海旅游项目建设不断加强，同时会涌向更多高质量滨海旅游项目。自驾车营地建设、露营地建设、滨海码头与滨海线路有望加强，高质量的旅游产品可望增加。滨海城市节事活动恢复，节庆旅游发展加快。泉州滨海城市旅游活动逐步恢复，诸多节庆活动逐步展开，如晋江的城市节庆活动、南安水头石材节庆活动、惠安雕博会、石狮"福狮"文化节、丰泽区"文化和自然遗产日"活动等特色滨海节事活动将逐步恢复，不断丰富活动形式及内容，注入更多泉州历史文化与滨海文化元素，具有较大的吸引力。

（三）文旅新条例实施的积极效应

泉州市人大常委会首次探索促进型立法，制定全国首部聚焦文化旅游发展的地方性法规《泉州市文化旅游发展促进条例》（以下简称《条例》）。2022年11月24日，《条例》经福建省十三届人大常委会第三十六次会议批准，将于2023年1月1日起正式施行。《条例》的颁布实施，为泉州市文旅产业深度融合、文旅经济高质量发展提供强有力的法治支撑。在资金方面，《条例》明确市、县（市、区）人民政府应当将文化旅游发展作为财政支出重点领域予以保障，设立文化旅游发展促进基金，鼓励金融机构加大信贷支持力度，鼓励具备条件的文旅企业通过股权融资等方式筹集资金投资文旅产业项目。在用地用林用海方面，规定市、县（市、区）政府应当统筹安

景观特质。

（2）旅游与社区生活融合。曾厝垵作为厦门滨海旅游的标志性旅游点，是中国最文艺的渔村，塑造业主、商户共同自治，社区居民参与旅游发展的模式，引导社区达成利益共同体，同时将社区生活通过文化演出、音乐节、文青节等形式展现，打造文创和艺术交流空间，来展现本土文化魅力，这种社区多方共治的模式值得泉州滨海旅游发展学习。

（二）政策建议

1. 构建绿色、开放、创新、协调、共享的滨海旅游发展理念

实现"绿色"可持续发展。发展泉州滨海高质量旅游要探索绿色、低碳的发展模式，倡导"低能耗、低污染、低排放"的旅游方式，尽量不给自然生态环境带来负担。其中，在旅游交通上，可以倡导"慢旅游"，提倡海运、河运等交通出行方式，既可以放松心情、尽享美景，又可降低能耗，实现环保；在住宿方面，可以探索亲近自然的方式，如露营等。

提升"开放"程度。发展泉州高质量旅游业，始终要抱有开放交流、合作共赢的心态，才能取长补短、抱团做强做大。在区域内部，应加强与厦门、漳州、龙岩等其他闽西南城市的合作，利用空间优势，以山海协作为契机，整合区域内资源，以点带面辐射引领，片区联动共同提升。在区域外，利用"21世纪海上丝绸之路核心区"优势，推进与"一带一路"沿线国家和地区的滨海旅游合作。

发挥"创新"能动作用。发展泉州高质量旅游业，要与时俱进，采用最先进的科学技术和模式提升旅游的体验质量，如可以打造当今流行的主题乐园，在项目和设施的规划上大胆采用先进的VR技术等，甚至可以发展以高科技为主题的旅游园区；利用科技赋能景区设施，如利用5G、AI等技术提升管理效率、增加消费者便利感；借助科技的力量，深挖陆地、海岸、海洋、空中等空间上的旅游特色项目和历史文化旅游特色项目，利用科技拓展旅游业的深度和广度。

激活"协调"发展活力。要实现泉州滨海旅游的高质量发展，首先不可

忽视滨海地区人地关系协调发展，重视景区环境容量管理；其次，促进泉州人文遗产旅游、生态旅游、乡村旅游等诸多新旅游业态的协同发展，以此激发区域旅游发展的无限活力；同时可以培养本地高素质旅游服务专业人才和服务机构，保证确保人才供应和行业发展与区域经济发展、社会发展相协调，并反过来提高整个行业和区域的知名度和美誉度。

秉承"共享"理念。提升泉州当地社区在旅游发展中的共享程度，实现当地居民的生活空间与旅游的休闲空间的共享，以此发挥共享带来的积极影响；同时以共同标识为抓手，整合规范泉州滨海各类旅游项目，开发新项目，促进劳动就业，实现规则和管理之下的共享经济，逐步探索出融合协作、共建共享的创新路径。

2. 创新滨海旅游管理体制，打造统一的滨海旅游管理平台

一方面，依托《泉州市文化旅游发展促进条例》，创新滨海旅游管理体制，进一步健全滨海旅游业标准体系，同时积极开展旅游发展相关质量认证，推进滨海县市星级饭店、品质旅行社、绿色饭店、特色民宿等旅游产品的创建。整顿规范泉州滨海旅游市场秩序，加强部门联合执法，进一步健全滨海旅游安全服务保障体系，为泉州滨海旅游发展提供科学管理和有力保障。

另一方面，打造统一的滨海旅游管理平台，建立适合泉州滨海旅游市场开发与发展的旅游管理体制，搭建促进全局发展的滨海旅游管理平台，把滨海旅游发展目标列入泉港区、惠安县、洛江区、丰泽区、晋江市、石狮市、南安市等主要滨海县市，乃至泉州市、福建省的年度目标考核体系中，理顺泉州市级部门、滨海地方政府和村居在滨海旅游开发中的权责关系，形成推动滨海旅游业又好又快发展的整体合力。

3. 优化空间布局，要素融合，打造世界级的滨海休闲旅游目的地

（1）优化省级滨海风景廊道，彰显泉州滨海旅游风貌。泉州市要以1号滨海风景道休闲带为核心，串联优质旅游资源，打造鱼骨状的区域间自驾环线，引导游客参与"1号风景道，最美记忆，共同缔造"活动，把滨海风景道打造成示范工程、精品景区、品牌集聚的滨海休闲带。串联泉州的主要滨海县市惠安县、泉港区、洛江区、丰泽区、晋江市、石狮市、南安市的滨海渔村，打通海堤海岸，连接旅游慢行道，建设驿站等，打造滨海特色旅游风景道。充分挖掘本地资源优势，因地制宜打造凸显泉州特色的"交通＋旅游"新产品和新业态，精心打造文旅融合发展"爆点"。要加快基础设施建设，在推进主线、联络线、旅游支线的提级改造、综合治理的同时，结合沿线景点、路域环境、路段特点，陆续完善标志系统、人行道等配套设施建设，更好地满足休闲旅游等现代服务业发展需求。

（2）加强要素融合，打造特色旅游村镇。产业融合成为旅游业发展的新形势，泉州滨海旅游将进一步实现旅游与体育、文化、农业、工业等诸多产业实现深度融合。加强旅游与特色农（渔）村、特色乡镇的融合，整合泉州市国家渔港、古街、特色古厝、民俗文化、活态非遗、特色美食等资源，打造特色渔港风情小镇。例如，惠安打造"惠安女民俗风情"小镇、晋江建设深沪渔港风情小镇、石狮塑造祥芝渔港小镇、丰泽蟳埔渔村、泉港区打造惠屿村生态休闲渔村、洛江建设惠女风情水乡渔村、南安凸显九日山、安平桥（五里桥）等海丝史迹遗产点打造海丝文化风情小镇。

（3）完善公共服务设施，打造高品质休闲海洋旅游目的地。整合泉州滨海资源，打造滨海休闲海洋旅游目的地。丰富滨海渔村的"一村一品一特色"旅游产品供给，补齐配套设施短板，侧重海景酒店、滨海民宿等建设，打造省级滨海休闲海洋旅游目的地。例如在惠安规划打造崇武省级滨海休闲海洋旅游目的地、石狮打造黄金海岸度假休闲海洋旅游目的地、晋江打造衙口滨海休闲度假旅游目的地、台商投资区打造蓝色海湾文旅综合体等，进一步推出优秀、高质量的泉州滨海名片。

（4）弘扬农耕文化，打造渔耕体验旅游区。以泉州滨海旅游项目为基础，整合周边乡村旅游资源，利用滨海沙滩、滩涂资源，打造最原始、最深度的渔耕体验旅游核心区。例如，在惠安小岞镇、台商投资区和洛江区的洛阳桥、丰泽区的蟳埔渔村、晋江英林滨海小镇等地打造渔耕体验旅游区，推进（渔）农业、文化、旅游产业融合发展。

4. 以世遗保护为契机，构筑海洋文化传承利用高地

2022 年年初，泉州出台《"泉州：宋元中国的世界海洋商贸中心"世界遗产保护管理办法》《关于加强泉州世界遗产保护管理工作的实施意见》。泉州世遗文化中海洋文化也占据了很大比重，发展滨海旅游，应当进一步推进保护管理工作，促进从顶层设计到基层落实，激励全社会共同参与，同时借助滨海旅游发展来传播"海丝文化""闽南文化"等瑰宝，借助滨海旅游景点、项目、产品、设施乃至当地居民来诠释泉州海洋文化，展现海洋价值内涵。讲好泉州海洋文化故事，可以借助旅游、文创、讲解等多个维度来实现高效保护、传承与利用，同时与时俱进利用好各种载体平台来实现广泛传播，以此构筑海洋文化保护传承利用高地。

5. 加强宣传力度，实施滨海旅游精准营销

（1）加大宣传力度，精心策划滨海旅游主题

整合滨海旅游资源，以滨海旅游品牌为主题，加大旅游宣传推介，举办泉州滨海旅游线路推介会，推出泉州滨海旅游的宣传专题或节目。滨海各市（县、区）旅游局、旅游企业及开发经营者在其网站、微信公众号、小红书、抖音、短视频等发布泉州海岸线的滨海旅游产品、旅游活动和服务信息等，如最新项目（八仙过海主题乐园）的博文推介。通过策划"最美海岸线"的摄影大赛、举办"最美海岸线"的体育赛事等宣传泉州滨海旅游项目。

（2）重视地域差异，精准市场营销

首先，立足泉州本地，做实滨海休闲市场。根据泉州各县（市、区）城乡居民的消费行为和消费水平来调整建设规模、建设水平和产品及服务供给，满足泉州当地居民的观光、休闲和度假旅游需求，重点提升及新建购物设施和餐饮设施。其次，面向我国两个三角（长三角与珠三角），做大国内度假市场。以泉州八仙过海大型旅游综合体项目为龙头，带动崇武—秀涂海岸线的资源开发，形成产品体系丰富、旅游公共设施完善、地方特色浓郁的现代化国际水准的休闲度假旅游区，增强其在国内的知名度和影响力，拓展珠三角和长三角的客源。最后，开拓海外客源，做强海外市场基地。挖掘利

用渔村文化、地方信俗、南派雕艺等地方特色文化资源，创新开发文化娱乐项目和滨海康体度假项目，并利用海外华侨华人的媒体，集中力量向东南亚华侨华人聚集地和"一带一路"沿线海外城市进行市场营销推广，积极拓展海外客源市场。

B.5

泉州市工业旅游发展报告

孙盼盼　季雪飞　任　静　张振威*

摘　要： 本文对泉州市工业旅游的发展环境、发展概况、问题与不足、发
展趋势进行了梳理和分析，并从企业、行业和行政治理三个层面
指出相应的提升重点。分析发现，泉州市工业旅游在优良的发展
环境下，目前呈现出收入波动变化、接待规模缩减、品牌不断创
立、线路逐渐形成、业态趋于多元、空间布局均衡、省内客群为
主、发展效益显著的发展概况。然而，泉州市工业旅游的发展仍
存在政策支持不足、专业人才稀缺、宣传推广乏力、优质供给单
一、主题特色不鲜明、智慧化程度较低等问题。本文认为泉州市
工业旅游在未来将朝着低碳化、智能化、多元化、品牌化、特色
化和现代化方向进一步发展。基于上述分析，结合泉州市的特点
和需求，在企业运营、行业规范和行政治理方面总结出出具体的
提升要点，以期为实现泉州市工业旅游高质量发展添砖加瓦。

关键词： 工业旅游；观光工厂；发展形势；泉州

---

　* 作者简介：孙盼盼，华侨大学旅游学院副教授，主要从事区域旅游经济与管理研究；季雪飞，
华侨大学旅游学院研究生，主要从事旅游经济与旅游营销研究；任静，华侨大学旅游学院研究生，主
要从事旅游低碳发展研究；张振威，华侨大学旅游学院研究生，主要从事活动经济与管理研究。

一、泉州市工业旅游发展环境分析

（一）社会经济环境

在新冠感染疫情常态化的整体局势下，泉州市深入贯彻国家疫情防控政策，按照疫情要防住、经济要稳住、发展要安全的要求，在不断调整工作中稳中求进，传承"晋江经验"，实施"强产业、兴城市"双轮驱动，贯彻落实扎实稳住经济一揽子政策措施，高效统筹疫情防控和经济社会发展。泉州市统计局初步核算数据显示，2017—2022 年地区生产总值由 7940 亿元增长到 12102.97 亿元（见图 1），人均地区生产总值由 8.76 万元增长至 13.68 万元。受宏观经济环境影响，泉州市文旅收入从 2017 年的 843.81 亿元增长至 2019 年的 1312.68 亿元，后因疫情下滑至 2021 年的 697.47 亿元。总体上，泉州市工业旅游发展的社会经济环境向好。

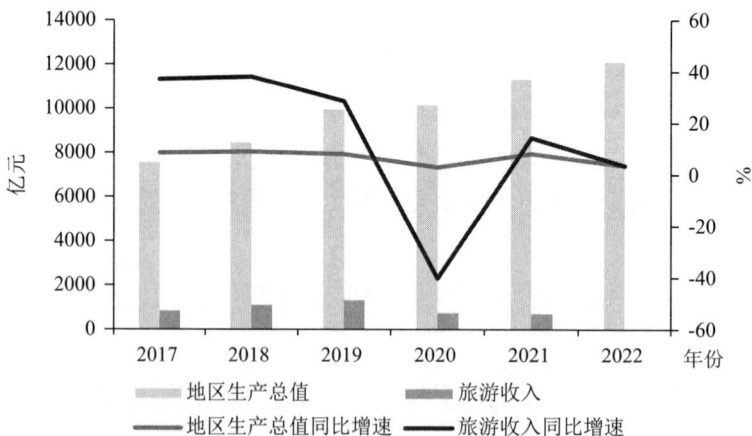

图 1 2017—2022 年泉州市地区生产总值、旅游收入及增速

资料来源：泉州市统计局，2022 年旅游收入数据尚未公布

经济发展使得居民收入和消费水平稳步提升。国家统计局泉州调查队最新数据显示，2022 年，泉州居民收入总体实现稳步增长。全市居民人均可支配收入 46707 元，同比增长 5.4%，收入水平继续保持全省前列，居全省第二位，比全省平均水平 43118 元高 3589 元；分城乡看均居全省第 2 位，分别比全省平均水平高 3907 元和 2585 元。全市居民人均生活消费支出 29696 元，同比增长 5.0%，其中，城镇居民人均生活消费支出 34960 元，同比增长 4.9%；农村居民人均生活消费支出 20554 元，同比增长 5.1%。在人民日益增长的美好生活需要和不平衡不充分的发展之间的主要矛盾下[1]，地区生产力的增长和居民消费水平的提升对泉州工业旅游发展起着推动作用（见图 2 ）。

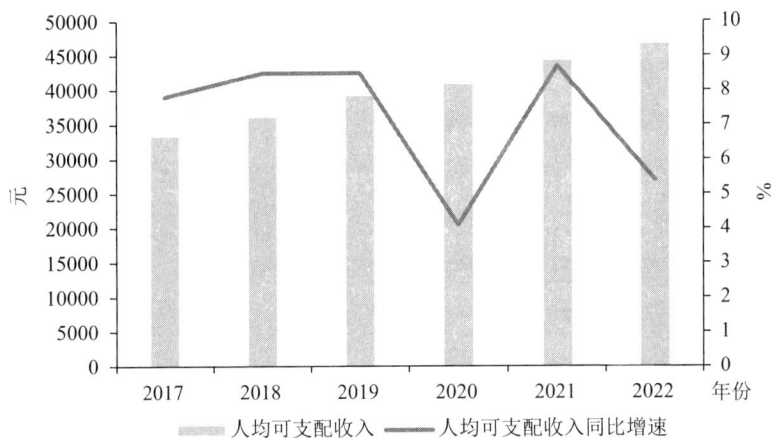

图 2　2017—2022 年泉州市居民人均可支配收入及其增长速度

资料来源：泉州市统计局

（二）政策和法规环境

随着法律知识的普及和法律意识的强化，我国逐步向法治化社会迈进，法治环境建设为工业旅游的可持续发展提供了重要的保障。我国的工业旅游虽然起步较晚，但国家一直积极倡导工业企业充分利用自身资源开展工业旅游，努力实现旅游业与其他产业互促共进。中央及福建省为此相继出台了一系列规章政策（见表 1 ）。福建省 2019 年发布的《关于加快推进我省工业旅游发展的意见》中明确指出，全省开发的工业旅游景点总数达到 100 个以上，培育 20 个左右省级工业旅游示范基地，打造 10 条左右工业旅游精品线路，初步建成"模式多样、内涵丰富、组织优化、标准规范"的工业旅游产业体系框架。而在文化和旅游部发布的《2022 年国家工业旅游示范基地公示名单》中确定了国家 53 个工业旅游示范基地，福建省三钢工业旅游区拟入选，为福建省工业旅游发展树立了榜样。为进一步推动工业旅游的良性发展，2022 年国务院在颁发的《"十四五"旅游业发展规划》中明确提出，鼓励依托工业生产场所、生产工艺和工业遗产开展工业旅游，建设一批国家工业旅游示范基地，为工业旅游高质量发展指明了方向。

表 1　国家及福建省相关部门颁布的"工业旅游"相关政策列表

颁布时间	政策名称	颁布机构
2015 年	《福建省观光工厂建设与服务规范》	福建省旅游局
2016 年	《全国工业旅游发展纲要（2016—2025 年）》	国家旅游局
2019 年	《关于推动先进制造业和现代服务业深度融合发展的实施意见》	国家发展和改革委员会
2019 年	《关于加快推进我省工业旅游发展的意见》	福建省工业和信息化厅
2021 年	《福建省工业旅游发展三年行动计划（2021—2023 年）》	福建省工信厅、文旅厅、财政厅
2021 年	《推进工业文化发展实施方案（2021—2025 年）》	工业和信息化部等部门
2022 年	《"十四五"旅游业发展规划》	国务院

资料来源：根据相关资料整理所得

（三）行业发展环境

旅游业发展程度对工业旅游的市场需求和扩张能力具有显著的影响。福建省旅游业经过数几十年的发展，逐步形成多方位、多层面、多维度的综合性产业，成为支撑地方经济发展的重要力量。福建省文化和旅游厅资料显示，全省近十年来坚持文旅利民，着力推动文旅经济发展取得新突破。在主要经济指标方面：2021 年，全省累计接待国内外游客达 4.07 亿人次、实现旅游总收入 4894 亿元，分别为 2012 年的 2.38 倍和 2.49 倍，年均增速双双突破两位数，分别达 10.1% 和 10.6%。今年上半年，全省接待国内游客 1.95 亿人次、实现旅游总收入 2112 亿元，分别恢复到 2019 年同期的 91.8% 和 73.7%，恢复程度均高于全国平均水平。

作为福建省内旅游业发展较为发达的地区之一，泉州市持续发挥世遗城市品牌效应，不断策划各类文旅活动，文旅市场复苏强劲。据市文化广电和旅游局测算，2022 年国庆假期全市共接待旅游人数 415.22 万人次，同比增长 193.8%；实现旅游收入 35.24 亿元，增长 438.2%。在此基础上，2023 年春节假期泉州共接待旅游人数 275.94 万人次，实现旅游收入 20.43 亿元，同比分别增长 53.8%、135.1%。此外，泉州市重视实体经济与文旅产业互相赋能发展，文旅＋陶瓷、文旅＋石雕、文旅＋茶业、文旅＋石材、文旅＋鞋服等多元化业态不断出现，为工业旅游发展打下了坚实的基础。

二、泉州市工业旅游发展概况分析

工业旅游是以运营中的工厂、企业、工程等为主要吸引物，开展参观、游览、体验、购物活动的旅游[2]。泉州是全国闻名的民营经济大市，拥有数量众多、知名度高的工业企业。泉州市依托鞋服、雕艺、石材、茶业、香道、陶瓷等特色工业企业，较早地开始了工业旅游。近年来，在福建省引导制造企业创新模式业态、推进产业转型升级的形势下，泉州市响应号召，大力创建省级工业旅游示范基地和精品路线，大力培育工业旅游新业态，工业旅游发展得以量质齐升[2]。

（一）收入波动变化

2018-2022 年，受疫情冲击，泉州工业旅游收入呈现波动下滑态势。对泉州 17 家工业旅游企业的调研资料显示，受疫情的影响，80% 以上的企业的工业旅游收入波动下滑。如图3所示，德化如瓷生活、永春达埔彬达制香和南星大理石2022年的工业旅游收入均比2018年下滑约百万元。然而，从工业旅游年均收入来看，泉州工业旅游总体发展态势较为稳定。发展较好的工业旅游企业，其年均收入还是较为客观的。例如，泉州工业旅游七匹狼和德化如瓷生活在700万元以上。在其余企业中，永春达埔彬达制香工业旅游年均收入为288万元，南星大理石为190万元，永春顺德堂135万元，东星奢石为100万元以上，英良石材约为30万元，永春老醋75万元，春生堂酒厂约为100万元。

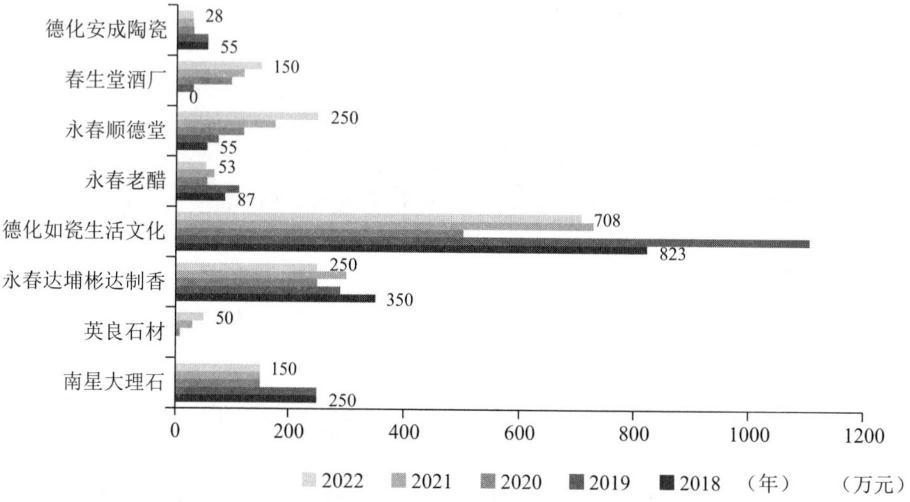

德化安成陶瓷　28　55

春生堂酒厂　150　0

永春顺德堂　250　55

永春老醋　53　87

德化如瓷生活文化　708　823

永春达埔彬达制香　250　350

英良石材　50

南星大理石　150　250

0　200　400　600　800　1000　1200

■2022　■2021　■2020　■2019　■2018　（年）　（万元）

图3　泉州部分企业工业旅游收入变化情况

（二）接待规模缩减

与接待收入波动下滑相对应的是各个工业旅游企业的接待规模也在缩减。主要原因在于疫情封控导致客流流动性显著降低。调研资料显示，多数企业的客流量在疫情期间比2019年缩减60%左右。如图4所示，较之于2018年，2022年南星大理石的旅游接待人数下滑1.5万人次，安踏集团和永春老醋下滑约1万，永春顺德堂下滑4万，永春达埔彬达制香厂下滑9万，德化如瓷生活文化下滑约 6 万，德化安成陶瓷下滑约 3 万。由此可见，疫情给泉州市工业旅游发展带来的冲击比较大。

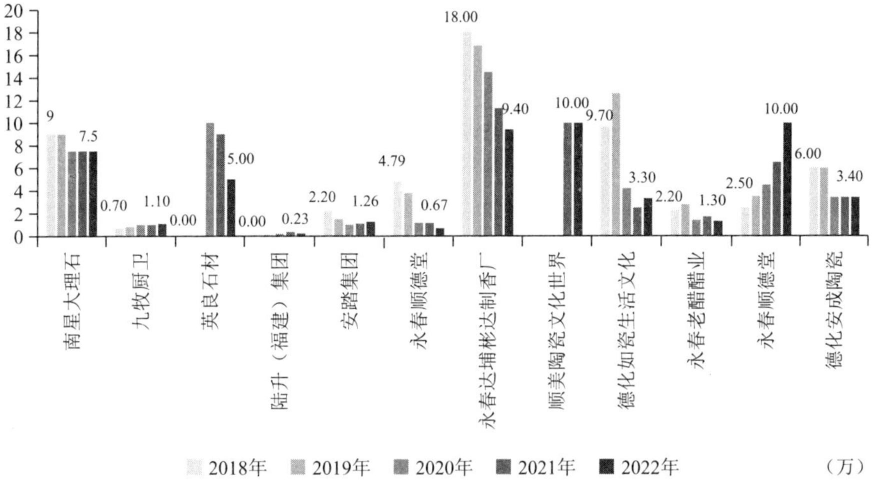

图 4 泉州部分企业工业旅游接待人次变化情况

（三）品牌不断创立

截至 2021 年年底，泉州市先后共培育打造了 34 家省级观光工厂（见表 2）。虽然自 2015 年以来，泉州市观光工厂数量占福建省观光工厂总量的比重有所下降，但较之其他市级单位来看，数量仍是最多。其中，晋江的鞋业、石狮的服装、泉港的化工与造船、惠安的建材和石雕、安溪的茶叶和德化的陶瓷均在全国享有盛名。与此同时，泉州在 2021 年年底先后有 4 家企业被评为省工业旅游示范基地，占全省 16 家省级工业旅游示范基地的四分之一，数量居全省首位。其中，东星奢石文创园和七匹狼中国男装博物馆 2 家企业入选第一批福建省工业旅游示范基地，福建泉州顺美集团有限责任公司和泉州英良石材有限公司入选第二批福建省工业旅游示范基地。此外，泉州源和堂蜜饯厂和位于龙岩市的福建红旗机器厂被列入第三批国家工业遗产名单，实现了福建省国家工业遗产项目零的突破。

表2　2015—2021年省级观光工厂数量

（单位：家）

地区	2015年	2016年	2017年	2018年	2019年	2020年	2021年
福建省	33	59	71	71	79	97	97
泉州市	13	20	23	23	34	34	34
占比	39.39%	33.90%	32.39%	32.39%	43.03%	27.84%	27.84%

资料来源：根据相关资料整理所得。

表3　2015—2021年泉州工业旅游品牌

工业旅游品牌	入选名单
省级工业旅游试点（3家）	永春县达埔彬达制香厂有限公司、福建良瓷科技有限公司、泉州市尧记生物科技有限公司
省级观光工厂（34家）	德化陆升（福建）集团有限公司、德化县祥山大果油茶有限公司、德化泰峰瓷坊、德化安成陶瓷、顺美集团有限责任公司、福建省德化县卓越陶瓷有限公司、永春顺德堂老醋文创园、永春老醋有限责任公司、达埔彬达制香厂有限公司、安溪铁观音观光工厂、安溪国心绿谷、年年香茶业特色观光工厂、福建八马茶业有限公司、泉州盛世三和茶业有限公司、惠安日晟雕艺文化创意研发中心、福建省德强雕塑艺术有限公司、建明玉石城、惠安鼎立雕刻艺术有限公司、石狮大帝集团、安记食品工业园、南安九牧智能制造观光旅游园、福建玉艺发展有限公司（东星石材）、三六一度（中国）文化馆、晋江木延文创体验中心、福建七匹狼实业股份有限公司（七匹狼中国男装博物馆）、安踏（中国）有限公司、晋江恒盛玩具有限公司（爵士兔动漫创意文化产业孵化基地）、德化洞上陶艺村、南安宗艺石材、惠安霞飞雕刻艺术馆、洛江春生堂酒厂、德化江山美人茶庄园、鲤城源和堂、洛江东艺雕刻
国家工业遗产（2家）	安溪茶产、源和堂蜜饯厂
省级工业旅游示范基地（4家）	顺美集团有限责任公司、东星奢石文创园、泉州英良石材有限公司、福建七匹狼实业股份有限公司（七匹狼中国男装博物馆）

资料来源：根据相关资料整理所得

（四）线路逐渐形成

截至2021年年底，福建省的三条工业旅游精品路线中泉州占据两条（见

图5）：一条是以泉州源和创意产业园运营有限责任公司、永春县达埔彬达制香厂有限公司、福建永春老醋醋业有限责任公司等为核心组织运营方的"'海丝古韵最乡愁，闻香品醋源和堂'乡愁之旅"路线（线路一），此路线跨越晋江和南安，集合时尚工贸元素，游客可以在参观学习中国男装历史、石历史文化同时，感知现代美学与工业制造的完美结合，发现闽南文化生活美学新风尚；一条是以福建七匹狼实业股份有限公司、福建泉州南星大理石有限公司、泉州英良石材有限公司等为核心组织运营方的"英雄故里、时尚之都"路线（线路二），此路线从"宋元中国·海丝泉州"古城到余光中故里永春，可以了解享誉海内外的百年老字号"源和堂"蜜饯制作工艺，体验中国四大名醋之一的永春老醋及永春香文化和香品制作工艺，领略泉州海丝文化魅力[3]。

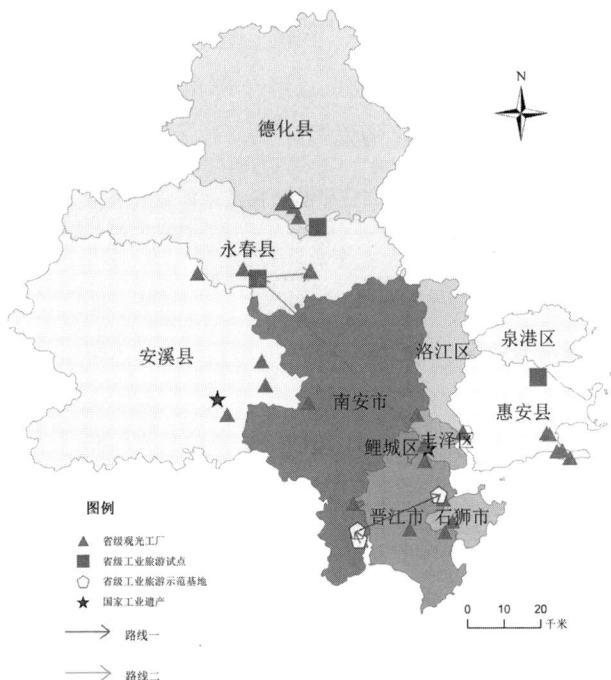

图5　泉州工业旅游精品路线

注：线路一：南安英良印象五号石材文化创意园→南安东星奢石文创园→晋江七匹狼中国男装博物馆

线路二：源和1916→永春达埔彬达香文化创意园→永春老醋

（五）业态趋于多元

泉州经济发达，地区生产总值连续 22 年位居福建省第一。"泉州制造"驰名中外，晋江的鞋业、石狮的服装、德化的陶瓷、安溪的铁观音、南安的石材和水暖等，形成了竞争力超群的产业集群。泉州的石化产业、纺织鞋服产业、建材家居产业、机械装备产业、电子信息产业、健康食品产业等六大产业均适合工业旅游开发。所以，泉州市工业企业发挥产业优势，充分挖掘自身所拥有的香料、陶瓷、食用醋、油茶农业、茶叶、雕艺、石材、鞋服、玩具等特色资源，推动"茶＋旅""瓷＋旅""石＋旅""鞋服/服装＋旅""香＋旅""食（含永春醋）＋旅""酒＋旅"等工业旅游业态发展，开展工业遗产、观光工厂、文化创意、工业博物馆、研学科普、休闲旅游等工业旅游形式，工业旅游产品供给愈加丰富，形成了基本的工业旅游产业体系。从行业分布看，泉州省级工业旅游示范点已经全部覆盖泉州各县市的特色产业，例如永春的醋、惠安石材、德化陶瓷等。

表 4　泉州省级工业旅游特色资源和业态类型

企业	特色资源	业态类型	地区（数量）
永春县达埔彬达制香厂有限公司	香料	香＋旅	永春县（4）
福建良瓷科技有限公司	陶瓷	瓷＋旅	
永春顺德堂老醋文创园	食用醋	食＋旅	
永春老醋有限责任公司	食用醋	食＋旅	
德化陆升（福建）集团有限公司	陶瓷	瓷＋旅	德化县（8）
德化县祥山大果油茶有限公司	油茶农业	茶＋旅	
德化泰峰瓷坊	陶瓷	瓷＋旅	
德化安成陶瓷	陶瓷	瓷＋旅	
顺美集团有限责任公司	陶瓷	瓷＋旅	
福建省德化县卓越陶瓷有限公司	陶瓷	瓷＋旅	
德化洞上陶艺村	陶瓷	瓷＋旅	
德化江山美人茶庄园	茶叶	茶＋旅	

续表

企业	特色资源	业态类型	地区（数量）
安溪铁观音观光工厂	茶叶	茶＋旅	安溪县（6）
安溪国心绿谷	茶叶	茶＋旅	
年年香茶业有限公司	茶叶	茶＋旅	
福建八马茶业有限公司	茶叶	茶＋旅	
泉州盛世三和茶业有限公司	茶叶	茶＋旅	
福建省安溪茶产有限公司	茶叶	茶＋旅	
惠安日晟雕艺文化创意研发中心	雕艺	石＋旅	惠安县（6）
福建省德强雕塑艺术有限公司	石材	石＋旅	
建明玉石城	石材	石＋旅	
惠安鼎立雕刻艺术有限公司	石材	石＋旅	
泉州市尧记生物科技有限公司	科技推广应用服务	科技＋旅	
惠安霞飞雕刻艺术馆	雕刻	石＋旅	
安记食品工业园	调味食品	食＋旅	南安市（6）
南安九牧智能制造观光旅游园	陶瓷	瓷＋旅	
福建玉艺发展有限公司（东星石材）	石材	石＋旅	
东星奢石文创园	石材	石＋旅	
泉州英良石材有限公司	石材	石＋旅	
南安宗艺石材	石材	石＋旅	
三六一度（中国）文化馆	鞋服	鞋服＋旅	晋江市（5）
晋江木延文创体验中心	文创产品	文创＋旅	
福建七匹狼实业股份有限公司（七匹狼中国男装博物馆）	服装	服装＋旅	
安踏（中国）有限公司	鞋服	鞋服＋旅	
晋江恒盛玩具有限公司（爵士兔动漫创意文化产业孵化基地）	玩具	玩具＋旅	
源和堂蜜饯厂	食品	食＋旅、遗产＋旅	鲤城区（1）
石狮大帝集团	服装	服装＋旅	石狮市（1）

续表

企业	特色资源	业态类型	地区（数量）
洛江春生堂酒厂	酒	酒＋旅	洛江区（2）
洛江东艺雕刻	雕刻	石＋旅	

资料来源：根据相关资料整理所得

（六）空间布局均衡

泉州工业旅游基本上实现了"一县一品"的均衡分布格局：晋江鞋业旅游、石狮服装业旅游、惠安石雕业旅游、南安石材业旅游、安溪茶业旅游、德化陶瓷业旅游等。此外，从工业旅游的品牌分布来看，泉州市的省级及以上的工业旅游点已经全部覆盖下辖的几个县市。其中，德化县工业旅游点最多，石狮市和鲤城区数量较少，丰泽区和泉港区尚未实现零的突破（见图6）。

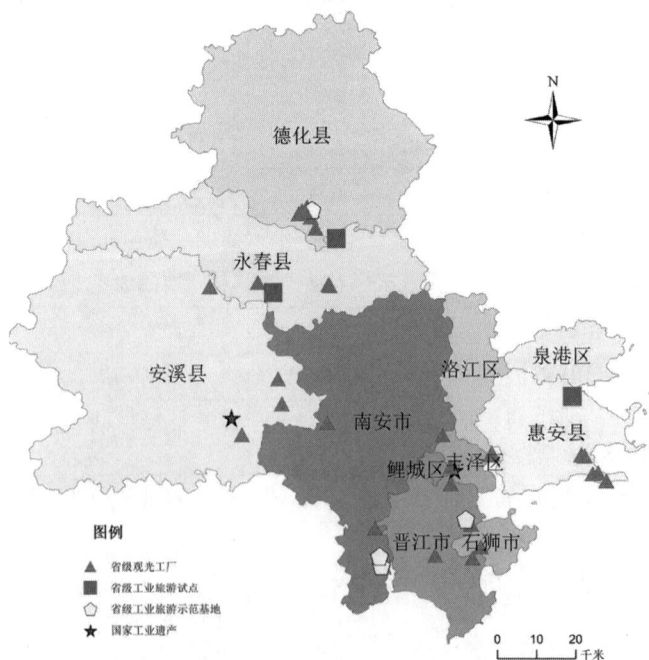

图6 泉州市工业旅游示范点的空间分布

（七）省内客群为主

工业旅游客群调查结果显示，94%的工业旅游企业认为自己的客源来自省内，可以推测泉州的工业旅游游客以省内游客为主。同时，也有47.06%的工业旅游企业拥有省外客源，如七匹狼、安踏、永春县达埔彬达制香等知名度较高的企业均有一些省外游客。总体上，2022年大部分工业旅游企业的省内客源占比在60%~95%。比如，陆升（福建）集团、永春县达埔彬达制香厂、德化县如瓷生活的省内客源均在90%以上，永春老醋、永春顺德堂、春生堂酒厂的省内客源则在60%~70%。一些刚刚开发的工业旅游点，如福建海峡两岸青年创业园安成文旅基地、木延文创体验中心等，由于时间短、知名度低，其游客则大多为泉州市内人员。以上数据说明泉州工业旅游在市场上具有一定的游客覆盖面，但依然需要扩大省外客源。

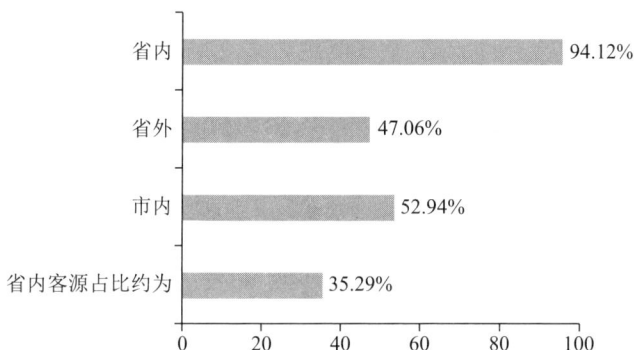

图7 泉州市工业旅游的游客来源情况

资料来源：问卷调研

为有效了解特定时间段内大众对泉州市工业旅游的关注度，本文以"工业旅游"为关键词，通过百度搜索指数获取泉州市地域内PC+移动端的搜索信息量数据。结果显示，2015—2021年期间，泉州市网民工业旅游搜索指数的日均值为6，网民的百度搜索指数逐年增长，说明市民对泉州市工业旅游的认知度和关注度在持续上升。2020年的网络关注度明显上升，峰值的出现频率高、周期短。虽然 2021 年的搜索指数高峰有所下降，但搜索指数多处于日均值以上（见图 8）。

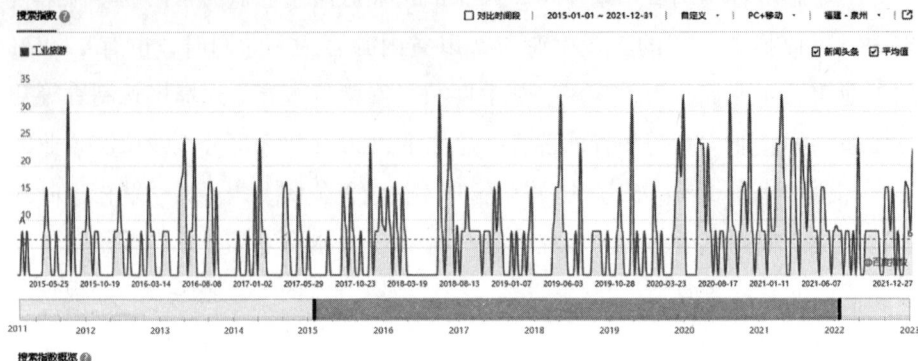

图 8　泉州市工业旅游的网络关注度

（八）发展效益显著

第一，工业企业通过发展工业旅游获得额外收益。特别是开发得当的工业旅游项目，其给企业带来的额外收入较为可观，如七匹狼开展工业旅游后，仅工业旅游每年年收入可达 700 万元以上。泉州市 17 家工业旅游企业的调研显示，94% 的企业认为发展工业旅游提高了企业经济效益。第二，工业旅游可促进产业结构优化升级。工业旅游作为一种新的旅游形式，可以有效地促进工业与旅游业的深度融合，拓展工业和旅游业发展领域，通过工业和旅游业双向赋能，实现整体产业结构转型升级。第三，工业旅游的发展对内促进了企业管理水平的提高，对外树立了良好的企业和产品形象，弘扬了企业文化，为企业赢得商誉。工业旅游的发展促进了工业企业的更新换代，使其充分利用资源，把一些闲置的、陈旧的、淘汰的设备改造成了工业旅游景点或陈列展出品，如设立博物馆，优化了企业的资源配置，提高了资源的利用效率，增强了企业的环保意识。工业旅游发展也助力七匹狼、九牧等品牌文化深入人心，知名度进一步提升。第四，工业旅游提升了旅游业竞争力，带动泉州市旅游经济的发展，成为泉州经济新的增长点，为地区创造了更多的就业岗位，缓解了城市就业压力。泉州市 17 家工业旅游企业的调研显示，71% 的企业认为发展工业旅游推动了地方经济发展，65% 的企业认为发展工业旅游拉动了地方就业。第五，工业旅游的发展丰富了泉州旅游形式，给游客提供了更为丰富多元的旅游体验，促进了人们对工业文化、地方文化的认识，提升了人们的综合素质。调研数据显示，88% 的企业认为发展工业旅游还有力地宣传了地方文化。

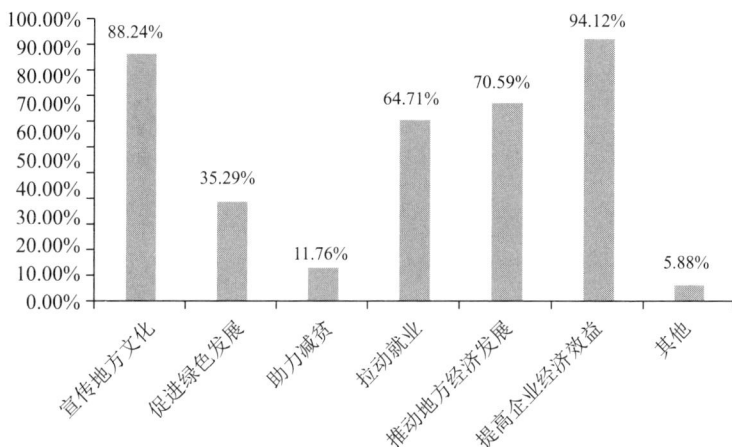

图 9　泉州市工业旅游发展效益

资料来源：问卷调研

三、泉州市工业旅游发展存在的问题与不足

（一）政府支持有待加强

政府部门的顶层设计和领导机制是奠基泉州工业旅游发展的基石。泉州市政府对工业旅游发展的资金投入、政策实施和规划辅导力度有待增强。第一，资金投入有待提高。打造工业旅游景点、配备相关人员所需经费庞大，且均由企业自行承担[4]。而相对于开发投入，几乎所有参与调研的企业认为

政府的支持资金微乎其微。如泉州针对工业旅游出台培育措施，每年新培育3~5家市级观光工厂，1~2条市级工业旅游精品线路，分别给予一次性奖励10万元。而问卷调查和访谈均显示，泉州市多家企业明确认为这个支持力度小，在一定程度上限制了工业旅游的快速发展。第二，政策下沉实施程度不足。企业开发工业旅游项目，从申请到落地，需要各个行政部门齐抓共管、配合协调。然而，目前泉州市工业旅游发展存在着各利益主体了解不深、配合不够的问题，导致工业旅游项目落地困难，这也打击了企业的积极性，影响工业旅游发展。第三，政府对工业企业的规划和辅导不够。调研资料显示，泉州市工业企业在发展工业旅游时，存在着开发建设方向和实施细节模糊不清的现象，亟须政府和旅游部门组织专业的建设辅导，以更好地促进工业旅游培育和建设。此外，多数企业还提出，政府在工业旅游人才培训和营销推广等方面的支持力度依然较弱，亟待加强。

（二）专业人才比较稀缺

泉州工业旅游企业多将旅游作为企业的附加业务模块，投入的人力、物力、财力较为有限。与工业旅游开发、运营、管理等相关的专业人士较为匮乏，上到管理层，下到服务部门，亟待引进和培养专业人才[5]。调研资料显示，80%的工业旅游企业缺乏专业的工业旅游管理人才，给工业旅游的开发和建设带来严重阻碍。比如，有的工业旅游企业的管理层缺乏专业素质，导致工业旅游的规划开发缺乏合理性和创造性，从而使游客的参观和游览仅仅限于走马观花，无法真正领略到企业的文化底蕴[6]。还有的工业旅游企业的一线服务人员，缺乏专业素质，未能掌握相应的岗位技能，无法满足顾客多样化的需求，大大降低了游客体验效果。因此，专业人才缺乏、管理水平不高严重制约了泉州工业旅游的发展。

（三）宣传推广力度不足

泉州市工业旅游发展存在着较为明显的宣传推广力度不足问题。一是工业旅游企业调研资料显示，50%的工业旅游企业认为，泉州市工业旅游的整体宣传力度不足，存在着推广渠道单一、新媒体平台宣传广度和频度较低、宣传经费少等问题。无论是政府层面还是企业层面都有待扩大宣传推广的覆盖面、加强宣传推广资金投入、丰富宣传推广手段。二是社会大众所代表的需求端访谈资料显示，很多当地民众并不了解工业旅游业态，对于泉州存在哪些观光工厂，以及这些观光工厂提供何种旅游产品和服务，知之甚少。因此，这也反映出政府和工业旅游企业已做的工业旅游宣传推广效果不好，尚未充分发挥工业旅游资源优势，以很好地引导现代化工企业和社会大众积极参与工业旅游发展。

（四）优质供给有待丰富

泉州工业旅游业态虽然趋于多元化，但仍然存在着新型供给不足、创新驱动较弱、融合发展不足等严峻问题，导致工业旅游形式依旧比较单一，产品和服务的种类、质量尚不能有效满足游客个性化、多样化的体验需求。虽然个别企业推出新型旅游方式，如顺美陶瓷文化世界，集工业旅游、陶瓷文化 DIY、展览营销等为一体，英良石材自然历史博物馆推出的 29 元化石矿物扭蛋盲盒，但绝大多数工业旅游形式局限于工业景观游览参观，内容不够多元化、丰富化，沉浸式、互动式的体验产品和项目较少，导致游客的参与感不强。比如，达埔彬达制香的多数游客反映在参观制茶、制香的工艺之后，徒留当时的惊叹，回想时却印象模糊。这说明泉州工业旅游尚未满足游客深度参与的意愿。此外，虽然泉州工业旅游涉及各个行业，但旅游点的元素单一，陶瓷仅仅是陶瓷，服装仅仅是服装，工厂企业之间的核心元素缺乏联动，工厂的核心元素、企业文化也鲜少与泉州当地的特色文化、民俗风情、世遗资源等有机结合起来，以改善游客的参观体验。

（五）主题特色不够鲜明

虽然一县一特色使得泉州发展工业旅游的时候很容易找到自己的切入点，例如石狮的衣服、晋江的鞋、惠安的石材等，但是当处于同一县市内的数家实力雄厚的企业都成为工业旅游点的时候，容易导致大主题相似、小主题的特色不凸显的问题。因此，客源竞争就不可避免。例如，南安的申鹭达水龙头博物馆和辉煌水暖都是省级工业旅游示范点，但两者的主题特色相近，知名度、企业规模、服务设施等差别不大，游客很难同时选择两者。工业旅游企业调研资料显示，英良石材、安踏集团、宗艺石材等企业均认为主题特色不够鲜明是自身发展工业旅游的难题之一[7]。

（六）智慧发展程度较低

伴随信息化和数字化技术的发展，泉州市工业旅游已经呈现出一定的智慧发展态势。例如，多数工业旅游企业已经具备了基础的智慧导览系统，游客可以通过扫微信二维码的方式、在相关的移动终端、分区讲解系统里等查看游览信息。但是，泉州市工业旅游企业调研资料显示，泉州市工业旅游智慧发展程度整体较低。主要表现为智慧旅游的基础设施建设尚不完善，智慧导览系统还处于初级水平阶段；智慧化的工业旅游产品品类不够丰富，利用 VR、AR、MR 等虚拟仿真技术所制作的沉浸式、互动式的体验产品较少；尚未建构起全面的智慧化管理系统，运营、管理、服务、营销等各个环节的智慧化水平较低。

四、泉州市工业旅游的发展趋势与方向

（一）绿色发展，建设低碳化工业旅游

党的二十大报告指出，推动经济社会发展绿色化、低碳化是实现高质量发展的关键环节。在工业化时代，泉州市制造业云集，为谋取经济的高速增长不惜以牺牲环境为代价[8]。随着城市化发展进程的不断加快，大批工业企业面临着转型甚至破产，留下了众多工业遗址，如德化的古窑址、泉港的峰尾盐厂以及惠安的采石厂等[8]。此类工业企业或工业遗址通过发展工业旅游，不仅有利于改善生态环境，还能变"废"为宝，拓展新的旅游品牌和营

收渠道，吸引包括商务游在内的众多潜在消费者群体出游观光。在国家倡导绿色发展和实现双碳目标的形势下，泉州市工业旅游的开发和建设理应自觉承担节能减排责任，重视新能源、新材料的应用，贯彻绿色环保理念，朝着低碳化目标深入发展。

（二）数字赋能，建设智能化工业旅游

数字经济迅猛发展的时代背景下，大众消费需求不断升级，对工业旅游发展的现状、规模、效益、结构等方面发出新挑战。依托数字福建的发展背景，泉州市需紧紧抓住数字经济发展契机，促进数字经济、实体经济和旅游经济深度融合，利用数字技术赋能工业旅游发展，实现企业管理高效化、游客参观便利化，打造具有竞争力的数字产业集群。在未来，泉州市将通过开启"数字经济+工业旅游"的新模式，开辟虚拟体验区，打造集科技化与人性化为一体，标准化与个性化相融的新型项目和服务，增强游客的参与性和体验性；完善电子触屏、智能导览设备，开发移动终端 App、多媒体技术展示等，优化企业工业旅游的整体形象；利用各种新媒体与新媒介等多元化渠道，提升品牌的市场影响力；通过区块链、VR、云服务、云消费等科技手段助力工业旅游的运作、管理，推动工业旅游的进步与发展。

（三）结构优化，建设多元化工业旅游

加快产业结构优化升级，推动现代服务业同先进制造业、现代农业深度融合，是提质增效的重要途径。泉州市拥有良好的现代工业基础，有利于充分发挥供给侧结构性改革，创新产品新形态，促进企业多元化发展。在开发工业旅游业务模块上，泉州工业企业将不断优化基础设施布局、结构、功能和系统集成，构建供产销一体化、产学研深入融合的现代化基础设施体系和高质量服务体系。此外，泉州工业企业将致力于开辟全新的旅游项目和路线，同时将在现有工厂企业、工业遗产或工业项目等资源的基础上进行业务整合，结合企业自身资源优势拓展包括生产流程、文化传承、创业产业、工艺展示、工艺景观、商贸会展等多种模式的工业旅游，进而实现资源有效利

用，拓展新的营收渠道。

（四）文旅融合，建设品牌化工业旅游

坚持以文塑旅、以旅彰文，推进文化与工业旅游的深度融合发展，打造文化积淀深厚、品牌知名度高、主题特色鲜明的工业旅游项目，是提升企业和产品竞争力的核心力量。缺乏文化的工业旅游产品是没有灵魂的、是没有生命力的、更是无法持续的。泉州拥有丰富的非物质文化遗产资源，并孕育出独特的闽南文化。截至2022年年底，泉州共拥有世界级非遗6项，也是全国唯一拥有联合国三大类非遗项目的城市。在泉州大力引导文旅融合发展的形势之下，泉州工业旅游企业也将充分发挥文化要素对品牌建设、品质提升的潜力，深入挖掘工业文旅内涵，推动形成工业文旅繁荣发展的新局面。具体而言，可围绕泉州资源特色和历史传承，将工业旅游与泉州商贸、文创、会展、节庆融合，以工业生产过程、工人工作生活场景、企业发展历史等为主题，塑造特色工业旅游品牌IP，满足人民群众的多样化文旅体验需要，实现企业品牌和城市品牌的双重呼应。

（五）遗产活化，建设特色化工业旅游

由于泉州特殊的地理位置和悠久的历史文化，留下了大量物质类和非物质类工业遗产。并且，自2021年"泉州：宋元中国的世界海洋商贸中心"申遗成功以来，泉州便又多了一个遗产城市的名片。通过相应的博物馆、文创园、观光工厂等载体，展示了物化的人类工业文明进程。然而，单一的观光工厂、静止乏味的博物馆展品无法吸引游客保持长久的青睐。在有效保护并利用工业的遗存遗迹、标识标记、风情风貌的基础上，必须结合企业独特的制作工艺、品牌魅力、历史底蕴等，借助动态展示平台以及人工智能技术，将固化的遗产活化升级，讲好企业故事。此外，将静止的、废弃的工业遗址与充满生命力、烟火气的特色街区、节庆活动相结合，开辟文化和旅游消费场所，打造文化地标，培育工业旅游、工业设计、工艺美术、文化创意等新业态、新模式，不断提高活化利用水平。

（六）守正创新，建设现代化工业旅游

党的二十大报告中指出，守正才能不迷失方向、不犯颠覆性错误，创新才能把握时代、引领时代[1]。传统工业必须与现代工业进行结合，与旅游购物、旅游娱乐进行结合，既不好高骛远，也不因循守旧，不仅要"有"，而且要"好"，建设符合新时代人们美好生活需求的现代化工业旅游。普通的走马观花式游览参观大大降低了游客的体验感，只有不断完善旅游元素、丰富旅游产品和创新体验项目，才能让游客感受到深厚的企业文化、先进的工艺技术以及引领潮流的时尚理念。在现有工业博物馆、工业展馆或纪念馆的基础上，运用新一代信息技术打造数字化、可视化、互动化、智能化新型工业博物馆；共享馆藏资源，开发教育、文创、娱乐、科普产品，举办各类工业文化主题展览、科普教育、文创体验和研学实践活动，真正实现寓教于乐的高品质工业旅游。

五、泉州市工业旅游发展的提升重点

（一）工业旅游企业的提升重点

工业旅游的建设与发展是提升企业核心竞争力的有效途径，泉州市工业企业应注重在以下几个方面进行调整、完善或改变。首先，寻找符合自身发展的市场定位。各工业企业并非是盲目地开发和扩张工业旅游项目，而应结合企业自身业务类型，挖掘出具有较强的产业观光教育主题或产业观光价值的生产流程、特色产品、历史渊源、创意设计等工业旅游资源，围绕游客多样化、个性化需求，细分客源市场，发展低碳化、智能化、多元化、品牌化、特色化和现代化工业旅游。其次，提高专业化、特色化运营管理水平。改进、优化、创新管理流程、服务流程和营销流程，在有效范围内提高游客接待能力，对相关员工实施严格的上岗培训以及定期的职业培训和职业考

评。完善安全标识、消防基础设施建设，配备智慧导览系统。此外，工业旅游企业应设立环保卫生管理部门，负责建立健全环保责任制度和卫生制度、落实环保和卫生责任人、执行相关措施和定期巡查。再次，加强产品或项目研发、延长生命周期。制作与工厂相关性强、实用性高、方便易用、值得保存的旅游纪念品，联合其他企业拓展周边产品，增强整体营收效益，提升品牌价值。增强博物馆、文创园、观光工厂中的文化创意属性，注重体验性和参与性兼具，休闲性和趣味性并存，人情味和生活化结合，开发具有特色吸引力、科普性、文化性和审美性的体验项目，进一步提升品牌核心竞争力和影响力。最后，扩大宣传力度、拓宽营销渠道。运用多种营销方式吸引游客。利用微信、微博等途径向游客定期推送观光工厂体验活动计划、价格调整、购物促销、企业主题等动态信息。建立自身移动终端 App，或者与携程、去哪儿、途牛等在线旅游经营商合作，结合线上和线下两个渠道，营销推广观光工厂的品牌形象、产品和服务等。通过平面媒体及专业旅游期刊的推广宣传活动，强化广告营销的机会。重视产业内结盟发展，通过微信、微博、网站等平台，与其他观光工厂信息交流、资源共享。

（二）工业旅游行业的提升重点

通过制定严格的行业标准，建立健全观光工厂经营组织和现代工业旅游治理体系，不断优化营商环境，实现工业旅游企业间良性竞争，保证工业旅游有序发展。与此同时，必须考虑到疫情防控常态化给旅游业带来的巨大冲击，鼓励具备条件的企业大力发展工业旅游，激活工业旅游行业的生命力。为推动旅游业发展的持续增长态势，可从以下方面稳步推进：第一，严格把控工业旅游的市场准入门槛，开展省、市级工业遗产调查、评估、认定，形成分级保护利用体系。就基础设施设备、基础服务建设是否完善，旅游产品供给体系和接待能力是否成熟，旧城区开发、工厂车间改造、工业遗址设计再利用是否符合行业标准等多方面定期开展测评。第二，优化行业行为准则，构建科学保护利用体系。保护利用好自然资源，始终贯彻节能环保理念，减少水、空气、固体废弃物和噪声污染。保护传承好人文资源，弘扬历史性、艺术性和民族性兼具的闽南文化[9]。第三，合理规划工业旅游空间布局，促进城乡、区域协调发展。减少对观光点附近社区居民生活的干扰，同时与地方其他业态结盟发展，综合附近景点、餐饮、住宿业规划完整的观光路线。丰富工业旅游的类型，扩大城乡居民的可选择性，增加市场客容量和游客类别，激发旅游市场主体活力。第四，提高工业旅游行业吸引力和知名度。鼓励工业企业支持社会公益项目，加强大众对工业旅游的熟悉度、认可度。各工业企业间除了竞争还有合作，例如德化陶瓷与永春老醋可以强强联合，共同打造一批技术先进、文化创意和体验性强的特色工业旅游合作产品和项目，在互赢共赢中扩大品牌影响力。

（三）工业旅游行政治理的提升重点

工业旅游的可持续性、高质量发展离不开各级政府部门的大力支持。相关政府部门应通过前瞻性思考、全局性谋划，发挥好地方政府的战略导向作用，为泉州市工业旅游发展提供良好的政策支持和法规环境基础。第一，建立健全检查、评定等规定。通过持续开展工业遗产、观光工厂认定，发布市级、省级工业遗产、观光工厂名单，加强分类分级指导。完善并落实安全防范、投诉处理、工业遗产保护、卫生责任和卫生检查等规章制度。第二，鼓励科技创新，推动工业旅游建设。政府层面要给予相应的政策倾斜，支持创新驱动发展战略，深化发展"互联网＋工业＋旅游"的智慧工业旅游，形成"旅游＋""＋旅游"的多产业融合发展新局面。第三，优化财政、税收政策，配合工业旅游发展。政府部门应加强财政政策和货币政策协调配合，优化税制结构，完善财政转移支付体系。对于优秀的工业旅游试点示范企业给予免税、退税、加计扣除等税收优惠，对于积极发展工业旅游且通过认定的工业企业给予一次性奖励或连续性财政补贴。尤其是对工业旅游刚刚起步的地区而言，从开发建设到后续的运营管理均要提供相关的政策扶持和资金投入，充分调动企业积极性，为工业企业从建设起来到发展起来提供基础保障。第四，重视专业人才培养。政府要联合学校和其他教育部门，致力于工业旅游开发设计团队、运营管理人才、一线解说员等工业旅游专业人才培养，为工业旅游的开发建设、经营管理、营销推广等提供智力支持。第五，利用官媒发声，弘扬工业精神。官方媒体可以开设工业旅游频道和专栏，征集工业旅游题材的文化作品，鼓励创作和拍摄工业影视作品，通过新媒体宣传等多种方式和渠道，宣传工业故事、典型人物，做好工业旅游项目的宣传推介工作。同时，健全网络综合治理体系，引导形成有利于工业旅游发展的良好网络生态。

参考文献

［1］冯俊.习近平新时代中国特色社会主义思想的新发展——基于党的二十大报告的学习研究［J］.马克思主义理论学科研究，2022，8（12）：4-14.

［2］福建省旅游局，福建省观光工厂建设与服务规范［S］.2015.

［3］黄文珍，肖可航.硬核工业与诗意旅游碰撞出"火花"［N］.泉州晚报，2021-08-26（007）.

［4］王金玉.宁德市工业旅游发展现状及对策研究［J］.西部旅游，2022（3）：40-42.

［5］李娜.福建省观光工厂发展影响因素及路径研究［D］.华侨大学，2017.

［6］马佳.工业遗产旅游发展路径探析——基于麦肯锡7S模型框架［J］.北方经贸，2022（10）：155-157.

［7］陈龙妹，黄远水.闽台观光工厂旅游发展比较研究［J］.合作经济与科技，2017（13）：22-25.

［8］侯瑞萍.台湾工业遗产再利用对泉州市工业旅游发展的启示［J］.黎明职业大学学报，2014（4）：27-32.

［9］薛帅.国务院印发《"十四五"旅游业发展规划》［N］.中国文化报，2022-01-21（001）.

B.6

泉州山地生态旅游发展报告

施亚岚　黄诗棋　梁文悦*

摘　要： 山地生态旅游是世界旅游活动中重要的组成部分，泉州山地生态旅游本底条件优良，其产品体系和品牌已初步形成。2022年，泉州市在山地生态环境治理、山地生态系统修复、城乡绿色生态圈延伸及山地生态旅游精品打造方面取得了一定进展，然而，综合其资源和开发现状，仍存在产品支撑体系缺乏整合、教育科普体验供给不足、全产业链生态监管较弱、公共服务体系有待健全等问题。因此，泉州市山地生态旅游高质量发展路径包括：突出亮点，探索适宜的山地生态旅游发展模式；科学布局，构建很合理的山地生态旅游发展格局；注重体验，打造丰富的山地生态旅游产品体系；打破边界，构建联动的山地生态旅游区域联盟；优化环境，提升良好的山地生态旅游基础设施；科技支撑，打造智慧的山地生态旅游新模式；创新驱动，推动山地生态旅游体制及机制建设。

关键词： 山地生态旅游；高质量发展；泉州市

　* 作者简介：施亚岚，华侨大学旅游学院副教授，主要研究方向为旅游规划与开发、旅游环境管理；黄诗棋，华侨大学旅游学院硕士生，主要研究方向为旅游规划与开发、旅游碳中和；梁文悦，华侨大学旅游学院硕士生，主要研究方向为旅游规划与开发、旅游碳中和。

党的十八大以来，国家重点关注生态文明的建设，将其纳入中国特色社会主义事业"五位一体"总体布局，我国生态环境保护发生了历史性、转折性、全局性变化。2022年1月，国务院印发了《"十四五"旅游业发展规划》[1]，指出旅游成为践行"绿水青山就是金山银山"理念的重要领域。各地区要在严格保护生态的前提下，科学合理推动生态产品价值实现，走出一条生态优先、绿色发展的特色旅游道路。作为国家生态市，泉州市蓝绿交织、山海为屏，生态资源本底优良，要素齐全，十三五以来，泉州市积极探索"两山"转化路径，打造生态文明建设的"泉州样板"，通过发展旅游业实现人与自然的和谐共生，让生态旅游资源焕发新机。因此，通过对泉州山地生态旅游发展背景与态势、开发特征的深度剖析，辨析其发展问题，探索其发展路径对泉州山地生态旅游高质量发展至关重要。

一、泉州山地生态旅游发展背景与态势

（一）生态旅游发展态势良好

近年来，生态旅游逐渐成为世界旅游业中增速最快的旅游形式之一，保持着年均25%~30%的增长率。2021年，我国各类自然保护地、林草专类园、国有林场、国有林区等区域共接待游客20.83亿人次，同比去年增长约12%，占同期国内游客量超过60%，同时，生态旅游成为游客量恢复最快的领域，已恢复至疫情前的约70%[2]。与国外生态旅游起源于自然区域、国家公园等的发展路径不同，中国的生态旅游是主要依托于自然保护区、森林公园、风景名胜区等发展起来的。目前，中国生态旅游形式已从原生的自然景观发展到半人工生态景观，旅游对象包括原野、冰川、自然保护区、农村田园景观等，生态旅游形式包括游览、观赏、科考、探险、狩猎、垂钓、田园采摘及生态农业主体活动等，呈现出多样化的格局。同时，地方政府通过生态旅游吸引投资，培育经济发展的新支撑点。

（二）山地旅游消费需求后劲可期

山地旅游起源于欧洲 16 世纪的户外运动，具有亲近自然、积极健康、绿色可持续的特点。由于山地形态多样、景观丰富及其国土空间属性，在新时期和新需求的驱动下，形成了各具特色的山地旅游模式。据统计，2019 年全球山地游客已达 12.2 亿人次，全球山地旅游收入达 1.36 万亿美元[3]。携程网数据报告显示，中国山地旅游产品的消费人次逐渐增加，2019 年同比 2018 年增幅高达 34.93%。《中国山地旅游发展趋势报告（2021）》显示，新冠感染疫情以来，全国旅游出行下降五成，但山地户外旅游数据却上涨 163%[4]。据不完全统计，2021 年上半年新签约的 158 个文旅项目中，就有 40 个与山地旅游相关。山地旅游资源不仅是指山体本身景观，也包括与之相关的水文景观、生物多样性、天象气候、地域人文等多种旅游资源组成的综合体，城市人群对山地的期待和向往，催生了全球山地旅游需求的持续增长[5, 6]。同时，山地旅游也从传统观光向绿色旅游、健康旅游、康养旅游等新型旅游业态转变，山地文化体验、山地休闲和山地度假游成为主流。

（三）山地生态旅游资源禀赋良好

泉州生态资源丰富、森林植被茂盛、物种丰富多样，具有发展生态旅游的优势资源环境。境内有山地 1000 多万亩，山地、丘陵占土地总面积的 4/5，森林覆盖率达 58.7%。目前建成自然保护区 5 个，面积达 2.81 万公顷，其中国家级自然保护区 2 个。全市有省级以上自然保护地 36 处，总面积 7.3 万公顷，基本涵盖了泉州市生物多样性最丰富的精华地带，东南沿海典型的山地森林生态系统、泉州湾河口湿地生态系统、晋江源头森林生态系统得到有效保护。随着生态环境的不断改善，泉州市野生动植物的种类、数量不断增加，国家一级和二级重点保护野生动物分别有 11 种和 57 种；列入《濒危野生动植物种国际公约》59 种。优越的山地户外资源和厚重的历史文化积淀，使泉州具备了打造高质量山地旅游目的地的先天优势和良好条件。四大名山清源山、紫帽山、九仙山、戴云山成为山地生态旅游的主要践行者。2017 年，泉州在全国率先提出"生态连绵带"城市绿化建设提升工程，依托自然山水脉络，用绿道串起山林、水体、湿地、田园等自然资源，与古城人文名胜串成风景线和连绵带，形成相互贯通、连绵成片的生态体系，提供城市生态公共产品的"综合体"范本。

（四）山地生态旅游产品体系初步形成

"十三五"以来，泉州市获得国家生态市命名，建成 10 个国家生态县（市、区）、111 个国家生态乡镇；德化、永春、鲤城、安溪相继获得国家生态文明建设示范县（区）命名，助推建成 1276 个"绿盈乡村"，建设成效持续走在全省前列。依托其丰富的生态旅游资源，不断深挖地方优势，形成独具特色的生态旅游产品体系。第一，利用森林生态资源，打造森林旅游特色产品。泉州市累计建设森林生态景观带 3.9 万亩；扶持建设森林公园游步道 110 多公里；在 428 个村庄建设乡村生态景观林 5524 亩；建成森林公园 24 处，其中国家级 1 处，省级 23 处，森林公园经营区总面积达 35.29 万亩，占市域国土面积的 2.13%；森林人家授牌点 106 处，三星级及以上森林人家 24 处；全国森林康养基地试点建设乡（镇）3 个，全国森林康养基地试点建设单位 5 个，省级森林康养小镇 4 个，省级森林康养基地 8 个，省级森林养生城市 1 个。2021 年，全市森林旅游共接待游客 669.8 万人次，旅游总收入达到 13279.8 万元。第二，依托乡村生态资源，培育山地乡村特色产品。培育全国休闲农业与乡村旅游示范点 3 个、中国美丽休闲乡村 5 个、省级乡村旅游休闲集镇 9 个、省级乡村旅游特色村 39 个；入选 2022 年福建省"金牌旅游村"和"全域生态旅游小镇"分别为 31 个和 30 个。

（五）山地生态旅游产品品牌初步形成

近年来，泉州不断深入挖掘和整合旅游资源，培育差异化、品牌化的精品旅游线路，尤其是山地生态旅游资源，为疫后旅游市场注入新活力。整合各类山地旅游资源，强化"旅游＋"和"＋旅游"的文旅融合，做大山地生态体验游，做强户外休闲旅游的山地特色品牌，发挥旅游业综合带动作用，积聚产业创新动能，推动供需有效对接，促进旅游消费升级。一是强化优势巩固经典产品。德化作为国家全域旅游示范区，其先天条件为发展山地生态旅游提供了得天独厚的基础。"闽中屋脊"戴云山是登山运动员和骑行爱好者向往的理想之地。近年来，德化县按照陶瓷文化旅游和山水生态旅游两个主题打造"三条线路"，东线以石牛山为主的山水生态，西线以九仙山为主的休憩主题，中线以陶瓷文化为主的三个主线路来打造世界瓷都、绿源文化。二是围绕需求打造爆款产品。以峡谷旅游路为主线的山海风光生态廊道区，是石狮生态连绵带总体规划"一环、两核、三廊"的生态空间结构中的"三廊"之一，已成为休闲旅游的"网红打卡点"。

二、泉州山地生态旅游开发特征分析

（一）山地生态旅游资源类型

根据生态旅游资源的生态特征、自然特征、社会特征、经济特征，本文筛选的泉州生态旅游资源涵盖生态环境优越的 A 级景区、自然保护区、水利风景区、风景名胜区、湿地公园、森林康养基地、旅游度假区、与生态旅游相关的六大旅游产品、金牌乡村旅游示范点、全域生态旅游小镇共 99 处，如表 1 和图 1 所示。

表 1　泉州山地生态旅游资源汇总表

	3A 级以上景区	金牌旅游村	全域生态旅游小镇	六大旅游产品	国家级、省级水利风景区	自然保护区	森林康养基地	其他
泉州市	26 处	7 处	7 处	25 处	15 处	4 处	8 处	7 处

　　注：部分生态旅游资源的所属类别有重合，以其中一类为主。其他包含森林公园 1 处、省级旅游度假区 2 处、生态园 2 处、湿地公园 1 处。

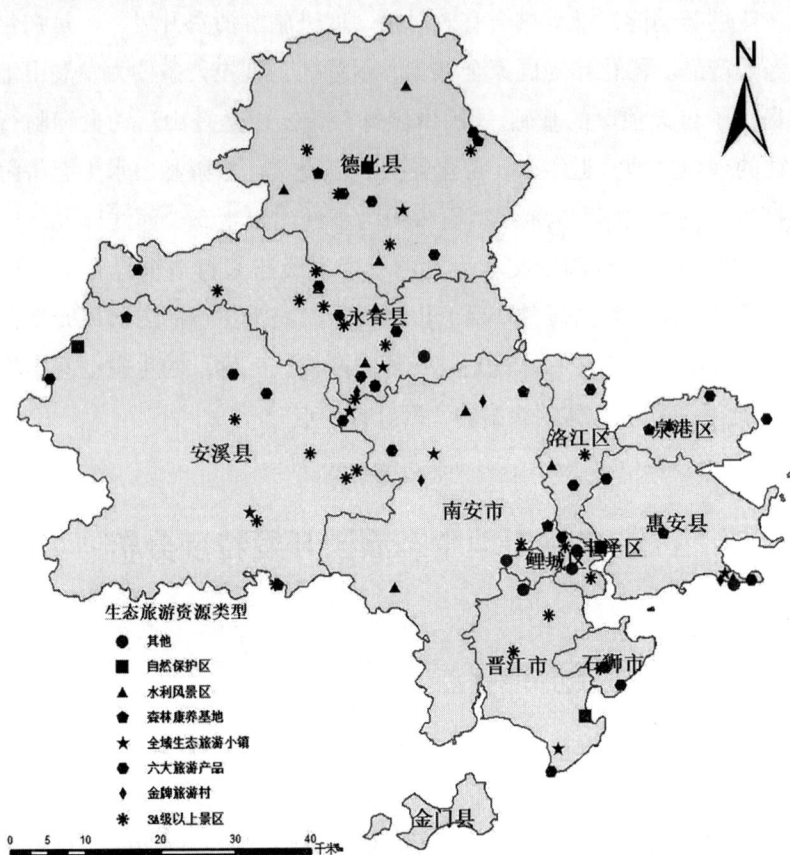

图1　泉州生态旅游资源分布图

（二）山地生态旅游资源空间格局

1.最邻近指数分析

（1）最邻近指数

最邻近指数分析是用来判断空间集聚程度的分析方法，空间分布类型有三种：集聚型、随机型、分散型[7]。最邻近指数R是由每个要素和与其最邻近的要素之间的平均距离计算而来[8]。最邻近指数的公式如下：

$$R=\frac{\overline{D_o}}{\overline{D_E}}; \ \overline{D}E=1/\left(2\sqrt{\frac{n}{A}}\right) \tag{1}$$

式中，A 为研究区域面积；n 为样本数量；D_O 为实际最邻近距离，是某一区域中每个点与其最邻近点之间距离的平均值；D_E 为期望最邻近距离，是指某一区域范围内一定数量点之间的理论平均距离。当 R 小于 1 时，样本点呈集聚分布；R 大于 1 时，样本点呈均匀离散分布；R 等于 1 时，样本点为随机分布。一般采用 Z 检验来检验结果的可靠性。

（2）结果分析

泉州市生态旅游资源的最近邻指数（R）小于 1，说明泉州市生态旅游资源在空间分布上呈集聚分布状态。泉州山地生态旅游资源分布较为集中，为山地生态旅游资源联动提供了先决条件，如表 2 和图 2 所示。

表 2　泉州生态旅游资源最邻近指数分析

	样本数量（n）	平均最近邻距离（D_O）	期望平均最近邻距离（D_E）	最近邻指数（R）	Z 检验值	显著性水平
生态旅游资源点	98	0.0413	0.0532	0.78	-4.27	1%

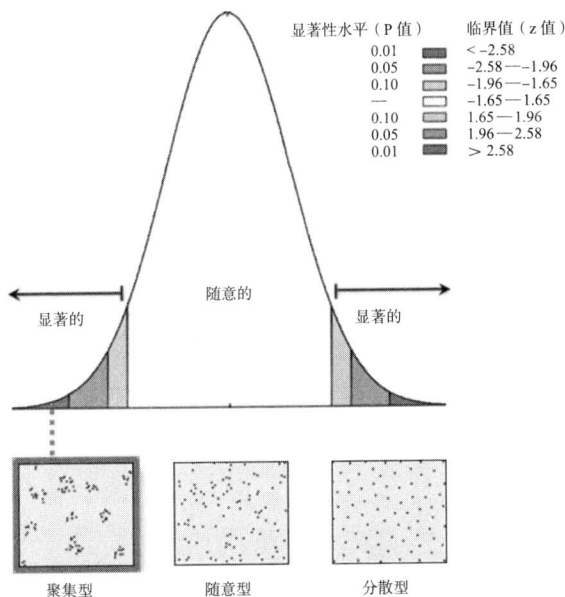

图 2　泉州生态旅游资源最邻近指数分析图

2.核密度分析

（1）核密度估计法

核密度估计法主要是从空间分布角度显示要素的相对集中程度，可以反映要素空间集聚的范围和空间集聚的格局[9]。核密度估计法以每个待计算的网格为中心，并以圆形区域进行搜索，来计算每个网格的密度值[10]。公式如下：

$$fn(x) = \frac{1}{nh} \sum_{i=1}^{n} k\left(\frac{x-x_i}{h}\right) \tag{2}$$

式中，$k(x)$ 为核函数，h 为带宽且 $h > 0$，$(x-x_i)$ 表示估值点到事件 x_i 处的距离。在地理空间上反映了生态旅游资源的集聚分布程度和范围。

（2）结果分析

对泉州市生态旅游资源点选取 2.5 公里的宽带进行核密度分析。结果表明，泉州生态旅游资源的高密度分布区位于永春县中部，中密度分布区位于德化县南部和丰泽区，低密度分布区位于南安市北部、安溪县东部、洛江区南部、泉港区、鲤城区、晋江市南部和石狮市南部（见图3）。泉州市生态旅游资源呈现出多点集聚分布的状态，形成以下聚集区域：一是环泉州湾山地生态旅游文化圈。依托泉州古城生态旅游发展核，吸引环清源山文化生态旅游圈要素集聚，形成环泉州湾"海丝"山地生态旅游圈，形成围绕清源山和桃花山等周边生态休闲农业资源圈，以及环清源山文化旅游带和环桃花山、大坪山都市生态休闲旅游带等都市现代休闲农业。二是绿色山地生态旅游休闲带。依托洛江区、南安市、安溪县、永春县、德化县优势山地生态资源和独特产业资源，拓展生态绿色空间，形成以观光游览、山地运动、生态休闲、文化体验、研学旅游、养生度假为主导功能的绿色生态旅游休闲带。

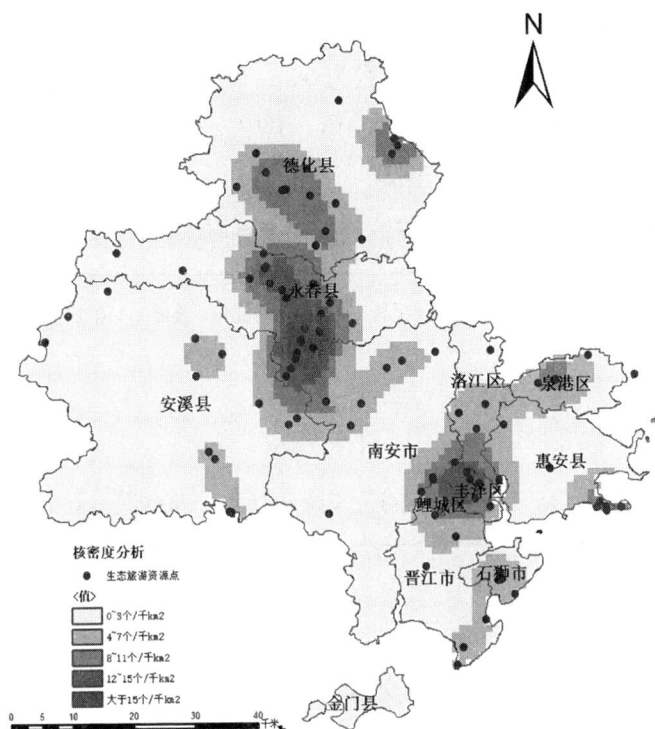

图3 泉州生态旅游资源核密度分析图

3.基尼系数分析

（1）基尼系数

基尼系数主要来表征国家或地区之间的经济收入差距。在地理学上，一般来研究空间要素的离散程度，是衡量要素地理均衡性的指标[11]。计算公式如下：

$$G = \frac{-\sum_{i=1}^{n} P_i Ln P_i}{Ln N} \tag{3}$$

式（3）中，G 是基尼系数，P_i 是第 i 个县（市）中生态旅游资源的数量占整个泉州市生态旅游资源数量的比例，N 为区域县（市、区）行政单位数。生态旅游资源空间分布的均衡度为 $C = 1-G$，C 值越小，则表示该区的生态旅游资源分布均匀度越低；反之，均匀度越高。

（2）结果分析

泉州市生态旅游资源的基尼系数为 0.85，均衡度为 0.15，各县（市、区）的山地生态旅游资源数量分布不太均衡，其中安溪县、南安市、德化县和永春县的山地生态旅游资源较为丰富。

表 3　泉州各县（市、区）生态旅游资源汇总表

县（市、区）	惠安县	安溪县	南安市	德化县	石狮市	晋江市	泉港区	洛江区	永春县	丰泽区
生态资源数量（处）	8	13	14	17	3	6	5	4	22	6
所占比例（%）	8.16	13.13	14.00	16.83	2.94	5.83	4.81	3.81	20.75	5.61

4.缓冲区分析

（1）缓冲区分析

缓冲区分析能够直观地分析交通道路与生态旅游资源点的关系。缓冲区分析法可以直观地反映出其他要素点相对于选中的中心点的分布状况，以及与距中心距离不同而表现出的变化趋势[12]。给定某一个对象 A 的缓冲区可以用下列公式表示：

$$Q = \{x / d(x, A) \leqslant r\} \qquad （4）$$

式中，Q 是对象 A 的缓冲区集合；d 为距离；r 为邻域半径。以泉州市的交通道路为中心点，交通道路包括国道、省道、县道、乡道、专用公路、其他公路，分别生成 1 公里、2 公里和 3 公里的缓冲区。

（2）结果分析

生态旅游资源之间的交通通达性和可达性决定着旅游资源的开发和布局。同时，旅游资源的价值也决定着交通的开发和布局。结果发现泉州市生态旅游资源点都在缓冲区的范围之内，其中大部分生态旅游资源点都在 1 公里缓冲区范围内，少数生态旅游资源点在 2 公里和 3 公里缓冲区范围之内。泉州市山地生态旅游资源点的交通通达性较好，山地生态旅游资源点之间可

以达成较好的连接性，如图 4 所示。

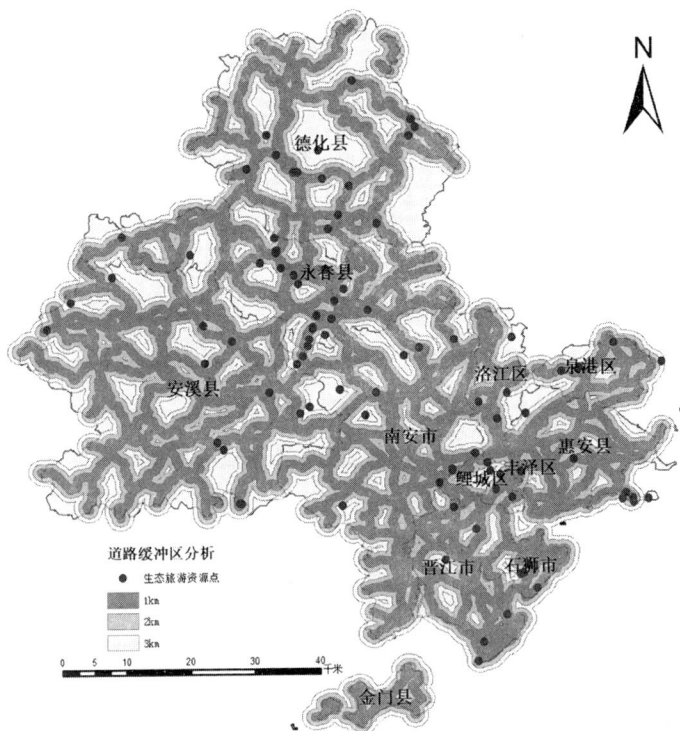

图 4　泉州生态旅游资源交通道路缓冲区分析图

（三）山地生态旅游开发水平评价

本文进一步构建山地生态旅游开发水平评价指标体系[13-15]，将指标体系划分为 3 个层次：泉州生态旅游资源综合评价指标作为总目标层，一级指标为生态旅游资源禀赋、生态旅游资源条件、生态环境条件、生态旅游开发潜力，作为准则层；二级指标为评价旅游承载力的指标因子，作为指标层。本研究选用层次分析法，并通过专家打分法获得权重系数。

从综合评分结果看，泉州市生态环境条件＞生态旅游开发潜力＞生态旅游资源禀赋＞生态旅游资源条件。首先，泉州市良好的生态环境条件得益于近年来泉州市生态文明建设的积极实践，以改善生态环境为工作核心，全市森林覆盖率和森林蓄积量均有增加，而良好的生态条件一定程度上可以转换为重要的生态旅游资源，吸引众多游客慕名前来，助推泉州生态旅游发展。值得注意的是，泉州市生态系统恢复力与生态环境容量得分较高。2017年年底，泉州市创新性地提出建设"生态连绵带"的构想，开展了一系列生态环境的保护与修复活动，坚持生态兴城，为本市的生态旅游发展奠定了优良的生态底色。其次，泉州生态旅游开发潜力良好，2018年开始认真落实《关于加快推进全域生态旅游的实施方案》文件精神，以"亮点在古城，厚度在山海，空间在生态连绵带"为全域生态旅游发展思路，加快泉州市生态旅游业态培育，启动实施"六大旅游产品"培育计划，完善全市旅游要素供给（见表4）。

表4 山地生态旅游开发水平指标体系

总目标层	评价综合层	评价项目层	权重
泉州生态旅游资源综合评价指标	生态旅游资源禀赋（0.25）	3A级及以上旅游景区数量	0.24
		省级以上风景名胜区数量	0.24
		自然保护区与森林公园数量	0.24
		全域生态旅游小镇数量	0.24
		市级六大生态旅游产品数量	0.04
	生态旅游资源条件（0.25）	资源观赏价值	0.06
		康娱游憩价值	0.10
		科研教育价值	0.18
		区域资源珍稀性	0.31
		资源知名度与美誉度	0.04
		生态资源多样性	0.30
	生态环境条件（0.25）	城市生态系统恢复力	0.33
		区域生态环境容量	0.33
		城市森林覆盖率	0.11
		城市绿化率	0.11

总目标层	评价综合层	评价项目层	权重
泉州生态旅游资源综合评价指标	生态旅游开发潜力（0.25）	城市大气与水体质量	0.11
		客源市场	0.04
		可进入性	0.44
		景区适游程度	0.19
		生态旅游基础设施完备程度	0.18
		区域经济发展水平	0.04
		市政府政策支持与资金投入	0.11

但是，在评价体系指标层中，泉州市资源知名度与美誉度得分最低，成为生态旅游发展的关键制约因素。究其原因，一是泉州既不是福建的省会城市，也不像厦门属于经济特区，因此泉州在省外知名度整体不高。二是泉州近年来借势申遗将遗产旅游和文化旅游作为旅游发展的核心，在对外形象塑造上一定程度上弱化了生态旅游资源的宣传与营销。三是泉州的客源市场也较为单一，多以省内游客和周边省份游客为主要客源市场，对广大中西部省份的吸引力不足。综上分析，泉州市发展山地生态旅游应充分利用其生态环境的天然优势，在巩固当前产品开发体系和山水田园城市脉络的基础之上，主动融入区域旅游发展格局，推进生态文化旅游融合发展，提升其旅游目的地的知名度和影响力（见表5）。

表5　山地生态旅游开发水平指标评价

总目标层	评价综合层	评价项目层	得分
泉州生态旅游资源综合评价指标	生态旅游资源禀赋得分：16.6	3A级及以上旅游景区数量	16.66
		省级以上风景名胜区数量	11.90
		自然保护区与森林公园数量	20.23
		全域生态旅游小镇数量	14.28
		市级六大生态旅游产品数量	3.33

总目标层	评价综合层	评价项目层	得分
泉州生态旅游资源综合评价指标	生态旅游资源条件 得分：16.5	资源观赏价值	4.78
		康娱游憩价值	5.29
		科研教育价值	8.77
		区域资源珍稀性	21.53
		资源知名度与美誉度	2.39
		生态资源多样性	23.07
	生态环境条件 得分：18.5	城市生态系统恢复力	23.33
		区域生态环境容量	23.33
		城市森林覆盖率	9.44
		城市绿化率	7.77
		城市大气与水体质量	9.99
	生态旅游开发潜力 得分：17.6	客源市场	2.59
		可进入性	24.16
		景区适游程度	11.58
		生态旅游基础设施完备程度	11.02
		区域经济发展水平	2.75
		市政府政策支持与资金投入	7.51

三、2022 年泉州山地生态旅游工作进展

（一）推进生态环境治理，牢守安全底线

泉州市生态环境局在 2022 年年末召开全市生态环境安全工作部署会，强调全力排查化解环境安全隐患，做好生态环境安全保障工作，坚决守住生态

安全底线。泉州多年来深入实施蓝天、碧水、净土工程，积极探索"两山"转化路径。泉州市环委办出台了《2022年度泉州市蓝天碧水碧海净土工程行动计划》，明确了2022年是深入打好污染防治攻坚战的关键之年，泉州市将以更高标准深入打好蓝天、碧水、碧海、净土"四大工程"，策划实施工程重点项目，以"农用地、建设用地"为重点，有效保障重点建设用地安全利用；以"农村生活污水、农业面源"为重点，推进300个以上村庄建设生活污水治理设施。泉州开山采石历史悠久，废弃矿山，特别是建筑石材矿山数量多、分布广、治理难度大。泉州持续推进矿山生态整治工作，利用废弃采石场开垦茶园和苗圃园、改造公园、休闲场所和生态景区。

（二）加强生态系统修复，保护生物多样性

《泉州市"十四五"生态环境保护专项规划》强调，加强生态系统保护修复，建立以国家公园为主体的自然保护地管理体系，加强自然保护区基础设施建设，全市实施10个省级及以上自然公园保护和修复工程。泉州市生态环境局联合相关部门开展"绿盾2022"自然保护区强化监督工作，对泉州戴云山、深沪湾海底古森林遗迹2个国家级自然保护区和泉州湾河口湿地、安溪云中山、永春牛姆林3个省级自然保护区重点问题整改情况进行实地核查。在绿盾强化监督中，泉州市自然保护区的违法违规活动得到有效遏制，典型生态系统和生物多样性保护成效显著，珍稀濒危野生动植物数量有所上升，新增调查记录50多种野生动植物。2022年下半年，晋江市开展松材线虫病疫木检疫执法专项行动，紫帽山结合抓好松材线虫病防控，综合推进乔木种植和地被修复，实施景区生态及旅游基础设施提升项目，森林植被茂密，树种日渐多样化，山地景观吸引市民游客前来"打卡"。2022年11月，泉州市印发《强化协同协作打好戴云山黄山松保卫战实施方案》，从德化县域外、县域内及戴云山保护区区域由外向内实施三道防线，严防松材线虫病入侵戴云山，守护9.5万亩黄山松群落安全。

（三）改造提升城乡山体，拓展绿色生态圈

"十四五"以来，泉州市持续深化统筹推进山上山下、城市乡村绿化美化，创新造林载体，对全市各地中心城区主要山体进行生态修复与森林景观提升，在保护好山体林地生态系统结构和功能完整性的同时，积极推进城市内山体公园化建设。2022年4月，泉州市人民政府办公室印发《泉州市"绿满泉城"三年行动实施方案》，重点推进"百姓园林、山水园林、文化园林＋门户廊道"建设。2022年全市投入8000万元，新建或改造"中心城区"森林生态景观带1.1万亩，形成晋江市八仙山、崎山、石狮市灵秀山、惠安县科山、丰泽区大坪山、南安市北山、德化县唐寨山、永春县留安山等山体公园集群，形成一批县城森林生态圈亮点。同时，加强各地城中山、城周山山体以林相景观化改造为主要内容的森林质量精准提升项目建设。2022年启动清源山、紫帽山、科山、凤山、唐寨山等一批城周森林精准提升示范项目建设。结合"泉州·宋元中国的世界海洋商贸中心"遗产点保护及周边环境整治的需求，有针对性开展遗产点周边绿化景观改造提升。结合古驿道修复与保护，打造"闽道"古驿风情森林廊道。

（四）推出生态旅游精品，延伸生态产业链

为凸显生态特色与价值，泉州市不断尝试突破资源边界，整合乡村、森林、气候、农业等资源，构建生态产业价值链。2021年年底，泉州市创新举办首届山地生态旅游节，发布15条山地生态旅游精品线路，8个山地旅游相关项目签约，形成山地生态旅游联动效应。为发掘福建省优质、特色的气候旅游生态资源，倡导绿色、舒适、健康的生活理念，在2022年"清新福建·气候福地"气候康养福地第二批名单中，泉州市安溪县福田乡和蓝田乡、南安市眉山乡、德化县美湖镇和石牛山景区、永春县外山乡入选。创建省级森林养生城市1个，省级森林康养小镇3个，省级森林康养基地4个。森林公园、安溪志闽生态旅游区龙门森林公园、安溪国心绿谷森林人家获得国家3A级景区。泉州市实施乡村振兴战略，在2022年中级版"绿盈乡村"

名单，洛江区河市镇厝斗村等72个村庄（社区）榜上有名，通过绿盈乡村的评选，涌现一批环保基础建设齐全、生态环境优良、生态文明理念先进、生态产业品牌响亮，并各具特色的示范村。

四、泉州市山地生态旅游发展问题诊断

（一）产品支撑体系缺乏整合

在泉州近百个山地生态旅游点中，高等级和高品质的旅游点和旅游景区比例较低，这与泉州山地生态旅游高质量发展的目标仍有较大距离。泉州生态旅游建设仍然处于初级阶段，当前许多生态旅游点仅仅是依托当地的自然环境与地形地貌而建，忽视生态环境的独特性，造成泉州生态旅游景区同质化严重，资源观赏价值、康娱游憩价值不高等问题。例如，一些以生态保护与观光农业等为主的旅游产品，缺乏与当地人文情怀与民俗特征的有效结合，缺乏深层次、体验性和特色性的旅游产品，不能较好地满足游客的消费需求。同时也有一些旅游区以营利为主要目的，不注重旅游产品质量的提升与种类的更新，旅游产品的技术含量低、产品档次不够、品种单一，不能较好地满足市场发展与游客消费多元化的需求。在发展山地生态旅游产业的过程中，泉州市缺乏对于旅游产品的创新能力，满足当下旅客回归自然、回归田园生活要求的能力不足[16]。

（二）教育科普体验供给不足

真正意义上的生态旅游应当把生态保护作为既定的前提，环境教育和自然知识普及是其中重要的核心内容，也是引导旅游走向高层次求知活动的关键。泉州市山地生态旅游的发展受传统乡村旅游的影响较大，固有的思维把生态旅游定义为农家乐、农业观光等乡村旅游活动，大同小异的经营模式使游客没有对新兴的生态旅游业产生兴趣。即便是较为成熟的山地生态旅游景区，大多数景区没有充分发挥生态旅游的科普、教育功能，在产品开发、导游解说上过于肤浅和形象化。生态旅游行业的从业人员以当地的居民为主，虽然其对当地的资源、文化等情况比较了解，但是其对生态旅游的理念和理论理解不足，外界服务引导的缺乏，也使当地提供生态教育的能力不足，体现地方特色的文化分享和文化体验缺乏统一规划，生态旅游的软文化建设供给不足。

（三）全产业链生态监管较弱

生态旅游以可持续发展为理念，以有特色的生态环境为主要景观，对旅游资源开发有着严格的要求，且对从业人员管理能力的要求相对较高。然而，当前泉州市生态旅游在一定程度上存在资源开发不规范的问题，部分地区的旅游产业从业人员混淆了生态旅游的概念，将生态旅游当作普通的旅游产业进行开发，违背了生态旅游的根本初衷，进而在一定程度上造成了对生态旅游资源的破坏。另外，泉州市生态旅游从业人员中的当地居民较多，专业的旅游服务管理培训较少，加上文化程度参差不齐，对生态旅游的相关知识接触不多，生态资源保护意识较为缺乏，导致一些生态环境优良地区因开展生态旅游造成了旅游资源的退化。泉州市缺乏从规划、开发到服务、管理的全产业链生态管理的思想和能力。

（四）公共服务体系有待健全

随着传统旅游向生态旅游的转型，旅游的目标和价值已经发生了较大程度的转变，也亟须建立与之相匹配的公共服务体系。近年来，泉州市不断加强生态旅游公共服务体系建设，较好地促进了全市生态旅游业的快速健康发展，但由于建设时期相对较短，仍存在不少问题。现代生态旅游要求生态旅游公共服务应依据生态旅游地的地域地貌、气候生态和安全应急特点，设置不同类型不同侧重点的服务内容，并根据不同类型人群的消费水平和消费需求，配套设置不同水平和层次的服务内容。同时，泉州市生态旅游的公共服务体系仍是大而统的构建思路，地方特色化的设计和突出均存在一定程度的不足，开展的旅游服务活动相对单一零散，并未形成相对完善的体系。

（五）共建共享目标任重道远

社区参与是生态旅游的本质要求和重要内容，是实现生态旅游可持续发展的有效手段。生态旅游方式倡导社区参与、共建共享[17]。泉州山地生态旅游的发展在一定程度上提高了当地居民的经济收益，也越来越得到居民的支持。但部分生态旅游景区存在着对社区参与的认识不足、社区居民参与度相对较低、社区居民的参与形式单一，缺乏有效的参与机制等问题。泉州依托山地资源和乡村资源进行旅游活动，还处于初级阶段，当地居民参与程度不高，多数是以家庭和个体为单位个别地、随机地参与其中，组织形式也比较松散。参与内容主要是为游客提供餐饮、旅馆接待、交通服务以及售卖土特产、工艺品等。这些经营性活动通常投资较少而收益较高，因此社区居民的参与意愿较强。但是由于缺乏有效的组织和规范化的管理，其服务质量往往得不到保证，加之监管不力，导致顾客满意度较低、形象口碑较差。

五、泉州市山地生态旅游发展路径

（一）突出亮点，探索适宜的山地生态旅游发展模式

一是泉州市应以转型升级、提质增效为主线，完善山地旅游要素体系，完成"看山看水"向"游山玩水"转换的旅游模式，并相应开发山地观光、山地文化、山地休闲、山地运动等山地旅游业态，促进山地生态旅游与农业、林业、文化等相关产业和行业融合发展，延伸生态旅游产业链。协调"生态＋文化"融合发展，即强化绿化系统，拓展生态功能，融入地域文化，彰显城市底蕴。二是泉州市应以整合山地生态旅游资源为目标，依托优美自然风光、历史文化遗存，引进专业设计、运营团队，在最大限度减少人为扰动前提下，以大健康理念为指导，重点打造旅游与康养休闲融合发展的生态

旅游开发模式[18]。

（二）科学布局，构建合理的山地生态旅游发展格局

在构建"亮点在古城、厚度在山海、空间在生态连绵带"的全域旅游发展格局基础上，加强规划引导山地生态旅游发展，整合山地生态旅游资源，打造"生态连绵带＋"多业态空间，形成"点""线""面""区域"一体的生态旅游空间发展格局，构建"生态旅游屏障区—生态旅游廊道区—生态旅游体验区"三级生态网络化空间体系：一级是生态旅游屏障区，由森林公园、自然保护区等构成；二级是生态旅游廊道区，由山体廊道、风景廊道构成；三级是生态旅游体验区，实现生态旅游景区化。在"一城、一山、一港"文旅品牌的框架下，重点围绕"山水田园"生态旅游精品打造"一山"，优化泉州市山地生态旅游产业和空间格局。

（三）注重体验，打造丰富的山地生态旅游产品体系

疫情之后，康养旅游需求激增，体育、探险、养生、亲近自然的综合性户外度假项目成为重要载体，城市中产和富裕阶层更加倾向于远离城市的度假旅游，山地旅游的核心优势得以发挥。一是泉州应进一步做优生态康养休闲游，开发天然氧吧、地质科普、气象景观、山地避暑等生态休闲产品，建设生态旅游示范区、田园综合体、森林公园、湿地公园、海洋公园、气象公园、水乡渔村等。二是加强特色旅游镇村发展，重点培育一批旅游休闲集镇、旅游村，创建一批特色景观旅游名镇、村，打造城郊休闲旅游带和乡村旅游精品线路。建设一批省级生态旅游示范区，推进生态休闲旅游景区主题深化、休闲度假功能优化和品牌创建。

（四）打破边界，构建联动的山地生态旅游区域联盟

山地生态旅游资源一般跨行政区域存在，并在地理空间上具有一定的延续性[19, 20]。因此，应打破区域发展的界限，促进区域联动协同发展；突破旅游交通的瓶颈，完善区域交通网络，建立交流合作机制，打通联盟合作绿

色通道，加强区域客源互送；加强各地旅游资源的整合，促进区域旅游规划编制，明确功能划分、产品定位，优化产业布局，加快旅游项目建设，完善旅游配套服务设施，促进旅游六要素产业链的协调发展；开展联盟合作宣传推介，努力提升品牌影响力，有效拓展客源市场，例如，加快泉州市与福州市、莆田市、三明市以及永春县、德化县与永泰县、仙游县、尤溪县、大田县的旅游联盟合作，构建大戴云山生态旅游区。把戴云山脉旅游打造成为集休闲度假、养生购物特色旅游为一体的精品线，使戴云山脉旅游区域成为全国知名休闲养生旅游目的地之一。

（五）优化环境，提升良好的山地生态旅游基础设施

一是进一步完善泉州市生态旅游景区旅游交通、游客中心、导游服务、智慧旅游、安全设备设施、标识系统、免费公共厕所、通信设备、旅游购物、安全保障与紧急救援、无障碍设施、医疗条件等基础设施，补齐短板，建设成容量充足、功能完善且品质优良的旅游基础设施和公共服务设施体系。二是泉州市较为成熟的生态旅游区应完善生态旅游环境教育载体，有序建设自导式教育体系和向导式教育体系。加强解说牌、专题折页、路边展示、解说步道、体验设施、小型教育场馆、新媒体等载体建设，以此开展形式多样的环境教育活动，提高环境教育的科学性、体验性和实用性。

（六）科技支撑，打造智慧的山地生态旅游新模式

一是泉州市应以科技赋能生态连绵带建设，提升"智慧"属性，让技术嵌入智慧生态、数据驱动智慧管理、以人为本智慧服务，打造智慧高效的生态环境数字化治理体系，提升生态环境智慧监测监管水平，完善生态环境综合管理信息化平台，构建产业信息链生态。二是深入推进生态旅游景区数字化建设，高标准建设一批智慧旅游景区，将传统旅游与数字科技"嫁接"，以云计算、大数据、3D 地理信息系统、三维虚拟建模、混合现实、人工智能等新兴信息技术为支撑，为旅游服务、旅游管理和旅游营销注入"智慧"，不断提升游客安全感、舒适度和满意度。此外，科技是山地生态旅游发展的

加速器和新引擎，从交通工具（直升机、索道等），到游客服务系统、大数据服务平台，再到户外装备、智能硬件，为山地旅游带来全面提升，创造更丰富的山地生态旅游产品。

（七）创新驱动，推动山地生态旅游体制机制建设

一是生态旅游产品认证机制。泉州市在围绕生态文明示范区的建设目标下，要规划先行，科学指导，既要尊重自然环境，也要统筹地方文化习俗，打造和谐统一的生态旅游景观。深入挖掘生态旅游资源，引导生态旅游产品的深度开发和功能完善，推进科技赋能、文化赋能，研究开发有创意、有特色、有吸引力的生态旅游产品。完善生态旅游区的科普教育功能，配置解说牌、科普长廊、生态观等科普设施，打造生态科普教育基地，提升生态旅游区的科普性、体验性和实用性。二是生态旅游社区参与机制。社区居民参与生态旅游的产权确定机制。建立产权登记和资产评估制度，实现自然资源的确权核算。对于确认产权的生态资源，鼓励拥有资源产权的社区居民通过转让、租赁、托管等方式将资源流转给旅游在企业进行旅游开发，减少破坏性利用；同时核算自然资源的生态价值，作为市场交易协商以及居民旅游收益分配的依据。建立动态的生态资源数据库，定期对社区居民的生态资源的价值进行考核评估。旅游企业通过分红的方式将旅游收益分配给社区居民，为居民带来持续的资产性收入。

六、参考文献

［1］国务院关于印发"十四五"旅游业发展规划的通知（国发〔2021〕32号）.中华人民共和国国务院公报，2022（5）：28-46.

［2］中研普华产业研究院，2022-2027年生态旅游产业深度调研及未来发展现状趋势预测报告，2021.

［3］国际山地旅游联盟，世界山地旅游发展趋势报告（2020版），2020.

［4］山地旅游与休闲运动开发研究中心，中国山地旅游发展趋势报告（2021），2020.

［5］田瑾，明庆忠.国外山地旅游研究热点、进展与启示［J］.世界地理研究，2020，29（05）：1071-1081.

［6］程进，陆林，晋秀龙，黄剑锋.山地旅游研究进展与启示［J］.自然资源学报，2010，25（01）：162-176.

［7］张宇丹，李偲，关苏杭，陈燕.新疆红色旅游资源空间分布及影响因素分析［J］.西南大学学报（自然科学版），2022，44（02）：128-136.

［8］黎雅悦，戈大专，牛博，李杰.广州市休闲旅游资源空间分布及其可达性特征［J］.热带地理，2022，42（10）：1701-1712.

［9］王兆峰，史伟杰，苏昌贵.中国康养旅游地空间分布格局及其影响因素［J］.经济地理，2020，40（11）：196-207.

［10］黄钦，杨波，龚熊波，梁莉莉，王敏，陈颖，袁慧芳，邹小燕.基于POI数据的长沙市旅游景点空间格局分析［J］.湖南师范大学自然科学学报，2021，44（05）：40-49.

［11］李卫东，张铭龙，段金龙.基于POI数据的南京市空间格局定量研究［J］.世界地理研究，2020，29（2）：317-326.

［12］马丽君，张家凤.区域旅游发展空间差异变化对经济发展平衡性的影响［J］.经济地理，2020，40（01）：197-203.

［13］姚新涛.基于多元因子量化评价的山地生态旅游规划理论研究［D］.天津大学，2019.

［14］姚新涛，曾坚，吴鼎.湘西山地生态旅游资源空间结构特征研究［J］.中国农业资源与区划，2020，41（05）：246-256.

［15］王柳.山地生态旅游型村庄发展评价与规划研究［D］.西南科技大学，2019.

［16］李小飞，陈丽明，张和钰，宋克耀，陈传明.福建省山地生态旅游探讨［J］.高师理科学刊，2009，29（05）：76-78+120.

［17］阮立新.生态旅游发展中的社区参与问题研究——以江苏省为例

［J］. 经济研究导刊，2020（04）：158-160+165.

　　［18］李娴，殷继成，李晓琴. 基于时空三维角度的西部地区山地生态旅游开发模式研究［J］. 生态经济，2011（07）：124-127.

　　［19］段晶晶. 基于生态补偿的秦巴山地生态旅游合作发展研究［D］. 西安外国语大学，2012.

　　［20］郭来喜，王兴中，刘晓霞，保继刚，吴必虎，马勇，冯德显，杨永春，张述林，艾南山. 关于建立"秦巴山地生态旅游省际合作试验区"并将其纳入国家主体功能区开发战略的倡议［J］. 地域研究与开发，2011，30（01）：161.

B.7

泉州乡村旅游发展报告

王建英　周若男*

摘　要：　乡村旅游在泉州旅游产业发展中扮演着重要角色，具有显著的发展潜力。截至2022年，泉州市乡村旅游现已接待游客2006.41万人次，一日游游客是其主要游客来源，占全市乡村旅游人数比重的18.4%。同时，泉州市现拥有乡村旅游代表村落（乡镇）46个、精品线路15条、各类休闲农业点301个，已成功带动1.44万从业人员就业、6万多户农户实现发展增收，实现乡村旅游收入114.73亿元，乡村旅游发展态势的总体向好。本研究在分析泉州市乡村旅游发展概况与特点的同时，进一步厘清乡村旅游发展的主要进展，指出当前智慧旅游、"世遗"资源、乡村旅游扶贫等已成为未来泉州市发展乡村旅游的主要趋势。同时，考虑到泉州市乡村旅游开发内部的驱动因素，本研究从乡村振兴战略、政府政策扶持、旅游产业转型等方面出发，进一步探讨泉州市是如何解决其乡村旅游发展过程中存在的诸如旅游品牌层次较低、管理体制不健全等问题的。并在此基础上提出多项措施帮助其解决客观发展矛盾，如完善乡村旅游产业管理体制、推进乡村旅游品牌层次提升等，以帮助泉州市乡村旅游业获得发展的新机遇与新契机。

　　* 作者简介：王建英（1984.3—）女，博士，硕士生导师，华侨大学旅游学院副教授，研究方向为乡村振兴与乡村旅游智慧旅游与产业发展；周若男（1999.10—）女，硕士在读，研究方向为大数据与智慧旅游。

关键词： 乡村旅游；乡村振兴；旅游发展

乡村旅游是旅游资源在乡土场域上的集中再现，具有以乡土文化为核心、避免城市化倾向和群体联合经营的开发特点，开展旅游发展状况研究是厘清乡村旅游发展脉络的基本要求和缩小城乡旅游发展差距的重要保障。在乡村振兴的大背景下，乡村旅游作为一种重要的产业支撑模式，迎来了新的发展契机。近些年，泉州市为了贯彻落实福建省委、省政府乡村振兴战略和全力打造"全福游、有全福""海丝泉州"品牌的工作部署，不断加强乡村旅游标准化建设助推乡村振兴。因此，综合分析泉州市乡村旅游发展态势，完善产业内部细致化管理，是推动乡村旅游可持续、高水平发展的重要途径。

一、泉州市乡村旅游发展的总体态势

当前，福建省发挥 49 个全国乡村旅游重点村和 136 个金牌旅游村的示范带动作用，围绕省内游、乡村游、周边游、民俗游、近郊游等线路开发旅游产品，进一步扩大了乡村旅游的影响力。本文依托福建省、泉州市文化广电和旅游局、农业部门官方网站及新浪网、搜狐网、百度网等具有强大的影响力和实时性的网上媒体平台，对泉州市乡村旅游发展的总体态势进行了简要归纳，结果如下。

（一）泉州市乡村旅游代表村落总体建设

2016 年，国家旅游局、发改委等部门联合发布《关于印发乡村旅游扶贫工程行动方案的通知》，其中，泉州市总共有 33 个村落被纳入全国乡村旅游扶贫重点村名单中，主要分布在泉州市的北部区域，集中在安溪县（13 个）、永春县（11 个）、德化县（9 个）三地。2020 年，泉州市文化广电和旅游局先后开展 24 个村（社区）综合文化服务中心示范点的改造提升，为未来旅游示范村的建设打下了良好基础。截至 2022 年，泉州市文化广电和旅游局以创建重点村、旅游村为抓手，现已打造出一批"产业优、口碑好、示范强"的旅游示范村镇。具体表现在：泉州市现有"中国美丽休闲乡村"9 个、福建省"全域生态旅游小镇"9 个、"金牌旅游村"15 个、"百镇千村"旅游村 12 个、三星级以上的乡村旅游休闲集镇 3 个（旅游村 8 个），具体村（镇）名单见表 1。同时，泉州市力争在 2023 年加大乡村旅游发掘力度，预计新增福建省全域生态旅游小镇 3 家、福建省金牌旅游村 3~5 家。

（二）泉州市乡村旅游精品线路总体规划

泉州市借助"泉州：宋元中国的世界海洋商贸中心"申遗成功的发展契机，策划推出乡村旅游精品线路 15 条，打造了"全福游、有全福""海丝泉州""泉州市海丝泉州·绿色生态之旅""海丝茶源·茶旅圣地""闽南美好生活嘉年华""古城徒步穿越"等代表性乡村旅游品牌，进一步推进当地乡村文旅发展。目前，泉州共有在建乡村振兴示范线 46 条，市级乡村振兴备选示范线路 10 条，市级乡村振兴精品示范线路 12 条，省级乡村振兴精品示范线路 12 条，未来将进一步结合农文旅、休闲农业观光、乡村旅游等新业态，打造出各具特色的乡村旅游产品。同时，泉州市针对 54 处 2A 级以上景点和 26 处文物古迹，已培育出美丽乡村典型示范区 60 个，并从 64 个乡村振兴典型示范村（成效显著村）、实绩突出村典型案例中，评选出 15 个 2020 年度乡村振兴试点村典型案例。其中，以上沙村为代表的"农文旅"产业发展模式、以佛岭村为代表的"文旅融合"乡风文明模式位列其中。

（三）泉州市乡村旅游产业发展总体成效

统计数据显示，目前泉州全市拥有各类休闲农业点 301 个，从业人员 1.44 万人，已带动 6 万多户农户发展增收[1]。截至 2022 年，泉州市乡村旅游现已接待游客 2006.41 万人次，同比上年下降 7.0%；其中接待过夜游客

---

[1] 《福建泉州：特色农业，激活乡村振兴引擎》，快资讯，https://www.360kuai.com/pc/9756a6f85f9755373?cota=3&kuai_so=1&tj_url=so_rec&sign=360_57c3bbd1&refer_scene=so_1，2021 年 12 月 3 日。

369.10 万人次，占全市乡村旅游人数比重的 18.4%；接待一日游游客 1637.31
万人次，占全市乡村旅游人数比重的 81.6%。实现乡村旅游收入 114.73 亿元，
同比下降 13.1%。由此可见，乡村旅游是泉州市旅游产业的主要增收模式之
一。从长远来看，虽然泉州市目前乡村旅游知名度、营收情况与其他旅游名
城相比稍有欠缺，但在全社会与政府的共同努力下，泉州市将借助相关旅游
发展机遇，坚持从融合发展、改革创新、共建共享、高质量发展等方面出
发，切实推动海丝名城、智造强市、品质泉州等的建设，实现乡村旅游发展
态势的总体向好（见表 1）。

表 1　泉州市乡村旅游代表村落（乡镇）

分类	村（镇名）
中国美丽休闲乡村	晋江市英林镇湖尾村、安溪县城厢镇经兜村、德化县国宝乡佛岭村、安溪县芦田镇福岭村、泉州市泉港区惠屿村、惠安县下坑村、晋江市围头村、惠安县大岞村、永春县茂霞村
全域生态旅游小镇	惠安县崇武镇、晋江市金井镇、永春县岵山镇、安溪县虎邱镇、南安市金淘镇、南安市蓬华镇、德化县雷峰镇、德化县水口镇、永春县五里街镇
金牌旅游村	惠安县崇武镇前坽村、南安市眉山乡观山村、永春县仙夹镇东里村、泉港区南埔镇惠屿村、南安市金淘镇占石村、惠安县崇武镇潮乐村、南安市九都镇金圭村、永春县仙夹镇龙水村、永春县五里街镇埔头村、德化县雷峰镇潘祠村、安溪县虎邱镇湖坵村、晋江市新塘街道梧林社区、晋江市围头村、永春县大羽村、德化县佛岭村
"百镇千村"旅游村	永春县岵山镇塘溪村、德化县上涌镇曾坂村、石狮市祥芝镇古浮村、永春县外山乡云峰村、晋江市英林镇湖尾村、德化县三班镇泗滨村、洛江区罗溪镇后溪村、惠安县紫山镇半岭村、泉港区前黄镇前黄村、惠安县百崎乡下埭村、安溪县城厢镇经兜村、南安市丰州镇燎原村
四星级乡村旅游休闲集镇	德化县水口镇
四星级乡村旅游村	德化县国宝乡佛岭村、永春县五里街镇埔头村、惠安县崇武镇潮乐村
三星级乡村旅游休闲集镇	晋江市新塘街道梧林社区、洛江区虹山乡、惠安县小岞镇
三星级旅游村	石狮市永宁镇郭坑村、泉港区涂岭镇黄田村、南安市官桥镇竹口村、安溪县西坪镇南岩村

（四）泉州市乡村旅游目的地主要吸引力类型

此外，泉州乡村旅游地共计 301 个，据不完全统计，以文化资源为主要吸引物的乡村旅游地主要依托陶瓷文化、闽南石厝文化、历史文化、民俗文化、诗词文化等打造旅游产品（见表 2），自然资源为主要吸引物的乡村旅游地主要以滨海、森林、山水、农业等为核心要素打造旅游产品（见表 3），兼具文化与自然资源要素的乡村旅游地共计 20 个（见表 4）。

表 2　以文化资源为吸引物的乡村旅游地

分类	村（镇）	文化吸引力
闽南石厝	涂岭镇	石头厝
	樟脚村	石头厝
陶瓷文化	泗滨村	古窑址
	洞上陶艺村	龙窑柴烧和手工制作保护示范基地、泉州市级文化产业示范基地、福建省级文化产业示范基地
历史文化	经兜村	革命老区
	达埔镇	革命老区
	铭爱村	古刹资源
	内厝村	比干文化
	前黄村	历史古村落
	洛阳镇	文物保护单位
	桃城镇	文庙、惠明寺、留安塔
	安溪湖二村	省级历史文化名镇、李光地故居所在地、碑刻原本
	峣山镇	中国传统村落、国家文物保护单位、石砌古寨、陈亚琼故事馆、闽南古厝
	凤城镇	安溪文庙、南宋印书局旧址、中国籍阿拉伯后裔侨居遗址、先贤廖俨纪念馆
	西坪镇	国家级闽南文化生态保护核心区、中国重要农业文化遗产核心保护区、茶文化古遗址、百年土楼

分类	村（镇）	文化吸引力
民俗文化	龙水村	龙水漆篮
	潮乐村	海丝史迹
诗歌文化	三岭村	山歌文化
综合文化	法石社区	闽南古厝、真武庙
	湖垵村	民俗表演、青石古厝
	三班镇泗滨村	德化陶瓷、闽南古厝
	梧林社区	闽南官式大厝、中西合璧侨居
	桐林村	乡贤文化、民俗风情、古村落、闽南建筑

表 3 以自然资源为吸引物的乡村旅游地

分类	村（镇）	自然吸引力
滨海资源	惠屿村	海滨休闲
	古浮村	滨海旅游乡村
	永宁镇	黄金海岸、观音山
	前坡村	渔村、渔港风情、临港自然资源
	惠女风情水乡渔村	西沙湾、半月沉湾、青山湾、岞山八景、大港湾
	南江村	白鹭滩涂鸦长廊、鲍鱼彩绘、鲍鱼展览馆、白鹭戏水、渔家日常
	塘溪村	新鲜海味、渔民体验坊
农业资源	后溪村	清境农田采摘
	洛江森鑫水乡渔村	休闲农业生态园
	洪梅镇	现代农业、农事体验
	鸿福村	大型农业生态观光项目
	观山村	观山村仙岭——汤城农业观光旅游区
	山格村	淮山种植、加工、销售、研发和服务
	佛岭村	农耕体验、稻田音乐节

分类	村（镇）	自然吸引力
生态资源	美岭村	绿化美化
	仙夹镇	绿色宜居
	马峰村	女儿阁小公园
	涂型村	村间整洁、宜居宜业
	东里村	油桐花海、休闲垂钓区
	黄岭村	自然、休闲、宜居、康养
	双芹村	双芹峡谷、鸳鸯瀑、龙尾瀑
	湖尾村	原始森林、彩虹飞瀑、泉州最高峰大磨山
	塘东村	背靠凤鬃山、卓望山、宝盖山，面向围头湾
	东溪村	晋江东溪、三潭映月、心形石、聚仙洞、蝴蝶谷
森林资源	三坑村	福建省森林村庄
	黄田村	经济林木和油茶园
	南埕村	石牛山国家级森林公园
观光资源	龙凤村	香港花园、综合市场、商店高楼
	英山村	休闲观光旅游、茶体验、省观光工厂

表4 文化资源与自然资源并存的乡村旅游地

分类	村（镇）	综合吸引力
古迹＋山水资源	虎邱镇	山水茶乡、古迹朝圣
	净峰镇	山、海、城、寺庙等名胜古迹
	美山村	国家AAA级仙洞普济风景区、神农大帝寺庙
	曾坂村	莲花峰、"十八巷"古建筑群、名木古树
	诗山镇	凤山古寺、高盖名山、婆罗门塔、凤山寺、龙山宫、西碧岩、诗山公园、卿园广源成古民居群

续表

分类	村（镇）	综合吸引力
其他资源	吾江村	石头自然景观、德治文化
	下埭村	百石阶遗址、溯源公园、回族风情旅游
	水口镇	集自然生态和历史文化为一体的石牛山国家级森林公园
	燎原村	红砖大厝、禅文化、农耕研学、山水田园、闽南乡村文化
古迹＋海湾资源	崇武镇	庙堂寺庵宫祠、崇武古城、崇武海岸、石雕工艺
	祥渔村	渔港风情、渔业观光、天然海滩、祥芝斗美宫、东城巡检司古遗址
	衙口村	施琅故居、施琅将军纪念馆、施氏大宗祠、定光庵古建筑群、长顺清代建筑群、衙口海滩
山水＋休闲资源	竹口村	将军公园、灵安公园、五塔岩
	蓬华镇	天柱山、南安香草世界度假村、山城村的华鼎岩、革命烈士纪念碑
	石鼓镇	魁星岩、魁星岩万亩森林公园、石鼓湿地公园、桃溪石鼓景观带
海湾＋其他资源	小岞镇	民俗、海湾
	金井镇	学区、景区，海港、渔港，名胜、名村融合发展
古迹＋休闲资源	云峰村	林氏祖厝、天竺岩、大风车露营基地
	围头村	"一港二园三海湾"东线滨海休闲带、"一区二楼三广场"西线战地观光带

二、泉州市乡村旅游发展概况与特点

（一）泉州市乡村旅游的分布概况

1.泉州市乡村旅游空间分布特征

从空间层面上看，泉州市开展乡村旅游的代表性村庄（镇）主要分布在全市的 9 个县域内。永春县拥有 9 个代表性地区，排名第一；惠安县拥有 8 个代表性地区，排名第二；南安市拥有 7 个代表性地区，排名第三；德化县拥有 6 个代表性地区，排名第四；安溪县拥有 5 个代表性地区，排名第五；晋江市拥有 4 个代表性地区，排名第六；泉港区拥有 3 个代表性地区，排名第七；洛江区、石狮市总体排名第八，均包含 2 个旅游代表地。总体来看，泉州市乡村旅游代表性地域分布比较零散，但覆盖了绝大多数的乡镇（县级市）（见表 1）。

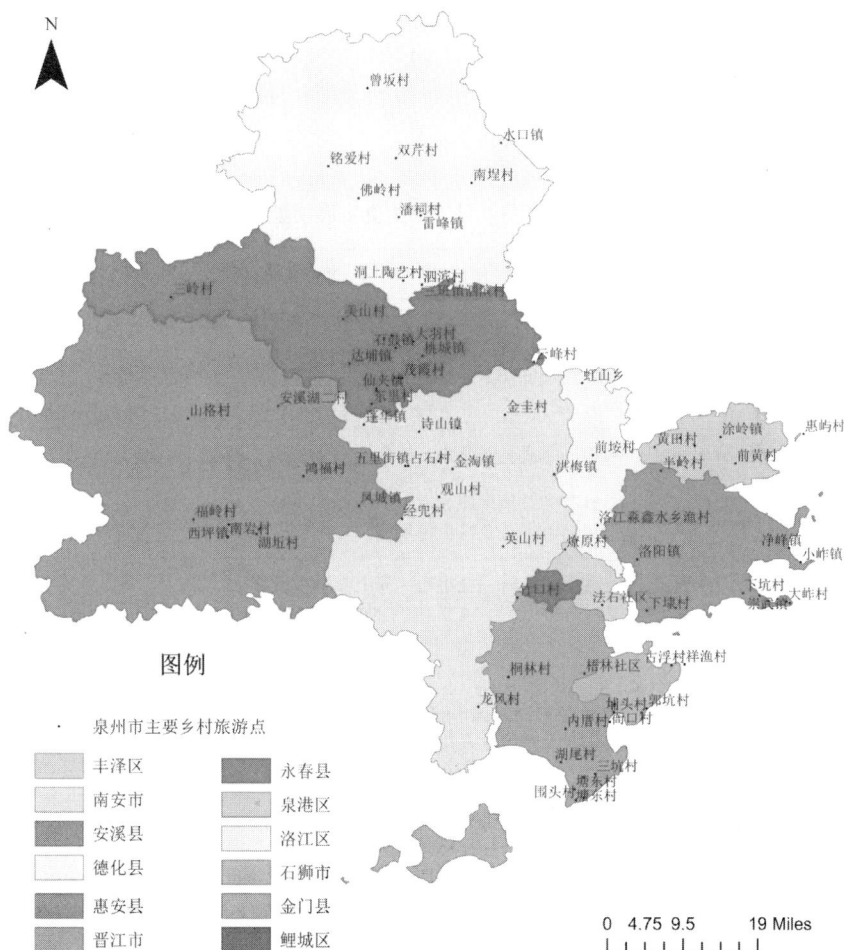

图 1　泉州市典型乡村旅游点分布

2. 泉州市乡村旅游发展类型分布

根据泉州市乡村旅游开发类型的分布状况，可以得知其发展模式有9种（表5）①。从表中我们可以看出，泉州市在挖掘乡村旅游资源时，将文物古迹、农业生产、武术表演、自然风光、海洋文明、休闲体验、会展活动、商业活动、非遗技艺等诸多要素结合起来，具有地域特色的乡村旅游发展模式初步形成。同时，泉州市还将"旅游+"作为纽带，将泉州市的乡村旅游推向了一个新的高度。总的来说，泉州市乡村旅游的发展主要依赖于当地的自然山水、湖泊海洋、闽南乡土文化等，未来或需进一步增强旅游产业创新与联结能力。但优秀的传统文化与非遗技艺仍是发展乡村旅游的重要手段。此外，如何进行有效的保护性开发、最大限度地降低旅游的安全风险，是当前亟须解决的问题。

表5　泉州市乡村旅游主要发展类型分布

序号	类型	代表实例
1	乡村旅游＋古迹	南坑古窑、惠安崇武古城、陈埭丁氏宗祠、施琅墓、衙口施氏大宗祠
2	乡村旅游＋农业	高仁生态农场、恒山休闲农庄、御仙农庄、联益生态农庄、长潭农业园
3	乡村旅游＋武术	永春藤牌武艺研究会、村级武术表演队、永春白鹤拳表演队
4	乡村旅游＋自然	大风车露营地、原始森林、泉州最高峰大磨山、两百亩的油菜花基地、百亩梯田、石龙谷、樱梅园
5	乡村旅游＋海洋	滨海旅游乡村、赶小海、海上女神、凌波亭、"海誓"礁、亲海栈道
6	乡村旅游＋体验	古浮湾慢生活体验区、农耕研学、古城徒步穿越、生态田园综合体项目
7	乡村旅游＋活动	2022年中国农民丰收节暨辋川乡村文旅推介会、安溪"溪禾山铁观音文化园天空之伞嘉年华"、德化云龙谷景区"庆丰收迎国庆——夏天的最后一漂"、洛江区夜间生活节
8	乡村旅游＋商旅	农村特色步行街、夜间市集、泉州非遗购物节、"最闽南"商务IP
9	乡村旅游＋非遗	妆糕人、南音、闽南传统刺绣技艺

---

①《泉州：提质乡村旅游 助推乡村振兴》，搜狐网，https://www.sohu.com/a/444068314_673427，2021年1月12日。

（二）泉州市乡村旅游发展现状特点

1. 闽南文化是泉州乡村旅游发展的重要符号

以闽南文化为核心的旅游发展模式，对提高旅游产品的品位度和水平度具有重要的推动作用。闽南文化具有鲜明的世界性和海洋性，其影响已遍及全球 100 多个国家和地区，是世界文化的展示之地，在发展乡村旅游方面有着明显的客源优势。随着"泉州：宋元中国的世界海洋商贸中心"品牌申遗成功，泉州市正积极建设诸如闽南文化交流中心等场馆，以此打造可以展示多元文化标志性的乡村旅游项目，打响相关乡村品牌知名度。另外，泉州市文化与旅游局通过积极实施闽南文化生态传承和利用工程，争取让铁观音制作技艺、德化瓷烧制技艺、五祖拳等传统项目纳入世界非遗代表作名录，从而显著提高以闽南文化为核心的乡村旅游项目的能见度与影响力。在旅游者需求日益更新的背景下，拥有独特文化内涵的旅游线路、景点，更是受到旅游者的青睐。福建省首批传统村落永春县埔头村以闽南文化为特色，通过文化的创新传承不断提高泉州市乡村旅游产业的美誉度，如不断挖掘村内闽南古厝资源，将林氏中厝开发成为埔头印象馆、乡贤祠等旅游场所，使其乡村旅游中的闽南历史文化元素不断地焕发出勃勃生机，从而达到进一步吸引游客前来体验的目的。

2. 生态性和乡土性是泉州乡村旅游核心吸引要素

良好的生态系统为各种文化要素提供了基本的生存空间，提高生态系统的优良度则是实现乡村旅游可持续发展的先决条件。乡村旅游的乡土性往往与良好的生态环境联系到一起，其本质表现在进行乡村旅游项目的开发时，要时刻注重突出乡土生态资源，避免现代化风光过度使用的倾向。泉州市在发展乡村旅游的同时，始终坚持"就地取材"的原则，力求从根本上降低游客体验中的突兀感，使现代化景点由点及面地巧妙融入自然风光中，进而实现乡村旅游乡土性与生态性的和谐统一。据统计，在泉州市推出的 15 条乡村旅游精品路线中，"绿色生态""茶园之旅"两条线路成功入选全国乡村旅游精品线路。由此可见，开发商在开展乡村旅游资源挖掘工作时仍注重对"原汁原味"乡土资源的保护，产品多强调当地自然、清新的田园氛围。同时，泉州市十分重视"全域生态旅游小镇"的建设，并以"乡村振兴"精品示范线为载体，将"休闲农业"等新兴产业与之相结合，形成具有地方特色的乡村生态旅游产品。此外，泉州市的乡村特色风貌是其旅游迅速发展的根基，乡村民宿、民居是田园休闲型观光体验的现实产物，它与当地特有的景观资源和文化特征有着相当紧密的联系，并形成了工业、环境、生态、文化、现代相结合的多维发展理念。泉州市的"旅游+"乡村开发模式也在持续探索中，将保持本色融入乡村旅游的内涵与灵魂，大力发展生态旅游产业链，加速多产业的融合发展，使得"原汁原味"的乡土资源已成为旅游目的地的主要吸引要素。

3. 多产融合、联合经营是泉州乡村旅游发展的重要模式

近年来，由于经济全球化飞速发展，全国各地逐步调整自身经济结构，向区域发展一体化迈进。泉州市借此机遇从旅游产业经营模式等方面入手，出台了一系列用以扩大乡村旅游产业规模、活化传统发展思路的战略部署，其中多产融合、联合经营发展模式表现突出。多产融合、联合经营模式实际上就是借助全域旅游理论，在特定的地理空间下对地域内旅游全要素进行系统化调度的过程，具体表现在全市努力探索乡村"旅游+"发展机制，积极推进建设一、第二、第三产业融合发展的乡村旅游产业链。如泉州市人大常委会于2022年邀请各市直属部门、专家学者、文旅企业代表就泉州市乡村旅游产业运营和发展前景等问题展开实地调研并交流，乡村旅游发展的过程中，需要依托政府旅游业发展小组和城市文旅产业发展团队的统筹、牵引作用，按照规划、有条不紊地帮助各县（区）完成乡村旅游工作站和产业交流平台的搭建，由此实现经验、资源互补，从而带动周边乡村旅游产业得到进一步的发展[①]。例如，"美丽乡村"德化县依托特色德化名瓷、优美生态景观和深厚茶文化底蕴等优势，打造以休闲体验为主，集乡村文化、生态茶园为一体的乡村农业观光旅游主题园区，并成功发掘出以"模拟种植+平台推

---

① 《泉州旅游协会乡村旅游分会开展新春乡村旅游调研工作》，腾讯网，https://new.qq.com/rain/a/20220216A0BUO000，2022年12月16日。

广＋基地保障"为代表的、三位一体的乡村旅游发展新格局①。由此可见，以德化县为代表的一批乡村旅游名县，充分发挥了自身发展乡村旅游的资源优势，积极突破产业桎梏，助推多产融合、联合经营的产业发展模式根植于泉州市乡村旅游的发展进程中。

（三）泉州市乡村旅游发展的主要进展

1. 自助旅游助力乡村旅游供给模式转型升级

随着大众旅行与休闲旅行时代的来临，以自驾游、散客游、家庭游、亲子游等为代表的新型自助式旅游方式悄然兴起，为广大市民和旅游者提供了一种多层次、多形式的乡村休闲旅游产品供给模式。它与传统的旅游模式不同，自助旅游能使游客免受时间与行程的束缚，进而获得更加自由、灵活、舒适的旅行体验。根据游客抽样调查显示，国庆假日期间全市接待的国内游客中，自助出游的游客占比高达95.2%②，以家庭娱乐和亲子娱乐为主要活动内容的观光游览项目十分流行，泉州市据此积极探索摸清乡村旅游产业发展的新思路，推动打造全地域覆盖和全要素整合的自助旅游新模式。其中，泉州市委乡村振兴办近日印发《泉州市扎实推进乡村建设"五个美丽"创建工作方案》，指出要做到村落民居原生状态保持完整，农业生产功能与休闲功能有机结合，突出维护游客活动的自主性，减少旅游项目对其自由度的束缚性。现如今，联农带农的休闲观光旅游业取得了明显的效果，自助式旅游已经成为乡村旅游健康发展的有效途径。

2. 乡村旅游政策支持推动乡村全产业融合发展

在泉州市乡村旅游产业建设过程中，政府给予积极的政策倾斜、有关的战略支持、宏观的资金补助都可以在一定程度上推动地方旅游产业。要实现旅游产业在发展上的可持续，就需要有关部门时刻关注产业动态，适时地

---

① 《泉州德化县打造"休闲农业＋乡村旅游"新业态》，国际在线，https://fj.cri.cn/20200713/56b6900d-1ba8-e262-e311-1e892048deb4.html，2020年7月13日。

② 《泉州旅游市场7天接待游客486.4万人次 吸金超46亿元》，泉州网，https://www.qzwb.com/gb/content/2019-10/07/content_7006815.htm，2019年10月07日。

作出相应的调整和改变。地区和国家之间的政策因素是促进旅游产业发展和转型的重要行业动力，任何一条旅游法规的改变都会使其竞争格局发生明显的变化。2021—2022 年，福建省、泉州市文化和旅游局等有关部门制定了多项效度高且可行度高的规划政策，以促进乡村振兴和乡村旅游产业的快速发展。如为确保 2022 年后续旅游开发有序放开，泉州市文化和旅游部门于2022 年 3 月 24 日印发《泉州市文化广电和旅游局关于印发 2022 年全市文化广电和旅游工作要点的通知》，旨在推动省市两级乡村文化振兴重点工作落实落细，精心谋划，强化文旅项目支撑等。另外针对旅游人才供给问题，泉州市相关部门也下发了相应的海丝人才培养项目专项资金，为乡村建设道路上的人才振兴提供了有效力量。

表 6　泉州市 2021—2022 年乡村旅游发展的相关产业标准与规范文件

序号	发布时间	具体文件
1	2021-01-24	《泉州市文化广电和旅游局关于推进乡村文化振兴做好 2021 年市委市政府为民办实事项目改造提升 24 个村（社区）综合文化服务中心示范点建设工作的通知》
2	2021-03-24	《泉州市文化广电和旅游局关于印发〈2021 年全市文化广电和旅游工作要点〉的通知》
3	2022-01-13	《关于促进文旅经济 2022 年一季度"开门红"工作措施》
4	2022-01-29	《泉州市人民政府关于加快推进旅游业高质量发展的实施意见》
5	2022-01-17	《福建省泉州市以镇域为载体 探索乡村振兴整镇推进模式》
6	2022-02-07	《关于〈关于加快推进旅游业高质量发展的实施意见〉的解读》
7	2022-03-24	《泉州市文化广电和旅游局关于印发 2022 年全市文化广电和旅游工作要点的通知》
8	2022-04-21	《泉州市推进旅游业高质量发展奖励措施》
9	2022-10-18	《泉州市人民政府办公室关于印发泉州市推进国家文化和旅游消费试点城市建设实施方案的通知》
10	2022-11-10	《泉州市文化广电和旅游局关于下达海丝人才培养项目专项资金的通知》

3. 乡村旅游精准营销扩大旅游市场规模

多层次、多方位准确的市场营销行为可以为旅游市场的不断扩张提供一个很好的引流机遇。首先，泉州市文化广电和旅游局为实现乡村旅游发展的提质升级，联合各部门强化旅游品牌营销手段，充分运用大数据分析方法等新媒体、新技术来获取更为广泛的游客旅游消费需求，从而逐步提高产业营销精准度。其次，深挖广东、浙江、上海、北京等主要客源市场，拓展华北、东北等潜在客源市场，加强港澳台地区、"海丝"沿线国家、华侨华人集聚区的客源市场营销，实现市、县、企业"三位一体"的全方位乡村旅游营销体系。最后，重点发挥出以泉州市金牌旅游村为代表的区域带动作用，全方位展示各地乡村旅游资源及特色，形成一批独具乡土特色的"网红"乡村旅游产品、主题活动和精品线路。例如，2021年，泉州市洛江区首届乡村振兴线路营销季暨虹山地瓜文化旅游节的成功举办，在一定程度上彰显出乡村旅游的精准营销行为对扩大乡村旅游市场有着显著的影响力。此后，洛江区在民宿、种植、养生、文化等领域开展精准营销，与企业开展了招商引资等战略合作①，推动了乡村旅游产业新升级。未来，泉州市或将进一步探讨出更为成熟、精准、有力的产业营销新模式，在扩大乡村旅游市场覆盖面的同时，实现多产业互利共赢的宣传效果，抢赢拓展旅游市场的新赛道。

4. 旅游人才培训制度提升旅游服务质量

首先，旅游业作为劳动密集型行业，人才专业度是检验行业发展水平的决定性因素。人才振兴战略是推动旅游业快速发展的重要决策部署，专业的乡村旅游人才是旅游业最重要的劳动生产力和推动旅游业快速发展的强劲动力，要实现乡村的快速发展，关键需要不定期开展人才"港湾计划""文化人才之家"等专业职业技能培训，以激发在岗人员内在修养与自我完善意识。其次，泉州市通过强化基层党组织人才队伍建设，牢牢把握旅游人才思想领域的坚定性的同时，不断树立长久发展理念，强化中青年骨干的培训，实现旅游专业人才的可持续发展。最后，政府通过举办非物质文化遗产保护工作暨非遗代表性传承人培训班、组织开展乡村文化和旅游能人推荐工作、

---

① 《壮大村集体经济 泉州洛江首届乡村振兴线路营销季暨虹山地瓜文化旅游节启幕》，网易网，https://www.163.com/dy/article/GR1DU79605346936_pdyally.html，2021年12月12日。

实施"人才反哺农村"计划^①等方式，以实际行动培养高质量的旅游专业从业人员，助力乡村旅游服务质量得到显著提升。

三、泉州市发展乡村旅游发展的驱动因素

（一）乡村振兴战略助力乡村旅游稳步发展

2022年10月16日至22日，中国共产党第二十次全国代表大会在北京召开。党的二十大提出农村地区必须有基本的现代生活条件、社会长期稳定，全体人民共同富裕取得更为显著的进步的总体目标。2015年，中央一号文件指出要大力发展农村的各种功能，充分发挥农村生态休闲、旅游观光和文化教育的作用^②。福建省在此基础上要求各市发展乡村特色产业，在统筹乡村基础设施和公共服务布局的基础上大力发展旅游业，加强文旅产业的深度融合，通过建设宜居宜业和美乡村来拓宽农民增收致富渠道。泉州市闽南文化地区拥有独特的自然生态环境和独特的人文生活条件，自古以来就在人类与自然关系等问题上形成了独特的解决路径。泉州市为发展乡村旅游业实现乡村振兴，时刻注重闽南特色文化的继承与发扬，推动地域特色文化融入经济与社会的发展进程，不断探索追求乡村旅游快速发展的新路径与新方法，不断丰富旅游产业面貌，通过营造宜居环境来塑造闽南地区文明旅游风尚，提高乡村旅游产业治理效能。同时，泉州市在发展乡村旅游的过程中不断强化历史文化在旅游项目建设中的保护与传承，推动文化与旅游的深度融合，促使乡村旅游发展取得较为显著的成果。

---

① 《泉州：提质乡村旅游助推乡村振兴》，搜狐网，https://www.sohu.com/a/444068314_673427，2021年1月12日。

② 《2015年中央一号文件》，中国农业新闻网，http://www.farmer.com.cn/uzt/ywj/gea/201601/t20160128_1176622_1.htm，2016年1月28日。

（二）政府政策扶持规范乡村旅游健康发展

发展泉州市乡村休闲观光旅游，就需要在现行规划、政策的基础上，确立政府的主体地位，从资金支持、税收优惠等几个方面入手，制订并健全相应的旅游政策，切实保障旅游业的健康发展。福建省文化和旅游厅、泉州市文化广电和旅游厅等有关部门在泉州市乡村旅游资源产业化初期起到行业主心骨的作用，确保发展道路的规范性及合理性，并在发展之初厘清旅游产业发展漏洞，促使旅游部门管理专一化、规则明确化。2021—2022 年有关部门已出台与泉州市乡村旅游发展密切相关的文件、规范 10 余条，有序加大行业约束力度及法律法规执法力度，尽可能地杜绝行业发展乱象，及时规范了集体、个人产业行为。同时，泉州市有效发挥政府在社会各界的牵头作用，根据产业实际发展需要积极推出相应奖励措施，工程项目投资额最高超过 2 亿元，同时也在旅游产品供给、市场主体发展、培育旅游消费、旅游宣传营销、提升旅游体验和文旅人才保障等方面依据发展程度的不同给予不同层级的旅游资金奖励补贴。另外，泉州市利用税收优惠、法律保障进一步吸引社会闲置资金、资源、人才投入，向更高水平乡村旅游产业建设发起冲击。泉州市也积极推进权力下放，鼓励县域因地制宜出台政策措施，按照主体情况的不同，带动低效、失活的空闲、经济效益微薄的可利用旅游资产，始终把重点放在质量和效率上，坚持以高质量发展作为全行业的总体行动目标，坚定不移推进乡村旅游高质量发展。

（三）旅游产业转型带动乡村旅游升级

党的二十大报告清楚表明要把扩大内需与深化供给侧结构性改革相结合，以促进城乡一体化、区域协调发展为重点[①]。党的十九大也同样提出了

---

① 《党的二十大报告（全文）》，今日头条，https://www.toutiao.com/article/7158614982677004800/?log_from=6c05f8c23453f_1666745963722，2022 年 10 月 26 日。

要促进经济发展质量、效率和动力的三重转变①。当前，泉州市经济发展已步入新的常态发展轨道，在习近平新时代中国特色社会主义思想的指引下，如何提高经济发展效率、转变经济发展方式已成为泉州市经济发展的一个重大课题。泉州市顺应新形势下的文化旅游消费趋势，积极推进乡村旅游体制改革，如统筹顶德化县国宝—雷峰线、石狮市蚶江—祥芝线、安溪县龙门线等乡村振兴示范线，不断改进创新成果的转化应用，并结合"农文旅项目""休闲农业观光项目"等新型商业模式，打造各具特色的乡村旅游产品，提高不同类型旅游项目占有率，将填补产业发展空缺发展成为泉州市乡村旅游发展新目标。泉州市凭借其自身独有的文化内涵，先天的竞争优势，深刻利用民族文化魅力、引入民俗体验等文化旅游多维业态作为当地旅游产业的特色及卖点。泉州市深刻把握旅游产业转型的强力带动作用，不断提高旅游产品档次与境界，助力乡村旅游新业态的出现。

四、泉州市乡村旅游发展形势展望与管理建议

（一）泉州市乡村旅游发展形势展望

1. 乡村旅游产业建设趋向智慧化

智慧旅游可以利用云计算、物联网等新技术，通过便携式终端上网设备，主动感知并及时发布旅游者、旅游资源、活动、经济等方面的信息，加快人们的信息获取速率，并对工作和旅行计划做出适时安排和调整，实现对各种类型的旅游资讯的智能化与便捷化的感知与利用效果。泉州市石狮市早在 2017 年开通上线旅游平台语音导游系统，游客通过对语音导游标志牌上的

---

① 《党的十九大报告双语全文》，中国日报网，http://www.chinadaily.com.cn/interface/flipboard/1142846/2017-11-06/cd_34188086.html，2017 年 11 月 6 日。

二维码进行扫描，就可轻松实现图文并茂的语音自助导览服务[①]，进一步提高参观者观光游览与互动体验的参与感，旅游吸引力得到大幅增强。近年来，不少村庄积极建设智慧旅游平台，如惠屿村积极共建智慧邻里中心，打造更加方便快捷与智能化的智慧海岛，助力惠屿乡村旅游产业进一步做大、做强、做优[②]。同时，泉州市文化广电和旅游厅与泉州文旅集团开展战略合作，于 2022 年 7 月 7 日宣布共同推出智慧旅游云平台，"云平台"未来将围绕文旅产业知名品牌、管理中心、应用领域和服务平台等切实打造出智慧景区综合性综合服务平台[③]。同时，采取"以奖代补"方式，鼓励扶持相关智慧场馆的建设，推动泉州乡村智慧旅游 2.0 时代的到来。

2. 乡村旅游非遗利用趋向细致化

泉州市文化广电和旅游厅颁布的《关于加快推进旅游业高质量发展的实施意见》（闽政〔2021〕8 号）将"泉州：宋元中国的世界海洋商贸中心"世界文化遗产品牌影响力、美誉度进一步提升，主客共享世界遗产保护典范城市的宜居之美、文化之美、品质之美作为泉州市未来旅游发展的总体目标。泉州市在今后的发展中，必将借助世界遗产的力量拉动乡村旅游。例如，苏坑村作为省级乡村振兴实绩突出村，利用世遗磁灶窑的品牌影响力，打造成以陶艺、乡村文化为主题乡村观光点，现已成为世界遗产点的一个重要补充景点，为"世遗"与乡村文旅融合发展注入新动力[④]。同时，泉州市人民政府还提出了"编制世界遗产旅游发展专项规划，打造世界遗产引领的旅游目的地，将非遗项目与传统风貌建筑空间有机融合，打造非遗展示、体验空间"等做强"世遗"旅游措施。泉州市发展乡村旅游势必要紧跟政府规划部署，贯彻落实《泉州市人民政府关于加快推进旅游业高质量发展的实施意见》，

---

① 《泉州石狮智慧旅游平台语音导游系统开通上线》，欣欣旅游，https://news.cncn.com/265974.html，2017 年 12 月 27 日。

② 《泉州泉港：数字化赋能乡村振兴 惠屿村携国企共建"智慧岛"》，央广网，https://www.cnr.cn/fj/qzcspd/qzgd/20220729/t20220729_525938717.shtml，2022 年 7 月 29 日。

③ 《一机在手、玩转泉州，智慧旅游云平台助您畅游泉州！》，新浪财经，https://finance.sina.com.cn/jjxw/2022-07-07/doc-imizmscv0451280.shtml，2022 年 7 月 7 日。

④ 《擦亮世遗名片 赋能文旅融合 磁灶窑文旅嘉年华精彩不断》，晋江新闻网，http://news.ijjnews.com/system/2022/07/29/030103060.shtml，2022 年 7 月 29 日。

并以"世遗"作为未来行业发展的重要抓手。

3. 乡村旅游扶贫工作趋向成熟化

国家旅游局于 2016 年 8 月 18 日发布的《全国乡村旅游扶贫观测报告》显示，自 2015 年全国乡村旅游与旅游扶贫推进会以来，全国乡村旅游扶贫工作拥有较好的发展势头，取得了明显的工作成果，具有很大的上升发展空间。乡村旅游拥有巨大发展潜力，随着吾顶村等村落连续入选"全国乡村旅游扶贫重点村"，许多村庄都在探索如何通过旅游业带动村民致富，乡村旅游已经成为各乡镇重要的民生调节手段。同时，面对"旅游＋扶贫"的新概念，许多乡镇在发展乡村旅游扶贫方面都有自己的独特方法，实现了社会效益与经济效益双丰收。党的二十大指出，旅游扶贫是物质和精神"双扶贫"，泉州市持续在乡村地区推进文化惠民，目前已举办千场活动持续提高人民群众的文化生活质量。可以说，乡村旅游扶贫不仅是经济发展的必然要求，也是当前及今后一段时间内实现脱贫致富的关键举措，是最活力、最动力的扶贫、减贫方法。在泉州市实现全体人民的全民富裕之前，乡村旅游依旧是前景最广阔、影响最广泛、意义最重大的旅游类别之一，是今后泉州市旅游产业重点发展的一个重要环节。

4. 乡村旅游资源开发趋向丰富化

旅游资源的赋存程度是决定一个地区旅游经济发展水平的关键性要素，发展现代乡村旅游业，深入挖掘区域旅游核心内涵，是一个综合且系统的复杂工程。旅游经济发展水平较高的泉州市是国家认定的"国家历史文化名城""世界遗产城市"，其旅游资源赋存情况在全省处于领先地位，当地起初以风景名胜、田园风光、历史文化等传统资源为依托，开发出一系列具有代表性的乡村旅游精品路线及景点，意在不断拓宽乡村旅游潜在市场。现如今，泉州市为适应本地文旅经济发展水平与现有资源禀赋条件不匹配的现状，开始有意转变资源发掘方式。具体表现在：全市始终坚持树立"旅游＋"的发展思路，同时强化对区域资源的宏观调控，从宗教、农业、民居、观光、古迹、医疗、红色精神等多个领域入手，进行现代化乡村旅游景点的开发。其中，以德化县为例，该村逐步挖掘乡村观光、休闲、旅居资源，使得各乡镇因地制宜地建设乡村旅游[1]。同时，乡村特色文化仍是后续旅游资源开发的重点，未来泉州市将在进一步完善自身发展理念的基础上，继续深入挖掘多维度的乡村特色旅游资源。包括同步划定乡村历史文化保护线、建设 21 个闽南文化生态保护实验区等工作[2]，以实现乡村旅游资源的持续利用和旅游产业的有效革新。

5. 乡村旅游政府规划趋向纵深化

近年来，泉州市相关文旅部门在国家政策红利以及供给侧、需求侧的多轮驱动下，不断强化乡村旅游顶层规划设计，仅在 2021—2022 年期间就制定并出台了 10 项促进乡村旅游提质升级的专项政策性文件，意在推动乡村旅游经济效益、社会价值协调统一发展。2022 年泉州市两会期间，政协委员柯双木就乡村旅游宏观战略规划有待进一步被完善、偏远乡村地区缺乏统一旅游发展规划等问题提出了相关建议。他在会上指出政府各级部门应为乡村旅游的资源开发工作提供合理、有效的政策支持，并成立由农业农村局、自然资源和规划、文旅等多重部门共同参与的协调机构，同时采取多方联席会议的协调方式[3]，以解决泉州市在发展乡村旅游过程中产生的政策规划难题。这一设想有望帮助泉州市相关政府部门规避政策规划编制过程中可能产生的部分矛盾，如部门决策单一化、部门联结分散化等问题，同时也为后续政府工作的改革与升级提供了新思路。此外，过去两年泉州市相关政府部门从乡村振兴、气象服务、乡村帮扶、资源跨界融合、集体品牌建设、全域旅游开发等多个层面出发，就乡村旅游的后续发展问题发表了不同的产业发展规划与政府工作报告，真正做到了多方位、纵向延伸乡村旅游规划的发展格局。

---

[1] 《德化：乡村旅游助力乡村振兴》，泉州网，https://www.qzwb.com/gb/content/2020–06/15/content_7045454.htm，2020 年 6 月 15 日。

[2] 《泉州出台意见 24 条措施全面推进乡村振兴》，泉州网，https://www.qzwb.com/gb/content/2019–05/08/content_5985696.htm，2019 年 5 月 08 日。

[3] 《泉州市政协委员柯双木：创新机制培育发展乡村旅游业》，中国网海峡频道，https://fj.china.com.cn/Home/Zhuanti/article_show/id/1304，2022 年 1 月 20 日。

（二）泉州市乡村旅游发展管理建议

1. 完善乡村旅游产业管理体制

目前，泉州市政府已初步建立起乡村旅游发展管理体制，并出台了更加规范的行业标准以及产业规范性文件。但面对数量较大、产业集聚程度较低的乡村旅游场所，仍需与区县文旅部门开展协同合作，对场域内的具体要素进行精细化管理，建立起结构明晰、职责明确、监督有力的，覆盖政府部门、当地居民、社会生态环境等多位一体的精细化管控制度。乡村旅游发展规划出台后，各部门人员需及时厘清行业发展重点、细化具体工作细则、充分界定责任主体、明确规范工作流程，以确保行业质量管理体系的有效运行。同时，不断夯实发展路径的理论基础，在有关规章制度的监督管理下推动乡村旅游发展规划得到逐步落实。

2. 创新乡村旅游产业运营模式

随着"云旅游"和预约式旅游的蓬勃发展，泉州市也应积极探索旅游大数据平台、新媒体平台等的运作模式，尽可能优化旅游产业发展模式与信息交互手段。一方面，泉州市可以利用旅游大数据开展旅游舆情监控，以弥补人工实时监测的不足。通过获取景区周围环境、人流、政策等动态变化信息，及时调整区域管理备案，规避发展中可能存在的安全隐患。另一方面，泉州市可以利用抖音、小红书、微博等新媒体平台进行乡村旅游信息的采集和发布，提高泉州市乡村旅游的曝光度与活跃度，再利用网络新媒体平台进行高效的游客反馈互动的同时，给予游客强烈的感官体验。再一方面，借助互联网平台积极开展线上旅游产品的发掘与推广、开展多途径的"线上＋线下"媒体宣传活动、设计出方便游客开展旅游活动的微信小程序等，丰富游客优质旅游体验的获取途径，将旅游全过程资源、服务进行整合，形成一种"线上＋线下"相融合的乡村"云旅游"发展新模式。

3. 推动乡村旅游产业提质升级

目前，泉州市乡村旅游产业存在着严重的产品同质化竞争现象，自然风光和闽南文化是当地乡村旅游目的地、旅游点的主要吸引力类型。同时，泉州市还未形成梯度化的乡村旅游品牌，亟须进一步转换乡村旅游产业发展理念，实现乡村旅游产业的提质升级。首先，泉州市应从乡村功能定位上发掘出乡村旅游资源新的存在形态与利用价值，并对其展开高效运用，进而激发出泉州市乡村旅游经济发展的内在动力。其次，泉州市需以一定标准优化乡村旅游产业发展模式，通过创新、创意开发最大限度地将乡村旅游资源转化为消费者愿意消费体验的旅游产品。同时，泉州市相关监管部门应重新规范乡村旅游品牌申请、准入制度着力打击不良品牌扰乱市场的行业乱象。最后，泉州市应深刻理解乡村旅游品牌有形资产与无形价值之间的深刻内涵，根据实际情况实现乡村旅游产业链的纵向、横向延伸升级。主要表现在：可以通过交叉融合的方式形成新的旅游产业体系，促进和支撑旅游产品系列化为不同品类、不同层级和不同功能的产品群，以满足日益个性化、体验化和健康化的市场需求。

4.开展多层次的乡村旅游统筹合作

首先，"多产融合"既是旅游业发展的客观要求，也是旅游业发展的必然趋势。当前，泉州市以采矿业、制造业、电力和燃气工业为代表的第二产业仍然是全市第一大支柱性产业，2021年增加值为6436.24亿元。由此可见，第二产业已成为推动泉州市地区经济飞速发展的重要产业，同时也吸纳了大量外来流动人员前来就业。因此，泉州市在发展乡村旅游时应重点关注这支规模庞大、年轻化程度高的人才队伍，通过增强乡村旅游产业与制造业、工业等产业的联结程度，使外来流动人员对乡村地区产生一定的归属感与融入感，从而使其逐步成为泉州市开展现代化乡村旅游的主要建设力量。其次，泉州市应主动借鉴乡村旅游发展水平较高的浙江等地所拥有的产业开发经验，并以此为引领构建出全域旅游"一体化"发展新的模式，进一步将乡村旅游的客源市场扩大到厦门、福州，乃至全国，推动建设具有一致性、协调性的乡村全域旅游观光圈。最后，泉州市应通过及时更新人才引进政策、进一步提高地区薪资福利待遇等措施挽留本地青年群体进行就业、创业。同时，针对不同领域的专业人才开展乡村文旅产业运营培训工作，促使乡村旅游精英人才队伍进一步年轻化、丰富化。同时，泉州市可借鉴福建厦门、漳州等地新乡贤组织的治理经验，以乡情乡愁为纽带积极培养本地居民的乡村旅游服务意识，使其真心实意地参与到乡村旅游事业的建设中来。

5. 推进乡村旅游现代交通网络建设

地理位置不仅直接关系到景区的吸引力，还直接影响到游客的进入成本和体验品质。现代旅游的兴起和发展有赖于现代交通业的发展，而旅游运输的便利程度，既是衡量旅游发展水平的重要指标，同时也是开发旅游资源、拓展旅游目的地的前提。同时，旅游交通的通达性和便捷性在一定程度上影响着游客在时间和空间上的聚集和联系，泉州市乡村地区由于经济、规划等客观因素，旅游交通水平与现代化城市相比仍有较大差距。福建省公路网络虽已达到发达国家水平，泉州市也形成了"一环两纵三横六联"的高速公路骨架和"一横三纵"铁路网总体格局，但旅游客运量水平仍有待被进一步提升。泉州市现可借助国家大力建设交通设施的行业发展大背景，建设以公路线路为核心的快捷旅游集散网络体系，提高游客的可进入性。要发挥其交通经济的带动效应，利用交通网进行乡村旅游项目的招商引资和品牌宣传工作，最大限度地带动乡村旅游产业经济效益的提升。

6. 加强对非物质文化遗产的原真性保护与产品活化

非物质文化遗产的可持续代表着民族主体在历史进程中的延续，泉州市在依靠自然田园风光打造乡村旅游氛围感的同时，其文化旅游部分的开发主体仍是历史人文资源中的非物质文化遗产。首先，泉州市应尊重非物质文化遗产的客观发展规律，认真看待国家、民族优秀传统文化的社会价值。并结合时代发展需求提升"非遗"产品运营效率，通过高效循环运作机制实现经济反哺文化的现实追求。其次，开展全民文化保护意识宣传工作，促使民众充分认识到人文资源内涵以及价值的稀缺性，实现"非遗"旅游资源在社会中、在精神上的可持续。最后，政府需主动进行资源、产出的合理配置，实现美好"非遗"资源在乡村旅游发展进程中的可持续。

7.提升本地乡村旅游市场行业吸引力

统计数据表明[①]，泉州市流动人口总量占全市人口比重快速上升，但目前相对于北京、上海等城市来说人口流动程度仍然较低。由于近几年国内疫情多点扩散，泉州跨市旅游活动相对于以往而言有所限制，致使旅游产品受众多为市内居民[②]，泉州市相关文旅部门也相应调整了乡村旅游的开发方向，将旅游市场的发展重心及时转移到本地。但截至2021年年末，乡村地区常住人口比例仍占总体的30.3%，部分乡村旅游点无法对区域内居民产生较为强烈的旅游吸引力，本地乡村旅游市场的开发进程不断受阻。为此，泉州市亟须采取多项举措，以全面提高乡村旅游点对于本地旅游市场的吸引能力。首先，泉州市要适时转变目前单一的乡村旅游产品开发模式，综合利用周边资源挖掘出与乡村本土文化相区别的、高端化的新型乡村旅游点，以提升区域内居开展乡村旅游活动的积极性。其次，泉州市在利用新媒体平台创新乡村旅游产业运营模式的同时，可以与各类媒体平台展开深度合作，并通过撰写软文、发布视频等方式潜移默化地引导当地村民转变对于本地乡村产品的看法。最后，泉州市应做到因地制宜的、有针对性地开发出独具特色的乡村旅游产品，让居民在进行乡村旅游活动的过程中不断收获新奇感，从而进一步提高本地乡村旅游市场的旅游吸引力。

---

① 泉州统计局.中国共产党成立100周年泉州经济社会发展成就系列报告之八［R］.2021-07-16.
② 《泉州市2022年"五一"假日文化和旅游市场情况综述》，搜狐网，https://www.sohu.com/a/544022734_121124406，2022年5月5日。

B.8

泉州研学旅游发展报告

殷　杰　郑雪洁　陈焕桃*

（华侨大学 旅游学院 福建泉州 362021）

摘　要： 以研究性学习为目的、出于对文化求知需要而开展的专项旅游活动——研学旅游，正在蓬勃发展。揭示泉州研学旅游发展特征，诊断其存在问题，研判其发展关键，针对性提出泉州研学旅游发展路径对于泉州研学旅游高质量发展具有重要意义。泉州市研学旅游表现为政策高度关注、市场持续稳定、发展稳中有进、特色逐步凸显等总体态势；呈现出业态融合发展、产品类型多元、发展相对均衡等特征。但是，泉州研学旅游仍存在研学体系成熟度不高、研学力量投入度不够、研学配套健全度不足等问题。因此，建议从强化队伍，激励人才动能、强化开发，激发研学资源、强化研讨，激活保障机制等多方面推进泉州研学旅游高质量发展。

关键词： 研学旅游；总体态势；发展特征；问题诊断；发展路径

　　2016年年底，教育部、国家旅游局等11个部门联合发布的《关于推进中小学生研学旅行的意见》掀起了我国研学旅行发展热潮。研学旅行是以中小学生为主要对象、以集体旅行为活动载体、以提升学生综合素质为目标的

---

　　* 作者简介：殷杰，男，华侨大学旅游学院教授、博士生导师，研究方向为研学旅游；郑雪洁，女，华侨大学旅游学院硕士研究生；陈焕桃，男，华侨大学旅游学院硕士研究生。

一种体验式、探究式学习方式[1]。携程发布的《2022 年国庆假期旅游总结报告》显示，国庆假期泉州周边旅游订单同比增长 463%，位居全国第一。在本地游、周边游的带动下，亲子研学游产品关注度持续上升。作为旅游和教育融合发展的新业态，一种以研究性、探究性学习为目的、旅游者出于文化求知需要而开展的专项旅游活动[2]——研学旅游，正在蓬勃发展[3]。作为国家首批历史文化名城、东亚文化之都的泉州，拥有世界遗产"泉州：宋元中国的世界海洋商贸中心"，古朴厚重、历史悠久，具有世界宗教博物馆之称，研学旅游资源丰富。厘清泉州研学旅游发展现状，揭示泉州研学旅游发展特征，辨析其发展困境，研判其发展关键要素，提出泉州研学旅游高质量发展路径对于泉州研学旅游提质增效具有重要意义。

一、泉州市研学旅游发展总体态势

（一）政策高度关注

泉州市高度关注研学旅游发展，呈现横向、纵向政策持续推进研学旅游发展的主动态势。泉州市文化广电和旅游局在《2022 年全市文化广电和旅游工作要点》中重点强调要打造"知行泉州"研学品牌，推出海丝研学之旅精品线路。《泉州市文化广电和旅游局关于全力打造"全福游、有全福"品牌有关工作的通知》中强调重点打造古城历史人文之旅、蓝色滨海之旅、绿色生态之旅、海丝研学之旅四大精品线路。

泉州市教育局先后下发了《关于推进中小学生研学实践教育工作的通知》（泉教思〔2018〕4 号）、《关于规范研学实践教育活动组织工作若干注意事项的通知》等文件，组织编撰了《泉州市中小学生闽南文化读本》系列丛书和《海丝·海韵》研学实践教育用书；惠安县出台《惠安县研学实践教育活动管理和奖励暂行规定》《惠安县研学旅行产业发展三年行动方案》等系列研学高质量发展推进方案，洛江区推出"悠游洛江"亲子研学经典线路。

多部门、两级政府重点关注泉州研学旅游发展，系列政策与举措有效地推进了泉州研学品牌建设。

（二）市场持续稳定

以"研学"为百度指数关键词，分别搜索 2011 年 1 月 1 日至 2022 年 12 月 31 日期间以及 2022 年 1 月 1 日至 12 月 31 日期间泉州市"研学"这一关键词的网络关注情况，具体百度指数如图 1 所示。

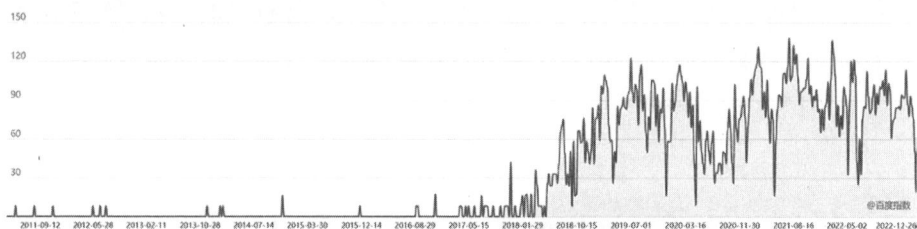

（a）2011 年 1 月 1 日至 2022 年 12 月 31 日期间泉州市"研学"搜索情况

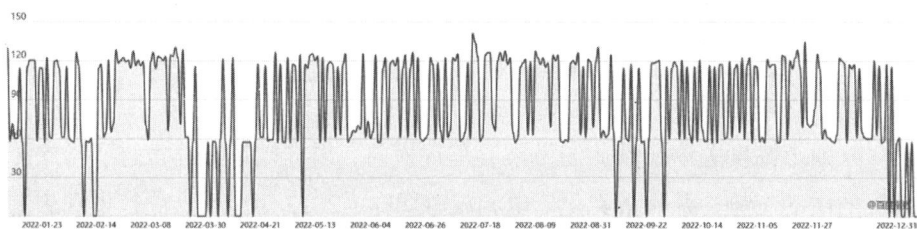

（b）2022 年 1 月 1 日至 12 月 31 日期间泉州市"研学"搜索情况

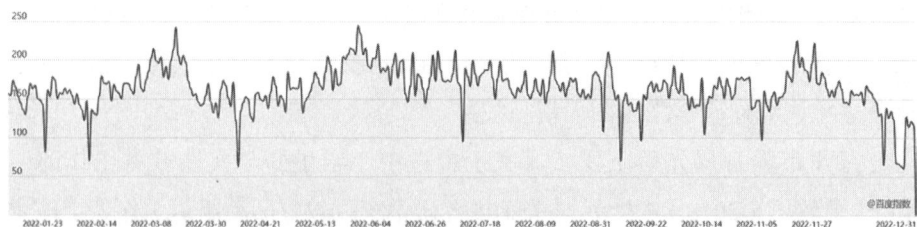

（c）2022 年 1 月 1 日至 12 月 31 日期间福建省"研学"搜索情况

图 1　泉州市"研学"关键词百度指数情况

从百度指数反映的网络关注度来看，泉州市研学旅游市场自 2017 年后有较大增长。2016 年年底，教育部、国家旅游局等 11 个部门联合发布的《关于推进中小学生研学旅行的意见》直接显著推进了研学活动与研学市场。2018 年以后，泉州研学旅游市场趋于稳定，并未产生较大变化（见图 1a），市场总量和市场变化规律均呈现稳定态势。从 2022 年的百度指数来看，泉州"研学"网络关注度波动规律较为一致（见图 1b），这表明 2022 年全年泉州研学市场并没有明显波动，市场较为稳定，且各月研学旅游的网络关注度波动规律较为一致。

截至 2021 年年末，泉州市普通高校本专科共有在校生 20.04 万人，高中阶段在校生 23.57 万人，普通初中 207 所，初中在校生 35.5 万人，小学 1305 所，在校生 84.22 万人。全年共接待国内外游客 6676.44 万人次，比上年增长 6.6%。总体而言，泉州研学旅游市场潜力较大。但从泉州"研学"网络关注度的绝对值来看，低于福建省"研学"网络关注度各地平均水平（见图 1c），泉州研学旅游市场有待进一步扩大。

（三）发展稳中有进

在"文化＋旅游"浪潮的推动下，体验式教育理念与旅游业的跨界融合逐步深入人心，研学旅游呈现爆发式增长。泉州市文化广电和旅游局等相关部门积极开展工作，大力支持研学机构、基地、营地建设。2019 年，泉州市文化广电和旅游局、教育局、科协联合编制推出"探寻海丝路·研游刺桐城"海丝泉州十大精品研（游）学推荐线路。泉州市文化广电和旅游局将"培育'知行泉州'研学旅游品牌，推广一批研学旅游精品线路"列入 2022 年全市文旅工作重点。截至 2022 年 11 月末，泉州市已建设中小学生研学实践教育基地 64 家，已有 19 家机构入选福建省中小学生研学实践教育基地/营地（见表 1），各类劳动教育实践基地、游学基地、科普基地逾 200 家。

表 1　泉州市入选福建省中小学生研学实践教育基地／营地机构一览

入选批次	基地／营地名称	所在市、县、区	类型
第五批	德化县国宝红色文旅小镇	德化县	基地
第五批	南安市向阳励志研学园	南安市	基地
第五批	泉州欧乐堡海洋生态科普馆	台商投资区	基地
第五批	石狮市中小学素质教育实践基地	石狮市	营地
第四批	泉州石狮·海洋世界	石狮市	基地
第四批	"晋江经验"馆	晋江市	基地
第四批	泉州华侨革命历史博物馆	丰泽区	基地
第四批	泉州市中小学生社会实践基地	惠安县	营地
第三批	泉州德化顺美陶瓷文化世界（陶瓷博物馆）	德化县	基地
第三批	泉州南安东星奢石文创园（石头博物馆）	南安市	基地
第二批	七匹狼中国男装博物馆	晋江市	基地
第二批	南安市九日山文化保护管理中心	南安市	基地
第二批	南安市中小学生社会实践基地	南安市	营地
第一批	泉州市洛江区中小学生综合实践基地	洛江区	基地
第一批	晋江五店市传统街区	晋江市	基地
第一批	泉州海外交通史博物馆	丰泽区	基地
第一批	南安市郑成功纪念馆	南安市	基地
第一批	泉州清源山名胜风景区	丰泽区	基地
第一批	安溪县中小学生社会实践基地	安溪县	营地

（四）特色逐步凸显

2021 年以来，泉州持续推进"制造业＋文旅"融合发展，工业研学特色逐步凸显。福建泉州顺美集团有限责任公司、泉州英良石材有限公司入选第二批福建省省级工业旅游示范基地名单；"海丝古韵最乡愁，闻香品醋源和堂'乡愁之旅"和"英雄故里、时尚之都"入选第一批福建省工业旅游精品线路，为全市工业旅游发展增添新动能。2022年"五一"小长假期间，源和创意产业园、德化如瓷生活文化馆、顺美陶瓷文化世界、永春达埔彬达制香厂、永春老醋文创园、安溪八马茶业、南安英良五号石文化创意园、晋江七匹狼中国男装博物馆、惠安鼎立艺术馆和惠安雕艺文创园等"智造泉州"工业游线路或产品广受欢迎。观光工厂、工业旅游示范基地、工业博物馆成为"五一"假期新兴旅游热点，大量游客倾向于体验工业智造、感受工匠精神。

二、泉州市研学旅游发展主要特征

（一）产业优，业态融合发展

泉州具有多元产业优势，安溪茶叶、南安石材、德化瓷器、永春香道、惠安雕艺、晋江工业等多元产业集群为泉州研学旅游提供了多元融合基础，也为泉州研学旅游快速发展深度赋能。研学旅游作为"旅游+"的一种重要新兴业态，近年来得到了快速发展，并呈现业态多元化发展特征。泉州顺美集团、德化县如瓷生活文创园的"研学+瓷文化"、晋江七匹狼中国男装博物馆的"研学+工业"、惠安雕艺文创园的"研学+雕艺"、金井镇围头战地文化渔村、泉州市革命烈士陵园的"研学+红色旅游"、南安东星集团·东星奢石文创园的"研学+石材"等均体现了泉州优势产业与研学旅游的创新融合。

（二）资源丰，产品类型多元

截至2021年年末，泉州市拥有世界遗产1项，拥有各级文物保护单位945处。其中，全国重点文物保护单位44处，省级文物保护单位104处，市、县（市、区）级文物保护单位797处。全市入选各级非物质文化遗产项目名录628项。其中，世界级5项，国家级36项，省级128项，市级262项。全市共有国有艺术表演团体12个，群众艺术馆1个，文化馆12个，博物馆（纪念馆）18个（含民营博物馆），乡镇文化站163个，公共图书馆13个。由此可见，泉州研学旅游资源基础丰富，这为泉州研学旅游产品打造提供了多元可能。

依托泉州资源丰富、文化多元的研学旅游开发优势，泉州研学旅游取得快速发展，研学产品类型不断丰富：泉州市科技馆开展国庆研学营；刺桐时代村举办"国庆研学嘉年华"，非遗技艺、火鼎公婆演出、掌中木偶表演等非遗研学活动；茂险王主题乐园推出航空科普文化展，趣探太空；华山研学基地推出"国庆亲子FUN肆嗨"系列亲子研学活动；绵羊农场的绵羊牧场、大鹅小屋、兔窝窝、马术俱乐部成为网红的"撸羊"拍照打卡点；安溪推出小小采茶制茶师项目，非遗传承人带领学生参观茶园，亲自授课，让学生近距离体验传统手工制茶的乐趣，在互动中学习茶道、茶礼，感受中华茶文化魅力；德化研学旅游的兴起以"陶瓷"为主要特色，设立"陶瓷互动体验项目"，在制瓷师傅的带领下，亲身动手制作陶瓷，将参观与实践融为一体；永春打造"探秘老醋文创园，品味老醋文化"研学项目，参观醋文化展厅、窖藏车间、醋文化体验中心，了解老醋制作材料和工艺流程。

（三）分布广，发展相对均衡

近年来，晋江示范性综合实践基地入选第一批"全国中小学生研学实践教育营地"，洛江区中小学生社会实践基地入选"全国中小学生研学实践教育基地"，泉州研学旅游驶入快车道。本研究进一步分析泉州市中小学生研学实践教育基地分布情况（见图2），研究发现：泉州市中小学生研学实践教育基地于泉州各区（县、市），且相对分布较为均衡，并没有出现"一骑绝尘"的发展格局（见图2a）。其中晋江市、南安市研学旅游发展处于相对领先位置，这也基本符合泉州逐步凸显的工业研学旅游特色发展趋势。而鲤城区、泉港区中小学生研学实践教育基地占比较小，研学旅游发展空间较大。如何进一步充分利用区内优势资源要素、品牌产业企业强化研学旅游发展将是鲤城区、泉港区研学旅游发展重点思考的议题。从图2（b）可以看出，晋江市、南安市、丰泽区研学旅游发展质量较高，入选省级研学实践教育基地/营地数量较多。而鲤城区、泉港区等县区研学旅游质量也需要重点提升。

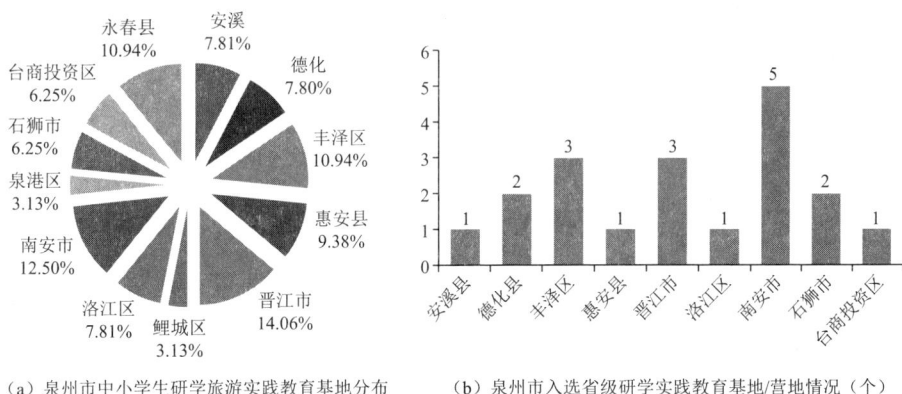

（a）泉州市中小学生研学旅游实践教育基地分布　　（b）泉州市入选省级研学实践教育基地/营地情况（个）

图2　泉州市各区县中小学生研学旅行实践教育基地分布情况

三、泉州市研学旅游发展问题诊断

（一）开发不足，研学体系成熟度不高

研学旅游活动主要涉及研学教育、研学服务两大基础板块，涵盖产业、产品、课程、设施、服务等多项要素。从整体研学旅游活动要素开发与利用来看，目前泉州研学旅游体系成熟度不高：

泉州从事研学旅游的旅行社资质良莠不齐，相应的保障机制也并不完善，所推出的研学旅游产品质量参差不齐。从研学教育板块来看，第一，研学课程教育体系丰富度不高。目前研学旅游课程教育多数以游览观光、项目体验为主，结合游览观光、项目体验开展的知识学习、素质养成、能力塑造课程教育体系尚未完整搭建，研学方案、研学教材、教育教学设施仍有较大建设、提升空间。第二，业态融入与产品创新有待进一步加强。体育产业、服装加工制造业、山地资源、闽南文化资源、古城古港资源等泉州优势要素挖掘利用与产品开发仍需进一步强化。

从研学服务板块而言，一方面，缺乏高层次的研学旅游基地和营地。目前多数研学基地和研学场所是在相对成熟景区景点基础上改造升级形成，真正围绕研学旅游产品、课程体系、研学配套设施等模块"精耕细作"建设的研学基地和营地十分鲜见。另一方面，缺少便捷化的交通体系配套。福建"八山一水一分田"的地形地貌限制了便捷化交通体系的发展。泉州研学旅游配套的交通体系尚不健全，交通通达性、便利性和覆盖性仍有较大提升空间。

（二）队伍不兴，研学力量投入度不够

研学旅游的高质量发展离不开研学队伍支撑。其中，研学导师、研学管理队伍是重要的支撑要素。从目前泉州研学旅游发展现状来看，严重缺乏高水平研学导师，导师队伍亟待高质量建设。目前，研学旅游活动的组织机构多为旅行社，研学旅游活动中的重要角色——研学导师角色多由旅行社导游人员充当。然而，泉州导游队伍建设本身就相对落后，高质量导游人数较少。导游人员扮演研学导师角色，其存在课程开发能力较差、研学教育活动组织能力较差等问题。研学旅游服务队伍中，从业人员身份各异，学习动力不足，缺乏研学导师职业标准与专门的培养机制，导游人员向研学导师身份转化过程中能力、思维方式、组织方式并未实现高效转化。此外，2021 年年末泉州市普通高校本专科在校生仅 20.04 万人，与研学旅游相关专业的在校生人数较少，较难形成对泉州研学导师的有效供给。

另外，研学旅游行业管理队伍力量不足。目前，泉州市尚未形成统一的研学旅游行业管理机构。泉州旅游协会并未下设研学旅游分会。各研学旅游机构也并未成立统一的研学旅游社会团体。对研学导师缺乏相应的从业准则和硬性的行业标准，监管力度不强，研学导师没有专业的知识背景支撑，导致"游而不学，学而不研"的局面。这些均表明行业自律机构、行业管理机构尚不健全，行业标准与管理规范仍需持续建设。

（三）政策不全，研学配套健全度不足

尽管泉州市高度关注研学旅游发展，也逐步出台了《关于推进中小学生研学实践教育工作的通知》（泉教思〔2018〕4号）《关于规范研学实践教育活动组织工作若干注意事项的通知》《惠安县研学实践教育活动管理和奖励暂行规定》《惠安县研学旅行产业发展三年行动方案》等系列文件，但相关部门关于研学旅游发展关注的重点在于"开发研学实践活动课程""遴选建设研学实践基地（营地）""设计研学实践精品线路""落实年度研学实践项目任务""建立研学实践工作机制"等内容。湖北武汉、河北石家庄、山西晋中等地均先后出台了研学旅游系列行业标准与发展规范。从政策引导的内容来看，市级层面关于研学旅游产业规范、行动方案、引导措施与奖励规定等系列行业高质量发展引导策略尚未出台，研学旅游长远发展的方向、路径以及行业高质量发展的保障体系有待进一步厘清。

此外，从政策发布的主体来看，相关政策主要涉及教育部门，而与研学旅游相关的文旅、农业农村、自然资源、市场监督管理等相关部门较少。研学旅游相关部门间尚未形成高效的协同共治机制，这也无法有效形成部门合力高质量推进研学旅游长足发展。

四、泉州市研学旅游发展路径

（一）泉州研学旅游发展的关键要点

1.企业提质呼吁人才聚集化

人才是企业发展的重要动力。然而泉州研学旅游人才后续供给不足，现有导游队伍无法向研学导师队伍高效转化。如何有效吸引研学旅游人才聚集，持续培养研学旅游人才和强化导游向导师转换成为泉州研学旅游高质量发展的关键要点之一。

2. 市场多元呼吁产品创新化

研学旅游是一种"旅游"与"教育"深度融合形态。消费者对于旅游的需求日新月异，而科技、环境的持续迭代也对教育产生了诸多新的需求。因此，如何持续跟踪市场需求，不断优化产品形态，持续保持产品创新将是研学旅游持续高质量发展的重要前提。

3. 行业发展呼吁政策健全化

泉州拥有茶叶、瓷器、农业、石材、体育、遗产、非遗、海丝等优势研学资源，研学旅游呈现与多元业态融合发展态势。如何有效衔接旅游、教育与多元业态有机融合将是研学旅游需要重点关注的议题，这也呼吁研学旅游高质量发展需要多部门协同共治，需要全方面政策引导与扶持。此外，研学旅游高质量发展涉及研学导师、基础设施、研学服务、课程开发等多角度，同样也需要政策从多层次去实现有效覆盖。如何丰富研学旅游政策体系的覆盖性、强化政策内容的针对性以及发挥政策牵引的持续性将是促进研学旅游行业高质量发展的关键所在。

（二）泉州研学旅游发展的多元路径

人才、产品和政策是泉州研学旅游发展的关键要素。如何激励人才动能，发挥人才支撑力、激活研学资源，发挥资源生命力、激发保障体系，发挥政策牵引力将是泉州研学旅游高质量发展的重点。本研究结合国内外研学旅游发展的典型经验[4-5]与福建省、泉州市研学旅游发展态势、特征，针对性提出了从开发、人才和保障三个层面的泉州研学旅游发展建设路径（见图3）。

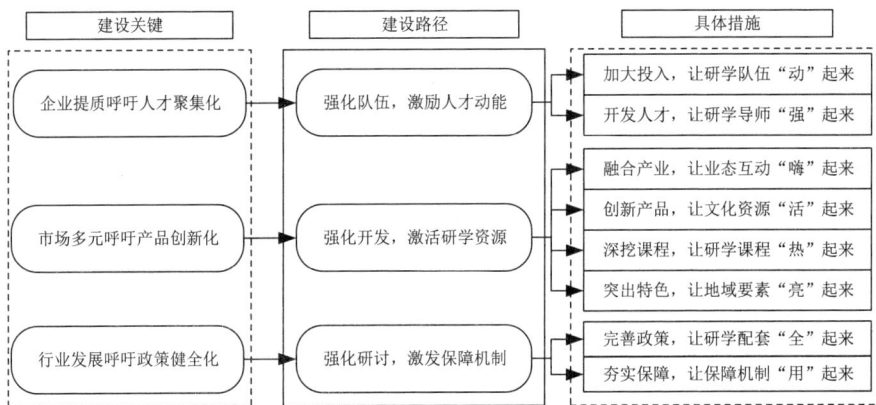

图 3　泉州研学旅游建设路径

1. 强化队伍，激励人才动能

（1）加大投入，让研学队伍"动"起来

政府相关部门应加大对研学旅游支持的投入，提供资金、场地、政策等方面的扶持政策，推进政府、社会、学校和家庭协同投入研学力量建设，探索建立泉州旅游协会研学旅游分会等行业管理机构（见图4）。此外，探索构建、优化和完善研学旅游行业自律机制、行业发展规范与研学旅游发展导则，培育研学旅游示范基地与精品线路，激发研学旅游建设积极性，调动更多研学力量加入，全力协同推进泉州研学旅游高质量发展。

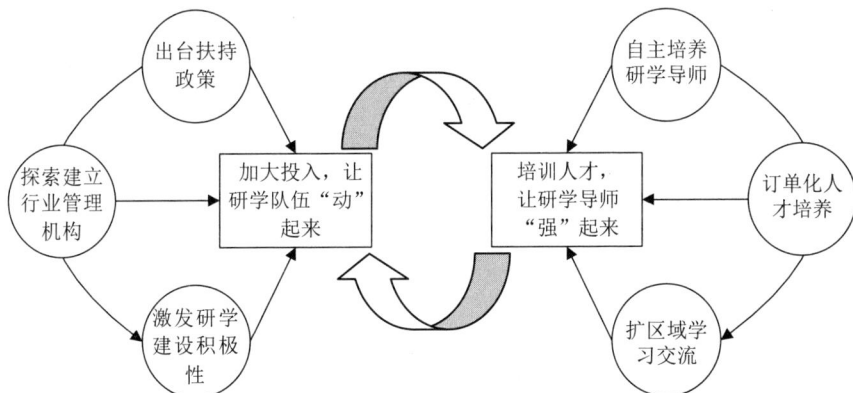

图 4　建设研学旅游人才

（2）培训人才，让研学导师"强"起来

当前，研学导师队伍缺口严重，强化研学导师队伍建设是研学旅游发展的当务之急。一方面，各研学单位应主动对接服务需求，采取自主培养或委托代培的方式，通过走出去、请进来相结合的学习方法，强化导游队伍向导师队伍转变。重点培养研学课程设计人员、研学活动策划组织人员，注重服务质量提升。此外，研学导师队伍构建可借鉴微认证思路，为研学旅行导师建构胜任能力模型，制定能力框架，将复杂能力模块拆分，提供可以认证的能力选项，并提供每种能力的可靠研究成果作为学习资源。另一方面，与各大高校合作，产学协同育人，开设研学导师、研学服务人员专项培训班，设置科学完善的专业课题体系，形成订单化人才培养，实现研学导师持续供给与优化。此外，应加强泉州与其他地区研学旅游人才培养的学习交流，定期举办行业人才培养研讨会，分享研学旅游发展经验、研学人才培养方式，持续提升人才队伍竞争力。

2. 强化开发，激活研学资源

（1）融合产业，让业态互动"嗨"起来

党的二十大报告明确指出，"加强以文塑旅，以旅彰文，推进文化和旅游深度融合"。文旅深度融合大背景下，资源重组、跨界融合是文旅融合发展的必然选择，也是研学旅游发展的必然选择。研学机构应立足泉州乃至福建特色，尝试探索福文化研学、红色研学、海丝研学、世遗研学、非遗研学、生态研学、福茶研学、博物馆研学、滨海研学等主题研学。此外，在服务标准与特色产品体系建设上需做深度研究，探索突围方式，尝试"研学＋乐园""研学＋安全""研学＋科技""研学＋红色""研学＋农业""研学＋营地"等融合方式，让研学与多元业态深度融合。

（2）创新产品，让文化资源"活"起来

泉州历来就有"地下文物看西安，地上文化看泉州"之说，获得"东亚文化之都""国家历史文化名城""世界遗产地""闽南文化生态保护区核心区"等多个称号，泉州文化氛围浓郁，文化资源独具特色，丰富度、禀赋度高，质量佳。因此，推进泉州研学旅游发展应活化文化利用，在深入挖掘泉州文化基因的基础上，围绕文化的起源、产生、演化、利用、传播、创意发展等各个环节创新设计研学内容，推进"研学＋文化＋创意""研学＋文化＋影视""研学＋文化＋体育""研学＋文化＋乡村""研学＋文化＋直播"等业态融合发展，探索"研学＋文化＋N"模式，实现研学赋能，文化传承，让研学"活"起来。

（3）深挖课程，让研学课程"热"起来

研学课程设计和开发是推进泉州研学旅游高质量发展的重中之重。本研究认为，泉州研学旅游在进行课程研发过程中，要充分考虑不同层次受众的研学目的和实际需求，衔接泉州中小学生课程教育，从而分对象、分时段因地制宜地设计研学旅游课程的目标、主题、内容以及评价体系。具体而言，泉州旅游旅游课程设计可以结合泉州茶叶、瓷器、石材、香道、香醋、体育、工业等优势资源进行设计，不同年龄段匹配不同课程，并为不同群体研学旅游者提供研学手册。此外，丰富研学过程中的教育方式，设置体验手作、打卡冲关、竞技游戏、专题讲座、情境扮演、沉浸体验等多类型教育方式，寓教于乐，有效实现研学教育功能（见图5）。

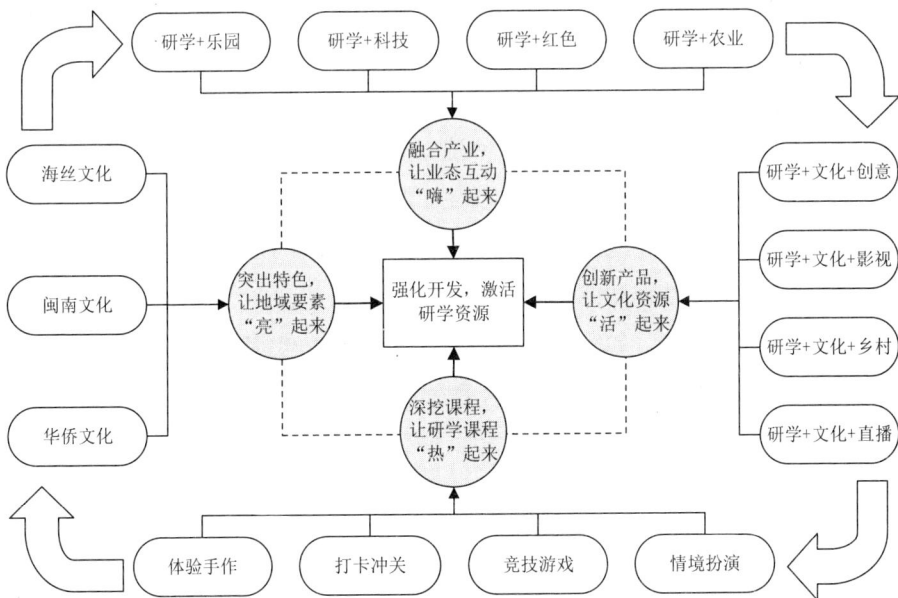

图5　激活研学旅游资源

（4）突出特色，让地域要素"亮"起来

文旅融合背景下，传播地域特色文化成为研学旅游活动的重要功能之一。泉州自唐代建制以来，已有一千多年的历史，全市文物众多，遍布各处，南音、梨园戏、木偶戏、高甲戏散发着乡土文化气息。泉州研学旅游在研学活动设计过程中，可结合本地优质旅游资源和文化特色，注重"海丝文化""闽南文化""华侨文化""晋江经验""世遗文化"的传播和利用，让泉州研学旅游差异化发展，因地制宜，开发具有地域文化特色的研学旅行产品，充分体现文旅融合背景下研学旅游服务的地方性和特色性。此外，在课程设计、活动安排、教学内容方面注重地方文化自信意识与传播意识培养，让研学旅游者在研学旅游活动体验中自觉做好文化保护、文化传播与文化传承。

3. 强化研讨，激发保障机制

（1）完善政策，让研学配套"全"起来

目前，尽管泉州市各级政府重点关注研学旅游发展，但引导政策体系健全度仍然不足。泉州市应积极对接国家、省级各类政策，针对性制定符合泉州市以及各县区的研学旅游发展政策。另外，泉州市应结合本市研学旅游实际，积极出台研学旅游高质量发展引导政策，健全研学配套。具体而言，泉州市应尽快出台研学旅游行业发展规划、行动方案、建设与运营规范、行业导则、引导措施、人才培养与奖励规定、研学导师服务质量标准等系列行业高质量发展引导策略。此外，教育功能是研学旅游的核心价值所在，需要多样化设施设备支撑教育功能实现。因此，推进泉州研学旅游高质量发展，需要完善各类设施设备，如完善道路交通、丰富研学数字化、智慧化等相关技术，全面提升研学旅游服务质量（见图6）。

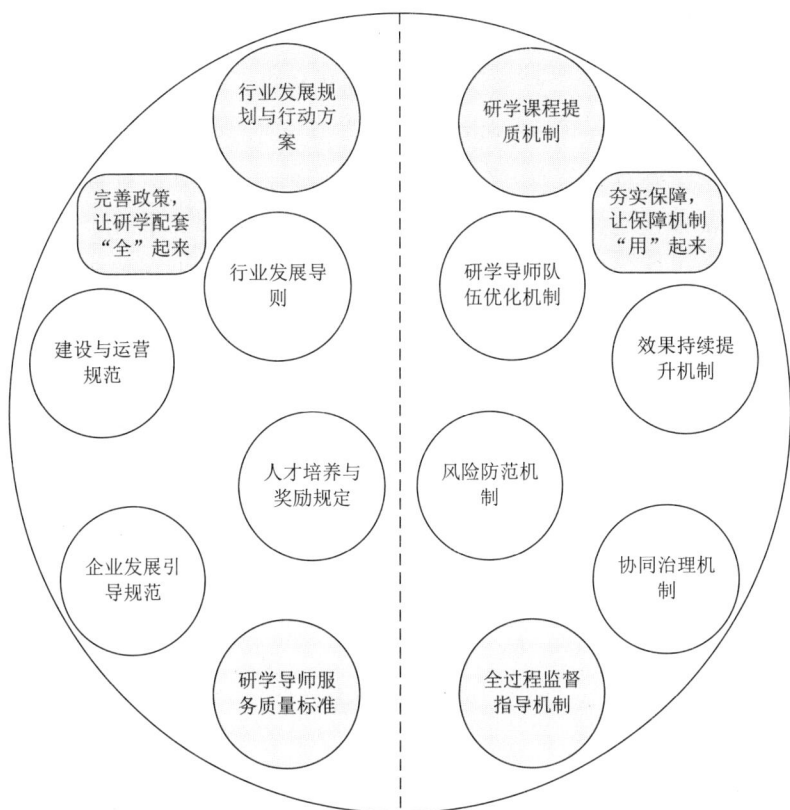

图 6　研学旅游发展保障体系

（2）夯实保障，让保障机制"用"起来

目前，研学旅游的理论研究尚处于起步阶段。建议"政产学研用"各界从研学旅游的课程设计、导师队伍建设、管理标准与评价制度、安全与协同治理等方面开展重点研究，建构包括研学课程提质、导师队伍优化、效果持续提升、研学风险防范、多方协同治理、全过程监督指导六位一体的研学旅游保障机制。一是构建研学课程提质机制。建设研学课程动态评价制度，持续更新课程内容。二是构建研学导师队伍优化机制。引入研学导师年度考评机制，建立导师能力动态管理机制，定期组织多样化的研学导师培训，提升研学导师组织能力与教学方法，持续优化研学导师队伍。三是建立效果持续提升机制。从研学参与者、组织者、服务者等多角度评估研学效果，实现研学效果持续优化。四是建设风险防范机制。建立研学旅游风险隐患排查机制，设置风险台账，动态监管研学旅游风险，全方位做好风险风此案。五是建设协同治理机制。教育、文旅、农业农村、自然资源、市场监督管理等多部门应建立协同治理机制，全方位、多层次、宽领域的协同共推研学旅游高质量发展。六是建立研学旅游全过程监督指导机制，覆盖前期研学设计、中期研学服务与质性、后期研学评价等全过程，着力推进研学旅游高质量发展。

以文塑旅，以旅彰文，推进文化和旅游深度融合时代背景下，泉州研学旅游发展需要充分结合本地优势资源，充分发挥泉州文化优势，强化企业人才聚集，推进市场产品创新，促进行业政策健全，有效推进"研学+"发展模式，激励人才动能、激发研学资源、激活保障机制，全面推进研学旅游高质量发展。

参考文献

［1］许迎霞，朱江，董晓鹏.文旅融合背景下公共图书馆研学旅行服务思考［J］.图书馆工作与研究，2021（3）：102-106.

［2］陈东军，谢红彬.我国研学旅游发展与研究进展［J］.世界地理研究，2020，29（3）：598-607.

［3］孙九霞."游育"：研学旅游新论［J］.旅游学刊，2022，37（11）：5-7.

［4］李子涵，孙芙蓉，邓纯考.新加坡中小学研学旅行：价值意蕴、实践路径及保障体系［J］.外国教育研究，2020，47（11）：60-72.

［5］孙芙蓉，李子涵，史荣荣.芬兰中小学生研学实践教育发展：背景、特征及启示［J］.比较教育研究，2021（5）：100-110.

B.9

泉州夜游经济发展报告

邹永广　李　媛　张建铭　廖金斤　方　煜*

摘　要： 本报告对现阶段全国夜游经济进行总结，并基于我国市场背景对泉州夜游经济现状进行研判。研究发现：泉州夜游正处于经济复苏状态，且建设环境适宜，具有良好的发展情景；泉州市夜游活力空间分布特征明显，丰泽区、鲤城区、晋江市和石狮市的灯光密度远超其他市区，活力分布总体呈现东南高、北部低、东北较低的片状空间分布特征，沿海区域夜游经济优势显著。本报告对泉州夜游经济的发展路径进行梳理，从旧城改造和城市更新并行、市场定位和品牌建设并重、文化整合和产业融合并举、产品创新和数字运营并进四个方面剖析了泉州夜游经济的未来发展路径。从文化、设施、政策、监管和科技五个方面提出建议，包括：深挖夜游文化资源，打造夜游经济城市形象；建设泉州配套设施，优化夜游发展环境；制定有效扶持政策，建立夜游长效发展机制；提升市场监管与监督，保障夜间的秩序与安全；加速推进科技转型，形成夜游产业的数字化。为创造夜游经济成长环境提供科学依据和发展方向。

关键词： 夜游经济；活力指数；文化挖掘；科技赋能；品牌建设

---

　* 作者简介：邹永广，华侨大学旅游学院教授、博导，从事区域旅游发展研究；李媛、张建铭、廖金斤、方煜，华侨大学旅游学院硕士研究生。

一、前言

随着"珠江夜游""世界之窗""锦绣中华"等夜游项目的开通，各城市逐步开放旅游项目的夜间参观时段，夜游经济越来越受到业界关注。夜游经济（Night Tour Economy）是指当日傍晚 6 点到次日凌晨 6 点区间内，外来游客和当地居民进行的与旅游相关的商业消费行为，包括购物、餐饮、休闲、文化演出等。在当前文旅融合高质量发展背景下，夜游经济已逐渐成为我国城市核心竞争力和消费新蓝海，在文旅消费中被赋予了重要的功能和内涵。文化和旅游部发布的 2019 年国庆假期文化和旅游市场情况显示，2019 年国庆期间有 44.96% 的游客参与了夜间旅游活动；9 成左右游客有夜间体验的经历。2021 年携程的端午节夜游门票订单量是 2019 年的 4 倍……显然，夜游需求正快速释放、持续井喷，夜游经济已成为国内消费的新亮点和新动能，在拉动内需、刺激消费、疫情后经济恢复重振等方面具有重要意义，是推动国内经济大循环的重要引擎。

目前，城市旅游的空间全域化、时间全天候特征日益明显，北京、上海、西安等各大城市陆续提出进一步推动夜游经济繁荣的相关政策和发展目标。泉州作为福建省三大中心城市之一、国务院首批公布的 24 个历史文化名城之一和宋元中国的世界海洋商贸中心，文化旅游资源丰富且极具特色，非物质文化遗产 505 个，其中世界级 5 项，国家级 36 项；经济发展持续"迈大步"，2021 年第三产业增加值 4635.16 亿元，增长 9.4%，是福建省乃至全国发展最快、最具活力的地区之一。泉州市政府通过发展夜游经济，不仅能够为泉州增加大量就业岗位，缓解城市的就业压力，还有助于拓展游客消费空间、焕发城市活力、提高泉州的竞争力和吸引力，拉动泉州文旅快速增长，已然成为泉州经济升级、文化焕新的新引擎。因此，在掌握夜游经济发展现状、挖掘自身特色的基础上，充分利用夜游空间场所不断丰富夜游产品项目，加速延伸夜游产业链条、持续营造夜游文化氛围，因地制宜地发展夜游经济对于促进泉州文旅经济高质量发展具有重要意义。

二、夜游经济发展现状研判

（一）全国夜游经济现状

1.夜间市场需求持续回暖

随着疫情防控政策的逐渐优化，政府全力推动城市夜经济加快复苏，拉动夜游消费持续回暖。中国旅游研究院大数据显示，超八成受访者表示夜游意愿强烈，夜游市场需求强劲回归，其中省内城市夜游市场率先升温，为夜间经济点亮了假日市场。值得注意的是，2022年国庆假日期间，夜间文化活动与旅行消费明显活跃，第一批120家国家级夜间文化和旅游消费集聚区累计夜间客流量达3995.6万人次，平均每个集聚区的每夜客流量达到了4.67万人次。目前，全国5A级景区夜间开放率22.8%，4A级景区夜间开放率20.4%。传统景区、文化场馆相继推出夜游。全国已形成一批深受本地居民和游客欢迎的夜间文化和旅游项目、夜间节事、夜游街区和夜间经济集聚区，夜游经济正在全国各个城市蓬勃发展。

2.夜游经济业态丰富多元

根据大数据调研显示，城市夜生活体验成为旅客目的地的夜游首选。演出、文化场馆、电影院/剧场、夜市/集市被认为是最有吸引力的夜间消费场景。2021年全年共接待游客1777.08万人次，其中夜间人流量占全天接待游客比超1/3。近八成的受访者都认为夜间生活需要、娱乐需求、旅游需要都基本能够获得满足。特别是在北上广深等经济发达地区，城市夜间经营业态更加丰富多彩，既有饭店、商业街等白天经营与夜晚兼顾的服务业，还有酒店、KTV等以夜间经营为主的服务业，而过去一些在夜晚乏人问津的传统文化类活动场所，也越来越成了承接城市居民在夜间经营服务的主体。

3. 夜间市场持续遍地开花

从国家、集体、社区到个人，夜间经济供给持续增长，不同层级市场全面开花，生机蓬勃。从国家层面来看，2021 年全国博物馆接待夜间观众 6900 万人次，武汉、杭州、广州等地区尝试延长博物馆的开放时间到全天开放 24h，对比以往同期数据，客流量显著提升。从集体层面来看，全国夜间 A 级及以上景区开放率显著提升，2021 年上半年携程夜游景区及玩乐门票销量同比增长 469%，比 2019 年同期增长 106%。尤其是在公众假期期间，夜游趋势更为显著，今年五一黄金周、端午节夜游门票订单量对比 2019 年同期分别增幅为 1.5 倍、3 倍左右。从社区层面来看，社区电影、公园夜游、商圈时长延展丰富多彩。从个人角度来看，夜市、剧场、相声、音乐节、杂技等可体验参与的夜间活动越来越多。据数据显示，在 2022 年的春节假期，全国夜间消费额达到 3790.87 亿元，同比增长 27.06%，在整体消费中占比 33.7%，较去年同期提升 2.25%。近八成受访者认为较 2021 年，2022 年夜间生活氛围有提升。

4. 相应政策的出台与实施

《"十四五"文化发展规划》提出，"全面促进文化消费，加快发展新型文化消费模式，发展夜游经济，要建设 200 个以上国家级夜间文化和旅游消费集聚区"，并于 2022 年 7 月 5 日出台了关于首批国家夜间文化和旅游消费集聚区创建工作的文件。截至目前，中央和各地政府已制定了夜间旅游的有关优惠政策 200 多项。发布方式以"意见、方案、举措"为主；发布单位以省级政府、商务部门、文化和旅游部门为主。这些政策为我国发展夜游经济提供了根本保障。根据有关数据调查显示，节事、展览、历史文化街区等夜间文化活动 / 场景吸引力明显提升；在演艺类型方面，实景演艺、音乐节、演唱会等让民众获得感倍增，以神话传说、民俗风情、娱乐传说等题材的演艺产品引起人们的广泛关注。场景作为社交和生活体验的空间载体，在本地市民的夜间活动环境营造中深耕于本土夜间活动环境，极大地提升了人民群众的获得感、归属感与幸福感。

5. 中国夜游经济发展总结

数据显示，2016 年以来，中国夜间经济规模快速增长。截至 2021 年年底，中国夜间经济规模达到 34.8 亿元，预计 2022 年将突破 40 万亿元。与此同时，中国各地政府对夜间经济的扶持力度持续加大，相关政策密集出台，通过政策唤醒夜游经济发展已成发展趋势。另外，夜间消费服务市场的增加以及人们夜间消费需求的攀升将推动中国夜游经济的发展规模持续增长。虽然各城市都在积极发展夜游经济，但目前夜游经济整体上呈现南强北弱的特点。这主要是由于经济水平、气候条件、生活习惯、地域文化等因素差异，导致夜游经济在空间分布上呈现差异化特征。从夜游群体来看，青年群体是夜间经济消费较为活跃的主体。在夜间文娱项目上，电影排名第一，占比超过 50%，其次是聚会、运动健身和 KTV，占比超过 3 成，而新消费业态剧本杀、密室逃脱、付费自习室的偏好度则相对较低。青年群体在夜间更偏好可以静坐的休闲项目，或者可以释放压力的运动健身和 KTV 项目。

（二）泉州市夜游经济现状

1. 泉州夜间游热度回升，全市文旅夜经济加速复苏

基于对 2019 年 7—9 月的数据分析，泉州夜间经济活跃度、深夜自驾出行活跃度、夜生活活跃度均上榜全国城市 TOP10，其中夜经济活跃度泉州排名第三，充分彰显了泉州夜间经济的活力。同年，滴滴网约车数据显示，夜间出行前 10 城市当中，泉州排名第八。2020 年受疫情冲击，泉州夜游经济受到一定程度影响，但随着疫情态势转好，夜游经济得到进一步发展。2021 年 10 月 19 日，泉州古城的西街点亮夜经济，成为首批国家级夜间文旅消费集聚区。2022 年 8 月 16 日，泉州市五店市传统街区、泉州市领 SHOW 天地文化创意产业园上榜第二批国家级夜间文化和旅游消费集聚区公示名单。2022 年国庆假期，泉州市民游客对市文化体验、夜景游览、演艺活动等夜间旅游产品的关注持续升温，夜间旅游成为国庆假日旅游市场亮点。国庆假期泉州市共接待旅游人数 415.22 万人次，同比增长 193.8%；实现旅游收入 35.24 亿元，增长 438.2%。全市重点监测的 5 个景区（点）共接待 46.98 万

人次，同比增长212.0%；其中西街接待25.43万人次，惠安崇武古城接待2.56万人次，晋江五店市接待11.26万人次，安溪清水岩接待3.56万人次，清源山接待4.17万人次。夜间游产品业态热度攀升，夜游引爆夜间消费增长，极大促进全市文旅夜间经济加速复苏。

2. 泉州文旅消费产品丰富，夜经济供给发展持续向好

泉州作为首批国家历史文化名城之一和闽南文化保护区的核心区与富集区，历史悠久，文化资源丰厚。泉州是聚集历史遗迹、海丝、戏曲、宗教、武术、"五南"等多元物质与非物质文化融为一体的古城，拥有丰厚的历史人文资源优势，夜间商业气息浓厚，文化民俗的区域特点突出，夜间观光开发环境较为良好。此外，泉州中央商务区推出首个灯光夜游项目"东海玩聚场——'东海追光夜'"，生命之树、时光隧道、巨型鲲灯、哪吒等栩栩如生的灯光造型，吸引许多市民游客前往"追光"，感受一场极致浪漫的视觉盛宴。清源山举办喜迎国庆、景区夜间经营系列活动，开展非遗研学、集市、演出活动，丰富市民游客夜生活体验；同时，在南台俯瞰泉州全景，也成为夜游清源山的热门打卡项目。市区领袖天地、晋江五店市、南安天心洞、台商水岸花田景区等地以夜游、夜演、夜市、夜赏为主题，开展各项灯光秀、美食嘉年华、舞蹈表演等沉浸式夜间旅游活动，成为夜间一道亮丽的风景线。通过打造文旅夜游娱乐地标，丰富文旅夜游产品，推动商圈夜景亮化，营造良好的夜间消费氛围。

3. 强力推动魅力数字经济，助力泉州夜经济智慧增长

2022年泉州启动"水上看泉州、夜游世遗城"项目，打造夜间文旅经济。项目总投资约3.94亿元，将通过控制系统动画编排，把泉州深厚的历史文化积淀和22个世界遗产点，用光影投射至沿线跨江大桥、过街人行天桥、沿江公园、绿化堤岸、总部区、商圈以及主要建筑楼体等载体，进行亮化美饰。此外，泉州着力开展文旅产业数字科技推进工程，打造古城数字文旅服务矩阵，发展文创、首店经济以及演艺、夜游、美食、购物、住宿等文旅业态。同时运用数字技术、人文艺术等新方式，发展沉浸式夜游实景演艺工程。随着泉州夜间照明工程等数字科技的不断完善，夜间项目日益丰富，夜间商品的发展也日趋多元化，为泉州夜间市场的良好发展提供了根本保证。

4. 泉州夜游政策与日俱增，夜游规划建设是重中之重

近年来，随着泉州夜游市场不断完善，为激发文旅夜经济活力、积极做出独特夜间旅游产品，泉州市积极出台各项政策扶持，不断完善夜游规划布局。相关政策如表1所示，主要聚焦于以下目标：第一，着力培育一批夜间文化和旅游消费集聚区，推动夜间文旅经济进一步发展；第二，通过完善夜间亮化工程和发展多元夜间消费业态，强调了夜游服务配套和管理水平的重要性；第三，要求各市县达到"特色夜游，品牌夜游"目标而开展集聚"吃住行游购娱"的夜游综合产品；第四，强调通过夜游空间布局规划，激发地摊与民间小店经济活力，旨在最大限度地满足夜间经济消费需求，最大限度发挥集聚效应。

表 1　泉州夜游经济相关政策

时间	机构	政策／法律	相关内容
2022 年 1 月 28 日	泉州市政府办	泉州市"十四五"文化和旅游改革发展专项规划	打造"最泉州""最闽南"地标、街区和商圈，做特夜间旅游产品。打造主题特色鲜明的休闲街区和商圈，集聚观光游憩、文化体验、特色餐饮、时尚购物、网红经济、旅游演艺、康体休闲等文旅消费业态，培育一批夜间文化和旅游消费集聚区。研究出台促进文旅消费政策，引导"夜游、夜娱、夜食、夜购"，提升夜游服务配套和管理水平[1]。
2022 年 5 月 23 日	泉州市政府办	泉州市中心市区照明提升三年行动方案	编制《泉州市中心市区照明提升专项规划》，开展三年照明提升行动，统筹环湾区域照明建设。重点推进"门户廊道、山线水系、古城街巷和环湾新区"照明提升，打造"两江一湾为主线、门户廊道为纽带，两岸片区相串联、古今交融相辉映"的城市照明体系，扩大泉州海丝文脉、世遗文明的影响力和吸引力[2]。

---

[1] 《泉州市"十四五"文化和旅游改革发展专项规划》，泉州市人民政府办公室，http://www.quanzhou.gov.cn/zfb/xxgk/zfxxgkzl/zfxxgkml/srmzfxxgkml/ghjh/202201/t20220128_2693123.htm，2022年1月28日。

[2] 《泉州市中心市区照明提升三年行动方案》，泉州市人民政府办公室，http://wap.quanzhou.gov.cn/zfb/xxgk/zfxxgkzl/qzdt/tpxw/202205/t20220523_2729324.htm，2022年5月23日。

续表

时间	机构	政策/法律	相关内容
2022 年 10 月 18 日	泉州市政府办	泉州市推进国家文化和旅游消费试点城市建设实施方案	实施文化和旅游特色消费促进行动，打造夜间经济。围绕"夜游""夜购""夜娱""夜食""夜读"等主题，推动文化和旅游夜间消费。重点提升西街国家级夜间文化和旅游消费集聚区业态建设，推动中山路、新门街、源和1916、清源山创建夜间文化和旅游消费集聚区①。
2022 年 10 月 23 日	泉州市政府办泉州市发改委	泉州市加快推进21世纪"海丝名城"建设实施方案（2022—2026年）	实施"水上看泉州，夜游世遗城"重大文旅项目。项目对晋江洛阳江两岸照明提升工程开工建设，着力打造"两江一湾"的城市展示面，进一步提升城市颜值和品质，预计2023年5月基本完工②。
2022 年 12 月 2 日	泉州市人大	泉州市文化旅游发展促进条例	拓展消费新空间，促进文化旅游休闲消费。市、县（市、区）人民政府应当培育夜间经济文化旅游品牌，支持夜市、夜游、夜购、夜演等夜间消费业态发展。在避免扰民的情况下，鼓励利用城镇广场、商业街区、文化场所等依法设立夜市活动场所，引导发展夜间文化旅游消费集聚区。鼓励有条件的景区（点）开展夜间游览服务③。

（三）泉州市夜游产品形式及业态分析

根据落地形式的不同，夜游产品常被分为夜景观光、夜游演艺、夜间文化活动以及夜市/夜间街区，且2021年中国夜间经济发展报告指出，演出、文化场馆、电影院/剧场、夜市/集市作为主要的夜游产品形式，对消费者具有较高吸引力。泉州是宋元商贸中心和闽南文化的发源地，其个性和特色在于开放包容的城市精神和五大演艺的文化禀赋，在夜市/夜间街区和特色

---

① 《泉州市推进国家文化和旅游消费试点城市建设实施方案》，泉州市人民政府办公室，http://www.quanzhou.gov.cn/zfb/xxgk/zfxxgkzl/zfxxgkml/srmzfxxgkml/ghjh/202210/t20221018_2788156.htm，2022年10月18日。

② 泉州市加快推进《21世纪"海丝名城"建设实施方案（2022—2026年）》，泉州市人民政府办公室，泉州市发展和改革委员会，http://www.quanzhou.gov.cn/zfb/xxgk/zfxxgkzl/qzdt/qzyw/202210/t20221024_2789867.htm，2022年10月23日。

③ 《泉州市文化旅游发展促进条例》，泉州市人民代表大会常务委员会，http://www.qzrd.gov.cn/dflf/202212/t20221202_2815896.htm，2022年12月2日。

夜游演艺方面具有显著的发展优势，调研数据也佐证了夜间街区／夜市和夜游演艺在泉州夜游产品中占据较大份额。同时，在大力发展夜游经济的政策指引和科技推动下，泉州市各地区先后启动夜景灯光工程，博物馆等文化场所延长夜间开放时间，景区增设夜间游览项目，夜游文化场所和夜景观光方面的发展也方兴未艾，具体来说：

1. 夜市／夜游街区

夜市和夜间街区是具有经济、文化等多元价值的社会空间，除了经济作用，还承载了历史文化、生活服务、地方认同、活力包容等多元价值。泉州市西街东段、五店市传统街区、领 SHOW 天地文化创意产业园先后入选了国家级夜间文化和旅游消费聚集区，在其示范和引领作用下，街区夜游、大排档夜市、后备厢夜市和集装箱夜市等产品形式不断涌现且繁荣发展。除了在传统街道的基础上发展起来的夜游街区外，综合性广场外由流动性摊点和街头艺人交流展演组成等组成的夜市也在泉州市遍地开花，这些包含了微演艺、老字号、传统手工艺、文创休闲、餐饮娱乐等业态的融合型夜游产品，已然成为市民游客在泉州夜游消费的热门选项。

根据旅游业六要素，将泉州夜游街区／夜市中产品业态分为夜游餐饮类、宾馆客栈类、夜游景点类、特色文娱类、旅游商品类。整理爬取的 POI 数据信息，可得出该形式的旅游产品业态基本情况（如表 2 所示），其中：夜游餐饮类占比最高，该类产品业态达 23.71%；包含 KTV、酒吧、书吧、俱乐部等夜间产品的特色文娱类业态共计达到 20.69%；文创、手工艺品等旅游商品类占比 19.28%；包含地方文化保护单位、历史建筑和文化景点等的夜游景点类产品业态占比为 18.09%；而宾馆客栈类产品占比最低，仅占 18.22%。总的来说，泉州市夜游产品业态分布均衡。其中以夜游餐饮类为主要组成部分，宾馆客栈类和夜游景点类占比最小，且二者经营店铺数量相近。

表 2　泉州市夜市／夜游街区产品业态基本情况

业态类型	主要经营范围	数量（家）	占比（%）
夜游餐饮类	当地食品、茶饮品、现代食品、特色饮品、半加工食品	1861	23.71

续表

业态类型	主要经营范围	数量（家）	占比（%）
宾馆客栈类	酒店、民宿、公寓、宾馆、客栈	1430	18.22
夜游景点类	文化景点、历史建筑、文化保护单位、特色艺术展览	1420	18.09
特色文娱类	文化广场与公园、公共娱乐场所、文化体验馆、文艺表演场所	1624	20.69
旅游商品类	商场、超市、服饰、文创、手工艺品、食品、生活用品等	1513	19.29

对泉州市研究范围内的11个市县区夜市/夜游街区的店铺数据分别整理，可得出分区划的产品业态分布情况（如图1所示），其中：丰泽区与鲤城区主要以夜游文娱业态为核心，分别占比28.24%和25%。泉港区与洛江区主要以夜游景点类为主，分别占比为23.84%和25.45%。惠安县、安溪县、永春县、晋江市与南安市主要以夜游餐饮类为核心，分别占比26.4%、23.06%、25.45%、28.28%和25.36%。德化县则以旅游商品类业态为主，总占比达到了27.61%。石狮市的宾馆客栈类为核心业态，共计占比达到了25.99%。同时，由图1可以看出，鲤城区、泉港市需要推动宾馆客栈类产品的建设；惠安县、德化县和晋江市应加大力度提升夜游景点的丰富度；惠安县、永春县、德化县、石狮市需要加大特色文娱类产品开发的力度；安溪县和石狮市还需要持续创新并上线旅游商品类产品。

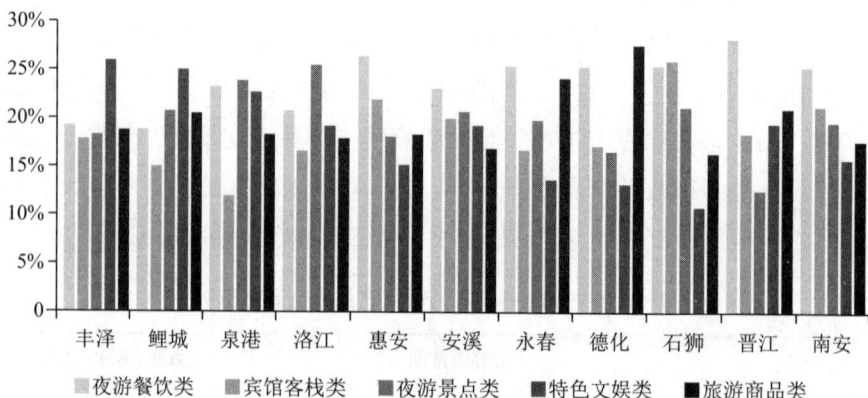

图1　泉州市夜市/夜游街区产品业态分区域情况

2. 夜游演艺

演艺等文化艺术服务是夜游经济的重要组成。泉州作为闽南文化的发源地，是福建省文化演艺业发展较活跃的地区之一，其南音、梨园戏、提线木偶戏、高甲戏、打城戏等传统非遗是泉州夜色夜游演艺项目。此外，脱口秀、音乐会、话剧等常规性演艺以及"泉州唐宫宴舞"等节日专项演出也是泉州夜游演艺的重要组成部分。通过收集泉州五大演艺剧团（梨园戏实验剧团、泉州市木偶剧团、泉州市高甲戏剧团、泉州歌舞剧团、泉州南音乐团）2022 年的演出信息、泉州大剧院的常规性演出场次和专项演出数据，可分析泉州夜游演艺产品业态的基本情况（如表 3 所示）。在泉州夜游演艺类产品的业态中，传统非遗类演艺占比 75%，音乐会等常规性演艺占比 23%，而节日专项演出占比较低，仅占 2%。可以看出传统非遗演艺是泉州夜游演艺的核心产品，其中梨园戏、木偶戏和歌舞剧分别占比 29%、25% 和 20%，属于非遗演艺中的龙头部分。

表 3　泉州市夜游演艺产品业态基本情况

类型	业态	数量（个）	占比（%）
传统非遗演艺	梨园戏	168	29
	木偶剧	148	25
	南音	84	14
	高甲戏、打城戏	67	11
	歌舞剧	120	20
	总计	587	75
常规性演艺	脱口秀、音乐节、音乐会、话剧	180	23
节日专项演出	唐宫宴舞等限时演出	12	2

3. 夜游文化场馆和夜景观光

近年来，各地鼓励公共文化场馆错时延时开放以助力夜游经济发展，泉州府文庙、泉府印象三道行艺术馆等均延长了参观时间，增加了 18 时以后的参观时间；泉州市博物馆也在夜间承办了由泉州市文旅局主办的泉州文化云之"寻找最佳守城人"挑战赛等一系列夜间活动；德化县博物馆则依托瓷都特色举行了馆内夜间光影陶瓷秀。此外，依托现代灯光和虚拟现实技术，夜景观光成为城市旅游在夜间的延伸和再次表达，于2022年7月8日开幕的泉州洛江的乡韵鹿境光影艺术公园为泉州的夜景观光注入了新的活力；清源山作为泉州市唯一的5A级景区，率先开启了以"悦清源"为主题的夜间经营，在老君岩—清泰岩—欧阳书院沿线免费对游客市民开放，初步形成老君岩广场夜景，欧阳书院文化休闲、势至岩苗圃灯光互动活动等夜游主题。泉州正积极推进文化场馆夜游和夜景观光的发展，但福建省试点延时开放的60个文化场馆中未包含泉州场馆，城市照明层次欠佳限制了泉州夜景观光的提升。整体来说夜游文化场馆和夜景观光仍是泉州夜游的新蓝海，具有极大的提升空间。

（四）泉州市夜游经济综合活力空间分布

"经济活力"作为评价地区吸引力程度，衡量地区发展潜力的重要指标[①]，能准确反映地区消费活跃程度，常用于表征地区经济持续增长的能力和未来巨大的成长潜力。在当前文旅融合和高度城镇化率的发展背景下，夜游需求及供给要素向中心城市聚集会在城市间产生巨大的活力差异[②]。为深入剖析泉州夜游经济活力的空间分异特征，本研究报告在前期研究基础上构建夜游经济综合活力评价指标体系，以期更直观、科学地反映泉州市夜游经济发展水平，同时也有助于较好地衡量泉州各地区夜游业态聚集的程度和带动经济的能力，在"业态、规模、质量"等多方面建设发力，以提升泉州夜游经济发展水平。

---

① 王娜，吴健生，李胜，等.基于多源数据的城市活力空间特征及建成环境对其影响机制研究——以深圳市为例［J］.热带地理，2021，41（6）：1280-1291.

② 王小广，刘莹.城市经济活力：特征、评价体系与提升建议［J］.区域经济评论，2022，55（1）：130-138.

1. 样本概况及数据来源

泉州市为福建省辖地级市，全市共辖 4 个市辖区（鲤城区、丰泽区、洛江区、泉港区）、3 个县级市（石狮市、晋江市、南安市）、5 个县（惠安县、安溪县、永春县、德化县、金门县），总面积 11015 平方千米。第七次人口普查数据显示常住人口为 878.23 万人[①]。本研究报告以除金门县外的 11 个市县区为研究对象，研究数据主要来源于官方网站和网络爬虫。首先，依据标准地图绘制泉州市县级地图并进一步算得聚集区面积。其次，网络搜索数据主要来自珞珈一号、百度地图和百度指数官网，主要获取了 2022 年泉州市各区县灯光数据；2022 年各区县的日百度搜索量及年平均搜索量。最后，通过八爪鱼软件获取 11 个市县区"食住游娱购"五个种类的 POI 实体点状要素，经过清洗和重分类操作最终获得 7852 条有效 POI 数据，并在 ArcGIS 软件中进行核密度等操作。

夜游经济活力指数的指标构建参照空间与交往理论[②]，鉴于夜游经济活力以聚集区消费程度为来源、以环境活力为保障以市场活力为基础[③]，本研究报告构建了包含"人——夜游经济活力产生的主体""场所——夜游经济活力产生的空间"以及"活动——夜游经济活力产生的物质基础"的三维度评价体系，其量化指标包括人群活力强度、夜游环境活力强度以及夜游活动密度三个方面。采取熵值法算得三个指标的权重分别为 0.36、0.28、0.36，并据此对各指标下的标准化数据进行加权求和得到泉州市各市县区夜游经济综合活力指数。

2. 泉州市活力空间特征

采用 2022 年年平均百度搜索指数表征人群活力程度，以搜索量代表聚集的人群数量，并通过限定搜索设备为手机，搜索 IP 为各市县区来提高数据精确度。结果如图 2 所示，丰泽区、鲤城区、晋江市和石狮市的人群聚集度高，

---

① 泉州常住人口约 878 万人全省首位［EB/OL］.［2021-05-22］. http://k.sina.com.cn/article_6342451737_v17a0a221902000z25e.html.

② Braun L M，Malizia E. Downtown vibrancy influences public health and safety outcomes in urban counties［J］. Journal of Transport & Health，2015，2（4）：540-548.

③ 王小广，刘莹.城市经济活力：特征、评价体系与提升建议［J］.区域经济评论，2022，55（1）：130-138.

呈现面化趋势；泉港区和洛江区次之，其余市县区则呈均匀点状分布，表明夜游人群聚集性较低。此外，使用珞珈一号官网的灯光矢量地图来反映泉州夜间灯光密度，以此揭示夜游经济的环境保障程度。同样地，图3显示丰泽区、鲤城区、晋江市和石狮市的灯光密度远超其余市县区，且晋江市灯光密度最高。值得注意的是，相较于其他区域，德化县南部有明显的灯光块，表明德化县城区的亮化程度较高。最后，通过八爪鱼爬取泉州市各市县区的夜游活动POI数据，以核密度分析结果反映夜游活动的丰富程度。图4结果显示，丰泽区和鲤城区西部夜游活动密度最高；泉港区和石狮市分别在辖区西部和南部形成夜游活动聚集域和小范围核点，晋江市、南安市、洛江区活动分布均匀，未形成中心核点；而普通县则是以城区为中心形成较高的活动密度区域。

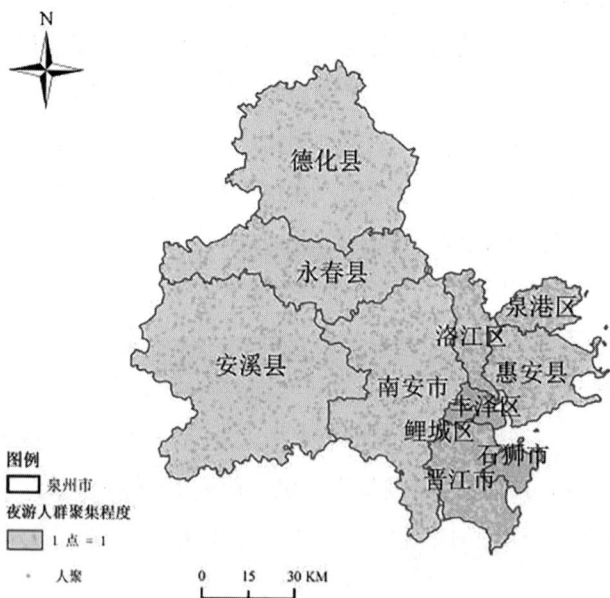

图2　泉州市夜游人群聚集

N

德化县

永春县

泉港区

洛江区

惠安县

安溪县

南安市

丰泽区

鲤城区

泉州市

晋江市

图例
泉州市
夜游活动灯光指数
高：527569

低：0

0   15   30 KM

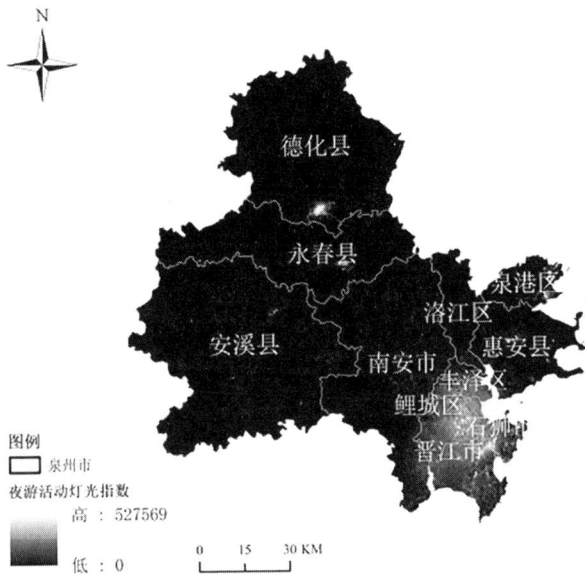

图 3   泉州市夜游灯光指数

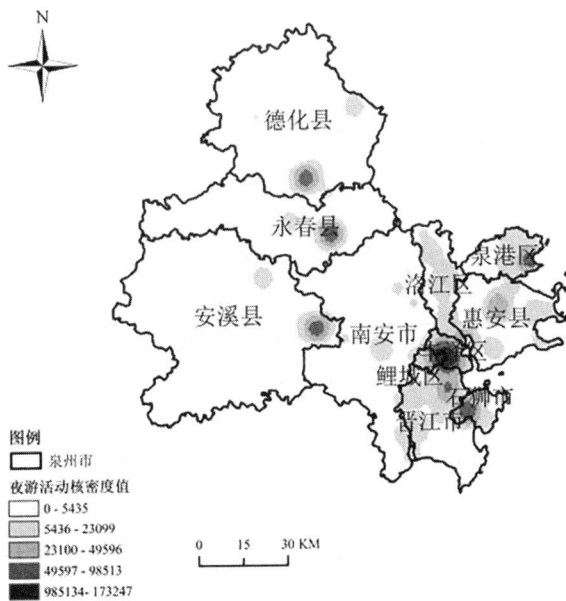

N

德化县

永春县

泉港区

洛江区

惠安县

安溪县

南安市

鲤城区

泉州市

晋江市

图例
泉州市
夜游活动核密度值
0 - 5435
5436 - 23099
23100 - 49596
49597 - 98513
985134 - 173247

0   15   30 KM

图 4   泉州市夜游活动核密度

　　根据熵值法计算泉州市 11 个市县区的夜游经济综合活力指数，并运用自然间断法将聚集区分为五级：高活力区、较高活力区、一般活力区、较低活力区和低活力区。如图 5 所示，泉州市夜游经济活力水平存在明显的时空分布差异，整体呈现"东南高、北部低、东北较低"的片状空间分布特征。中高夜游经济活力市县区分布区位均具有显著的沿边、沿海指向，同时于丰泽和鲤城两个市辖区及石狮市形成了高活力域。反观低活力市县区则集中分布泉州市的西部和北部，呈现片状分布格局。总的来说，泉州市中高活力空间分布与城镇化格局和经济发展格局保持一致，东南沿海的优越地理位置能推动夜游经济拥有大规模的消费市场、强劲的夜间消费能力和丰富的文旅夜游方式。

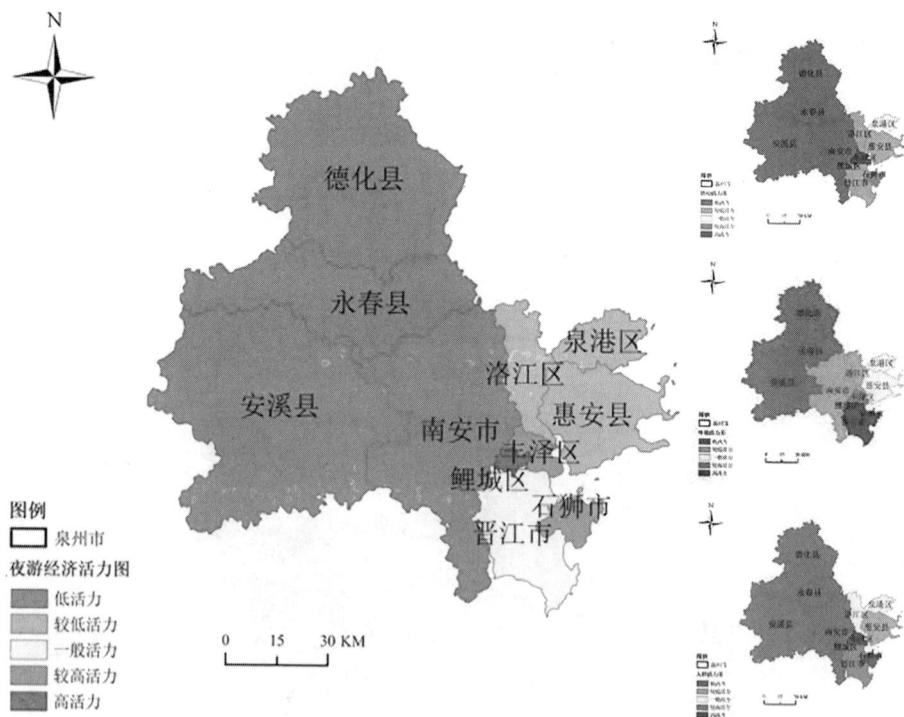

图 5　泉州市夜游经济综合活力

　　从区域类别来看，县域、县级市和市辖区的夜游经济平均活力值分别为 0.01013、0.10163、0.16365，各县域的夜游经济活力水平普遍低于市辖区和县级市。即行政区类别反映了城市化进程，第三产业占比以市辖区、县级市、普通县的顺序逐渐递减。此外，从一级指标来看：丰泽区和石狮市人群、环境和活动均表现为高等活力；鲤城区、晋江市在人群和环境活力水平较高，但活动活力较低的情况下仍保持高水平的夜游经济综合活力，表明其人群聚集性和环境支撑力在夜游经济的发展中具有显著优势。泉港区各一级指标均为中等活力，但综合活力水平仍低，表明泉港区的人群、环境和活动优势对夜游经济的推动力较弱；洛江区和惠安县则无法凭借人群或环境的单一指标优势带动提升整个夜游经济活力；德化县、永春县、安溪县和南安市的各一级指标活力和综合活力之间呈现一致性的低水平。

三、泉州夜游经济发展路径

（一）改造和更新两线并行，以品质环境承托发展

文旅融合发展需要的反向驱动下，旧城改造和城市更新成为目前城市化发展的重要环节。前者要求在保持城市整体风格协调性的基础上，对旧建筑进行宜居性改造和原始风貌还原；后者则主要侧重产业振兴、文化复兴和遗产活化等方面。为实现旧城改造和城市更新并行的建设目标，泉州突破了其他城市的街巷修复模式，已经以修旧如旧的"微改造"，建立了参与式和可持续再生的"泉州模式"，先后对海外贸易中形成的独特建筑文化不断提升，如 2017 年动工的首个古城背街小巷——"金鱼巷"改造工程、2020 年度重点项目—— 29 条古城街巷提升工程、2021 年重点扶持 3 个历史文化名镇、5 个历史文化名村和传统村落的改善提升。宏观物质环境的不断提升和完善，与夜游经济的开展相互促进、相辅相成。

为接轨夜游经济发展需要，进一步提升夜游经济活力，应持续贯彻《泉州中心市区照明提升三年行动方案》，对标志性建筑、商场、旅游景区、街

道等人流量多的地方进行灯光亮化，积极推动泉州照明提档升级。同时，狠抓保护规划编制、历史建筑修缮利用、街巷修复、人居环境整治等工作，不断实现道路提升、给排水综合管线提升、电气工程提升以及古城街道雨污分流和防洪排涝能力提升。实现更新和改造两线并行，依照"保护优先、修缮为主、适度开发"的原则，因地制宜地进行各项基础设施提升，改善人居环境，营造人文景观，维护生活形态、以高品质夜游环境承托高质量夜游经济发展。

（二）定位和品牌两端并重，以城市名片引领发展

精准的市场定位和契合的品牌形象是畅通"夜游经济发展"的重要抓手，前者以产品能在目标消费者心目中占据清晰位置为目标，后者依赖特色产品和鲜明的核心价值与个性以规划和设计品牌。为了落实市场定位和品牌建设并重的提升方针，泉州市文化广电和旅游局、市古城办指出将以南音、木偶戏、高甲戏等传统艺术文化为核心，推出一批夜间项目，收集中心市区现有夜间项目，制作夜间旅游导览；同时迎合游客期望，搭建常态化夜间综合艺术表演项目，鼓励发展夜间文化体验项目，以进一步丰富夜间旅游产品。持续打造和加强无形市场资产，能加速形成夜游经济发展凝聚力和扩散力。

为拓宽夜游经济发展道路，进一步凸显泉州夜游形象，应持续挖掘泉州在地文化，在行业联动、经营思路、资源整合、内容创作等方面结合自身特点明确夜游市场定位；积极联动博物馆、艺术馆、科技馆、重点商圈等文化和艺术、休闲和娱乐、生活消费等行业组织，构建系统化、多元化、在地化、科技化、艺术化的经营发展思路和市场定位。此外，还应打造地标式文艺夜游品牌，以当前三项国家级夜间文化和旅游消费集聚区为基础，泉州市"门户廊道、山线水系、古城街巷和环湾新区"夜间照明提升项目为契机，深入整合泉州"世遗文化""海丝文化"中特色演艺旅游资源和产业优势，开发夜间综合艺术表演项目，打造艺术演艺夜游品牌，以高标准城市名片引领高档次夜游经济发展。

（三）文化和产业两相融合，以多元体系推进发展

作为文旅经济发展的新形态和新趋势，文化整合和产业融合能打破区域间壁垒，推动资源要素重组和流动，是培育夜游新兴业态，促进夜游经济发展的重要途径和强大动力。前者要求泉州世遗、非遗等多种文化间相互调和吸收并趋于一体化，后者强调泉州不同层次的产业在夜间旅游的产业网中相互渗透，融合发展。为贯彻文化整合和产业融合并举的战略部署，泉州市已深化跨界融合，聚焦一二三产联动，立足泉州制造业大市、国潮名品之都、工艺美术之都，稳步推动"文旅 +"和"+ 文旅"的跨界融合；同时打造精品消费体系，发行集食住行游购娱于一体的"世遗泉州·全域旅游卡"，零售及团购销售金额突破 1000 万元，有效带动文化和旅游产业链消费。

为延伸夜游经济发展范围，进一步丰富泉州夜游内容和内涵，应持续深入了解泉州本土文化、域外遗产文化、区域特色文化、现代流行文化和真实生活文化等，大力推进文化统筹与整合，促进泉州全域文化资源呈现一盘棋局面。通过市县联动，协调文化资源开发，发挥文化资源的核心展示效应；通过政企联动，整合行业文化资源特色，发挥文化资源的经济与社会效益。同时，全力促成旅游业、制造业、金融业、服务业和休闲产业等的深度融合是推动泉州夜游经济高质量发展的必由之路。综合"文化 +""旅游 +""夜游 +"开发新业态并使其逐渐成为夜游经济的新增长点，促进多产业资源优化再配置，通过协同集聚效应形成多元化夜游消费供给链，以高水平消费体系推进高效能夜游经济发展。

（四）创新和运营两轮驱动，以高星产品带动发展

产品创新和数字营销是夜游消费可持续增长的重要推力，前者要求泉州基于已有夜游产品，借力科技文化等更新传统文旅产品或开发夜游新业态，后者强调使用数字传播渠道宣传推广泉州夜游产品以提升其知名度。为实施产品创新和数字运营并进的行动方针，泉州以西街为核心产品，营造了可触可感的夜游消费场景，综合旅游休闲、文化体验和公共服务，融合观光、餐

饮、娱乐、演艺等多元业态，入选第一批国家级夜间文化和旅游消费集聚区，共有 235 户经营商户，年营业收入超过 2 亿元，夜间营业的文化娱乐设施项目数量占比超过 40%，拥有大规模的夜游消费规模。同时利用多平台开展进行产品宣传，2021 年五一期间"探见泉州"话题播放量达到 1.1 亿次，接待人数达 21.77 万人次。

为提升夜游经济发展速率，进一步打响泉州夜游知名度，泉州应在针对西街持续提质夜游服务，放大其对经济带动效应的同时，借力现代科技，借势遗产文化，借助现代信息技术，创制数字化夜游消费场景，重视文化呈现方式，营造沉浸式夜游消费形态，打造高品质、高标准、高效益的新高星产品，充分实现"高星产品"对泉州夜游经济的显著拉动作用。同时，将数字营销深度融入夜游产品本身，加大各平台夜游账号的精细化运营，连接流量、沉淀粉丝，着重推动实现深度品牌认同，以有活力的高星产品带动有层次的夜游经济发展。

四、泉州夜游经济提升建议

（一）文化为核，挖掘夜游发展资源

深挖泉州在地文化，将闽南文化元素深入融合至夜游文化街区，通过夜游消费展示泉州文化的生活方式、风俗习惯、手工艺品、特色美食等。推进在地文化与艺术元素的融合，实现在夜游消费场景中注入泉州文化的血液。根据泉州地区特色打造文化 IP，树立夜游经济城市形象。积极做好宣传营销工作，通过多渠道宣传建立夜游消费品牌，融合夜游消费特色，打造泉州夜间消费城市形象。明确夜游互联网宣传思路，从品牌、内容、包装等方面制定长期发展规划，确保营销策划的专业性、创新性、文化性，焕发泉州夜游品牌的包容性与可持续性。积极推进夜游文创产品与文化活动创意融合和消费场景创新，充分展现泉州在地文化的底蕴与魅力。在开发在地文化的同时，在尊重城市历史文化的同时充分挖掘泉州古城的文化资源，利用历史属性与潮流属性营造在地文化氛围。

（二）设施为基，优化配套发展环境

管理者应优化泉州夜间基础设施建设，合理打造夜间亮化空间布局，以重点区域和重要节点为抓手，进一步完善夜间标识、夜间灯光、休闲设施等夜间亮化设施建设，形成城市夜色展示轴；进一步完善市内交通设施，提升夜间交通服务能力，加快夜游设施铺建，完善导览标识、公共卫生间、停车点、治安岗亭等公共服务设施，打造能满足居民和游客基础需求的舒适空间，为游客创造一个方便舒适的夜间旅游环境；加大政府投资和发挥市场配置资源的能力，鼓励多元社会主体积极参与夜间基础设施建设，实现夜间经济的共建和共享；完善夜间旅游服务体系，建立智能夜游服务平台，为游客提供多样化、精细化的服务，增强夜间旅游氛围的吸引力；着力完善购物、娱乐、美食等各项服务设施和服务功能，丰富夜间消费业态。根据餐饮、文娱、住宿等夜间消费形式的不同，配备适应不同时间段、不同季节气候的公共服务设施，减少气象因素对夜间经济发展的影响，力求打造适宜夜游消费场景运行的发展环境。同时加强智慧基础设施建设，发挥智慧基础设施对在夜游产品的提质赋能作用，助力推动实现泉州不夜城。

（三）政策为梯，建立长效发展机制

出台针对夜游经济发展的专项扶持政策，规范夜游健康有序发展。政府应出台支持夜游经济发展的政策文件，推动夜游消费空间的长效发展；鼓励商铺参与夜间经营，适时延长营业时间，为夜游消费场景制定门票减免、消费券、折扣活动。制定规范化教育与培训，提高夜游服务人员整体素质，在管理中形成人才筛选与教育机制，为夜游经济培养专业的人员。发放经济奖励，落实财政补贴，为提供夜游经济发展提供保障。积极推动现有商圈升级改造，帮助旧街区焕发新春，开展夜游项目扶持政策。制定行业准入机制，培养优质夜间经济业态。引入夜游经济特色街区评价机制，加强对夜游街区的评级考核，重视夜游特色街区评价要素的科学性和完整性，并制定合理的发展评价管理办法，实现夜游经济的有序化和健康化。

（四）监管为尺，构筑坚实发展保障

进一步明确夜游经济涉及的商业、城管、文化、环保、社区等各相关部门的管理范围和责任分工，建立夜游市场管理机制，约束商家不正当竞争，规范各商铺与摊位的经营行为，营造井然有序的经营氛围；依托现代数字化网络平台，建立移动监管执法系统，提高市场监管的响应速度和信息精度，做到数字化与人性化的结合，并在技术加持下有效实现执法人员快速查询；加强对夜间饮食、财产、消防安全的大力监管，筑牢游客安全的根基，推动夜间健康平稳发展；积极维护夜游消费者的合法权益，公正、客观、科学地监督执法，着力营造繁荣、安全、有序的夜间消费环境；制定夜间消费活动突发事件的应急预案，健全夜间突发安全事件的应急机制、应急体制和应急法制，确保夜间安全有法可依。

（五）科技赋能，激活夜游发展潜力

应将科技赋能作为泉州夜游经济发展的重要方向，通过数字化、智能化、场景化的技术丰富创新泉州夜游业态，加快驱动夜游产业的数字化转型，为泉州夜游的蝶变升级提供方向。坚持科技融合、创新驱动的发展思路，鼓励面向夜游的技术创新与运用，让科技技术与夜游项目全方位、多层次、立体式融合，加强夜间经济的市场竞争力；继续完善数字技术在泉州夜间实体景区、线上虚拟平台的应用，搭建统一的夜间数字文旅平台，实现线上线下功能的整合；延伸 5G、AR、MR 等技术在夜游项目方面的应用场景，为游客打造多感官沉浸式夜游体验场景，实现夜游产品的迭代升级；运用数字化技术展现传统文化内涵，实现景观的白天价值在夜晚的进一步延伸，重构夜间经济的需求端与供给端，形成夜间经济和数字技术融合发展的良好局面。

责任编辑：郭海燕
责任印制：冯冬青
封面设计：中文天地

图书在版编目（CIP）数据

泉州文旅经济发展报告．2022 / 李伯群，谢朝武，
周梁升主编．-- 北京：中国旅游出版社，2023.6
　ISBN 978-7-5032-7136-6

Ⅰ．①泉… Ⅱ．①李… ②谢… ③周… Ⅲ．①旅游文
化－旅游业发展－研究报告－泉州－2022 Ⅳ．
① F592.757.3

中国国家版本馆 CIP 数据核字（2023）第 107374 号

书　　名：泉州文旅经济发展报告（2022）

主　　编：李伯群　谢朝武　周梁升
出版发行：中国旅游出版社
　　　　　（北京静安东里6号　邮编：100028）
　　　　　http://www.cttp.net.cn　E-mail:cttp@mct.gov.cn
　　　　　营销中心电话：010-57377103，010-57377106
　　　　　读者服务部电话：010-57377107
排　　版：北京旅教文化传播有限公司
经　　销：全国各地新华书店
印　　刷：三河市灵山芝兰印刷有限公司
版　　次：2023年6月第1版　2023年6月第1次印刷
开　　本：720毫米×970毫米　1/16
印　　张：14.25
字　　数：280千
定　　价：68.00元
Ｉ Ｓ Ｂ Ｎ　978-7-5032-7136-6